刑法学考研辅导与习题精解

主 编／李 军 孙照海

副主编／吴文杰

社会科学文献出版社
SOCIAL SCIENCES ACADEMIC PRESS(CHINA)

编写说明

　　本书为法学专业经典教材的配套辅导材料，参编者均熟知教材的知识点和考点。

　　本书的基本框架分为辅导提要和习题精解两大部分：辅导提要部分按照配套的经典教材的章节顺序讲解知识点，分析其重点难点和考点；习题精解部分大致按单项选择题、多项选择题、名词解释、简答题、论述题、案例分析题等题型进行详细讲解，同时又吸取了近年来各高校的考研真题和司法考试的真题等，基本涵盖了所有知识点。这种编写方式，题量适中、涵盖面广、重点突出、考点明确，节省了广大考生梳理教材的大量宝贵时间和精力，可以达到事半功倍的效果。

　　本书不仅适用于研究生入学考试、本科生自测，也适用于参加司法考试的广大考生，还可以为高校教师讲授教材、编写考题提供有价值的参考，是一本实用性、针对性较强的辅导资料。

　　由于编者水平有限，书中不当之处，敬请广大师生在使用过程中提出宝贵意见和建议，以便将来进一步修订。

李　军

2012 年 3 月

目 录

第一部分 刑法学辅导提要

第一章 刑法概说 ··· 3
    第一节 刑法的概念和性质 ································ 3
    第二节 刑法的创制和完善 ································ 3
    第三节 刑法的根据和任务 ································ 4
    第四节 刑法的体系和解释 ································ 4
第二章 刑法的基本原则 ······································· 6
    第一节 刑法基本原则的概念和意义 ················· 6
    第二节 罪刑法定原则 ····································· 6
    第三节 适用刑法人人平等原则 ························ 7
    第四节 罪责刑相适应原则 ······························ 8
第三章 刑法的效力范围 ······································· 9
    第一节 刑法的空间效力 ································· 9
    第二节 刑法的时间效力 ·································· 10
第四章 犯罪概念和犯罪构成 ································· 12
    第一节 犯罪概念 ··· 12
    第二节 犯罪构成 ··· 13
第五章 犯罪客体 ·· 14
    第一节 犯罪客体概述 ····································· 14
    第二节 犯罪客体的分类 ································· 14
    第三节 犯罪客体与犯罪对象 ·························· 15
第六章 犯罪客观方面 ··· 16
    第一节 犯罪客观方面概述 ······························ 16
    第二节 危害行为 ··· 16
    第三节 危害结果 ··· 17

第四节　危害行为与危害结果之间的因果关系 …………… 18

第五节　犯罪的其他客观要件 ……………………………… 19

第七章　犯罪主体 ……………………………………………… 20

第一节　犯罪主体概述 ……………………………………… 20

第二节　刑事责任能力 ……………………………………… 20

第三节　与刑事责任能力有关的因素 ……………………… 21

第四节　犯罪主体的特殊身份 ……………………………… 22

第五节　单位犯罪 …………………………………………… 24

第八章　犯罪主观方面 ………………………………………… 26

第一节　犯罪主观方面概述 ………………………………… 26

第二节　犯罪故意 …………………………………………… 26

第三节　犯罪过失 …………………………………………… 28

第四节　与罪过相关的几个特殊问题 ……………………… 29

第五节　犯罪目的和犯罪动机 ……………………………… 30

第六节　认识错误 …………………………………………… 31

第九章　正当行为 ……………………………………………… 32

第一节　正当行为概述 ……………………………………… 32

第二节　正当防卫 …………………………………………… 32

第三节　紧急避险 …………………………………………… 35

第十章　故意犯罪停止形态 …………………………………… 37

第一节　故意犯罪停止形态概述 …………………………… 37

第二节　犯罪既遂形态 ……………………………………… 38

第三节　犯罪预备形态 ……………………………………… 39

第四节　犯罪未遂形态 ……………………………………… 40

第五节　犯罪中止形态 ……………………………………… 42

第十一章　共同犯罪 …………………………………………… 44

第一节　共同犯罪概述 ……………………………………… 44

第二节　共同犯罪的形式 …………………………………… 45

第三节　共同犯罪人的刑事责任 …………………………… 46

第十二章　罪数形态 …………………………………………… 48

第一节　罪数判断标准 ……………………………………… 48

第二节　一罪的类型 ………………………………………… 48

　　第三节　数罪的类型 ……………………………………………… 52

第十三章　刑事责任 …………………………………………………… 53

　　第一节　刑事责任概述 …………………………………………… 53

　　第二节　刑事责任的根据 ………………………………………… 53

　　第三节　刑事责任的发展阶段和解决方式 …………………… 54

第十四章　刑罚概说 …………………………………………………… 55

　　第一节　刑罚的概念 ……………………………………………… 55

　　第二节　刑罚的功能 ……………………………………………… 56

　　第三节　刑罚的目的 ……………………………………………… 56

第十五章　刑罚的体系和种类 ………………………………………… 58

　　第一节　刑罚的体系 ……………………………………………… 58

　　第二节　主刑 ……………………………………………………… 59

　　第三节　附加刑 …………………………………………………… 61

　　第四节　非刑罚处理方法 ………………………………………… 63

第十六章　刑罚裁量 …………………………………………………… 65

　　第一节　刑罚裁量概述 …………………………………………… 65

　　第二节　刑罚裁量原则 …………………………………………… 65

　　第三节　刑罚裁量情节 …………………………………………… 67

第十七章　刑罚裁量制度 ……………………………………………… 69

　　第一节　累犯 ……………………………………………………… 69

　　第二节　自首和立功 ……………………………………………… 69

　　第三节　数罪并罚 ………………………………………………… 70

　　第四节　缓刑 ……………………………………………………… 71

第十八章　刑罚执行制度 ……………………………………………… 72

　　第一节　减刑 ……………………………………………………… 72

　　第二节　假释 ……………………………………………………… 73

第十九章　刑罚的消灭 ………………………………………………… 74

　　第一节　刑罚消灭概述 …………………………………………… 74

　　第二节　时效 ……………………………………………………… 74

　　第三节　赦免 ……………………………………………………… 76

第二十章　刑法各论概述 ……………………………………………… 77

　　第一节　刑法各论与刑法总论的关系 …………………………… 77

第二节 刑法分则的体系 ………………………………………… 77

第三节 具体犯罪条文的构成 …………………………………… 78

第二十一章 危害国家安全罪 …………………………………… 80

第二十二章 危害公共安全罪 …………………………………… 81

第二十三章 破坏社会主义市场经济秩序罪 …………………… 82

第二十四章 侵犯公民人身权利、民主权利罪 ………………… 84

第二十五章 侵犯财产罪 ………………………………………… 85

第二十六章 妨害社会管理秩序罪 ……………………………… 86

第二十七章 危害国防利益罪 …………………………………… 87

第二十八章 贪污贿赂罪 ………………………………………… 88

第二十九章 渎职罪 ……………………………………………… 89

第三十章 军人违反职责罪 ……………………………………… 90

第二部分 刑法学习题精解

第一章 刑法概说 ………………………………………………… 93

第二章 刑法的基本原则 ………………………………………… 98

第三章 刑法的效力范围 ………………………………………… 105

第四章 犯罪概念和犯罪构成 …………………………………… 113

第五章 犯罪客体 ………………………………………………… 120

第六章 犯罪客观方面 …………………………………………… 124

第七章 犯罪主体 ………………………………………………… 135

第八章 犯罪主观方面 …………………………………………… 146

第九章 正当行为 ………………………………………………… 159

第十章 故意犯罪停止形态 ……………………………………… 168

第十一章 共同犯罪 ……………………………………………… 178

第十二章 罪数形态 ……………………………………………… 188

第十三章 刑事责任 ……………………………………………… 198

第十四章 刑罚概说 ……………………………………………… 202

第十五章 刑罚的体系和种类 …………………………………… 206

第十六章 刑罚裁量 ……………………………………………… 216

第十七章 刑罚裁量制度 ………………………………………… 222

第十八章 刑罚执行制度 ………………………………………… 232

第十九章　刑罚的消灭 ………………………………………… 239

第二十章　刑法各论概述 ……………………………………… 244

第二十一章　危害国家安全罪 ………………………………… 249

第二十二章　危害公共安全罪 ………………………………… 256

第二十三章　破坏社会主义市场经济秩序罪 ………………… 265

第二十四章　侵犯公民人身权利、民主权利罪 ……………… 281

第二十五章　侵犯财产罪 ……………………………………… 293

第二十六章　妨害社会管理秩序罪 …………………………… 308

第二十七章　危害国防利益罪 ………………………………… 320

第二十八章　贪污贿赂罪 ……………………………………… 324

第二十九章　渎职罪 …………………………………………… 334

第三十章　军人违反职责罪 …………………………………… 342

第一部分　刑法学辅导提要

第一章　刑法概说

第一节　刑法的概念和性质

一　刑法的概念

（一）广义刑法：一切规定犯罪、刑事责任和刑罚的法律规范的总和。包括（1）刑法典；（2）单行刑法；（3）附属刑法；（4）刑法修正案。

（二）狭义刑法：系统规定犯罪、刑事责任和刑罚的刑法典。

二　刑法的性质

（一）阶级性质：维护统治阶级利益，作为统治阶级专政工具存在。

（二）法律性质：调控范围的广泛性与强制手段的严厉性。

第二节　刑法的创制和完善

第八届全国人民代表大会第五次会议于 1997 年 3 月 14 日通过了修订的《中华人民共和国刑法》，标志着我国刑事法治步入一个新的阶段，该刑法典于 1997 年 10 月 1 日起施行。为及时回应中国经济和社会发展的需要，全国人民代表大会常务委员会又以单行刑法和刑法修正案的方式对刑法典进行了进一步的修改和完善。到 2011 年 2 月，全国人民代表大会常务委员会先后通过《关于惩治骗购外汇、逃汇和非法买卖外汇犯罪的决定》（1998 年 12 月 29 日）、《中华人民共和国刑法修正案》（1999 年 12 月 25 日）、《中华人民共和国刑法修正案（二）》（2001 年 8 月 31 日）、《中华人民共和国刑法修正案（三）》（2001 年 12 月 29 日）、《中华人民共和国刑法修正案（四）》（2002 年 12 月 28 日）、《中华人民共和国刑法修正案（五）》

（2005 年 2 月 28 日）、《中华人民共和国刑法修正案（六）》（2006 年 6 月 29 日）、《中华人民共和国刑法修正案（七）》（2009 年 2 月 28 日）和《中华人民共和国刑法修正案（八）》（2011 年 2 月 25 日），对刑法典中的 73 个条款作了修改，新增设了 44 个条款，同时删除了 4 个条款。

第三节　刑法的根据和任务

一　刑法的根据

依照我国刑法典第 1 条的规定，制定刑法的根据包括法律根据和实践根据。

二　刑法的任务

（一）保卫国家安全，保卫人民民主专政的政权和社会主义制度。

（二）保护社会主义的经济基础。

（三）保护公民的人身权利、民主权利和其他权利。

（四）维护社会秩序。

第四节　刑法的体系和解释

一　刑法的体系

刑法典由两编组成：第一编为总则，第二编为分则。此外还有一条附则。编下为章。总则共五章，分别为刑法的任务、基本原则和适用范围，犯罪，刑罚，刑罚的具体运用，其他规定；分则共十章，分别规定了十类犯罪。章下为节，但只是总则的第二、三、四章以及分则的三、六章之下设立节，总则的第一、五章及分则的其他章之下没有设立节。节（章）下是条，条是表达刑法规范的基本单位，也是刑法典的基本组成单位。刑法典的全部条文用统一的顺序号码进行编排，从第 1 条至第 452 条统一编号，不受编、章、节划分的影响。条下是款。款是条的组成单位，没有编号，其标志是另起一段。款（条）下是项。项是某些条或款之下设立的单位，其标志是另起一段且用括号内的基数号码编写。

"但书"所表示的三种情况：（1）是前段的补充；（2）是前段的例外；（3）对前段的限制。

二　刑法的解释

（一）按解释的效力分类，分为立法解释、司法解释和学理解释。

1. 立法解释，就是由最高立法机关对刑法的含义所作的解释。

2. 司法解释，就是由最高司法机关对刑法的含义所作的解释。

3. 学理解释，就是由国家宣传机构、社会组织、教学科研单位或者专家学者从学理上对刑法含义所作的解释。

（二）按解释的方法分类，分为文理解释和论理解释。

1. 文理解释，就是对法律条文的字义，包括单词、概念、术语，从文理上所作的解释。

2. 论理解释，就是按照立法精神，联系有关情况，从逻辑上所作的解释。论理解释又分为当然解释、扩张解释和限制解释。

第二章　刑法的基本原则

第一节　刑法基本原则的概念和意义

一　概念

刑法的基本原则：是指贯穿全部刑法规范、具有指导和制约全部刑事立法和刑事司法意义，并体现我国刑事法制的基本精神的准则。其具有两个特征：1. 必须是贯穿全部刑法规范，具有指导和制约全部刑事立法和刑事司法意义；2. 必须体现我国刑事法治的基本精神。

二　意义

刑法基本原则既有利于积极同犯罪作斗争，又有利于切实保障公民的合法权益；既有利于推进法治化进程，又有利于维护法律的公正性；既有利于实现刑法的目的，又有利于达到刑罚的最佳效果。

第二节　罪刑法定原则

一　含义

罪刑法定原则的含义是：什么是犯罪，有哪些犯罪，各种犯罪的构成条件是什么，有哪些刑种，各个刑种如何适用，以及各种具体罪的具体量刑幅度如何等，均由刑法加以规定。对于刑法分则没有明文规定的犯罪，不得定罪处罚。即"法无明文规定不为罪，法无明文规定不处罚"。罪刑法定原则有四个派生原则：

（1）排斥习惯法；（2）排斥绝对不定期刑；（3）禁止有罪类推；（4）禁止重法溯及既往。

二　罪刑法定原则在我国刑法中的体现

（一）修订的刑法典实现了犯罪的法定化和刑罚的法定化。

（二）修订的刑法典取消了 1979 年刑法典第 79 条规定的类推制度。

（三）修订的刑法典重申了 1979 年刑法典第 9 条关于刑法在溯及力问题上从旧兼从轻的原则。

（四）在分则罪名的规定方面，修订的刑法典已相当详备。

（五）在具体犯罪的罪状以及各种犯罪的法定刑设置方面，修订的刑法典增强了法条的可操作性。

三　罪刑法定原则的司法适用

（一）正确认定犯罪和判处刑罚。

（二）正确进行司法解释。

第三节　适用刑法人人平等原则

一　含义

适用刑法人人平等原则的含义是：对任何人犯罪，不论犯罪人的家庭出身、社会地位、职业性质、财产状况、政治面貌、才能业绩如何，都应追究刑事责任，一律平等地适用刑法，依法定罪、量刑和行刑，不允许任何人有超越法律的特权。

二　具体体现

定罪上一律平等，量刑上一律平等和行刑上一律平等。

第四节　罪责刑相适应原则

一　含义

罪责刑相适应原则的含义是：犯多大的罪，就应承担多大的刑事责任，法院也应判处其相应轻重的刑罚，做到重罪重罚，轻罪轻罚，罪刑相称，罚当其罪；在分析罪重罪轻和刑事责任大小时，不仅要看犯罪的客观社会危害性，而且要结合考虑行为人的主观恶性和人身危险性，把握罪行和罪犯各方面因素综合体现的社会危害性程度，从而确定其刑事责任程度，适用相应轻重的刑罚。

二　立法体现

（一）确立了科学严密的刑罚体系。
（二）规定了区别对待的处罚原则。
（三）设置了轻重不同的法定刑幅度。

三　司法适用

（一）纠正重定罪轻量刑的错误倾向，把量刑与定罪置于同等重要的地位。
（二）纠正重刑主义的错误思想，强化量刑公正的执法观念。
（三）纠正不同法院量刑轻重悬殊的现象，实现执法中的平衡和协调统一。

第三章　刑法的效力范围

第一节　刑法的空间效力

一　概念和原则

刑法的空间效力：是指刑法对地和对人的效力，也就是解决刑事管辖权的范围问题。主要有属地原则、属人原则、保护原则、普遍原则四种原则。现代世界大多数国家的刑法都是以采用属地原则为基础，兼采其他原则，即结合型的刑事管辖权体制。

二　我国刑法的属地管辖权

刑法典第 6 条第 1 款规定："凡在中华人民共和国领域内犯罪的，除法律有特别规定的以外，都适用本法。"我国的"领域"，是指我国国境内的全部区域，包括领陆、领水、领空。

刑法典第 6 条第 2 款规定："凡在中华人民共和国船舶或者航空器内犯罪的，也适用本法。"

三　我国刑法的属人管辖权

凡是中华人民共和国的公民，即使身在国外，也仍然受我国法律的保护。刑法典第 7 条第 1 款规定："中华人民共和国公民在中华人民共和国领域外犯本法规定之罪的，适用本法，但是按本法规定的最高刑为 3 年以下有期徒刑的，可以不予追究。"第 7 条第 2 款规定："中华人民共和国国家工作人员和军人在中华人民共和国领域外犯本法规定之罪的，适用本法。"

四 我国刑法的保护管辖权

刑法典第 8 条规定："外国人在中华人民共和国领域外对中华人民共和国国家或者公民犯罪，而按本法规定的最低刑为 3 年以上有期徒刑的，可以适用本法，但是按照犯罪地的法律不受处罚的除外。"刑法典第 10 条规定对于在国外对我国国家或者公民犯罪的外国人，也是适用的。

五 我国刑法的普遍管辖权

刑法典第 9 条规定："对于中华人民共和国缔结或者参加的国际条约所规定的罪行，中华人民共和国在所承担条约义务的范围内行使刑事管辖权的，适用本法。"

第二节 刑法的时间效力

一 刑法的生效时间

通常有两种生效时间：一是从公布之日起生效，二是公布之后经过一段时间再施行。

二 刑法的失效时间

通常有两种方式：一是由国家立法机关明确宣布某些法律失效，二是自然失效。

三 刑法的溯及力

刑法的溯及力，是指刑法生效后，对于其生效以前未经审判或者判决尚未确定的行为是否适用的问题。如果适用，就是有溯及力；如果不适用，就是没有溯及力。主要有四种原则：一是从旧原则，二是从新原则，三是从新兼从轻原则，四是从旧兼从轻原则。我国刑法关于溯及力问题采用从旧兼从轻原则。

四　与刑法时间效力有关的若干问题的法律适用

最高人民法院于 1997 年 9 月 25 日作出《关于适用刑法时间效力规定若干问题的解释》，该解释丰富了刑法时间效力的内涵，有利于司法实务的进行。最高人民检察院对刑法典第 12 条的理解与适用问题也作了若干解释，详见 1997 年 10 月 6 日《关于检察工作中具体适用修订刑法典第十二条若干问题的通知》。

第四章　犯罪概念和犯罪构成

第一节　犯罪概念

一　犯罪概念的类型

（一）犯罪的形式概念

犯罪的形式概念：是指仅从犯罪的法律特征上给犯罪下定义，而不揭示该法律何以将该行为规定为犯罪。即把犯罪定义为违反刑事法律并且应当受刑罚处罚的行为。具体表述上有以下几种：（1）具有刑事违法性的行为（触犯刑律）；（2）应受刑罚处罚的行为；（3）符合犯罪构成条件的行为；（4）从刑法和刑事诉讼法的角度，引起刑事诉讼的违法行为。

（二）犯罪的实质概念

犯罪的实质概念：是指不强调犯罪的法律特征，而试图揭示犯罪现象的本质所在，或者说，是说明犯罪行为之所以被刑法规定为犯罪的根据和理由。

（三）犯罪的混合概念

犯罪的混合概念：是指犯罪的实质概念与犯罪的形式概念合而为一，既指出犯罪的本质特征，又指出犯罪的法律特征的概念。

二　我国刑法中的犯罪概念

修订后的我国《刑法》第 13 条关于犯罪概念的规定有以下三个基本特征：

（一）犯罪是危害社会的行为，即具有一定的社会危害性。

（二）犯罪是触犯刑律的行为，即具有刑事违法性。

（三）犯罪是应受刑罚处罚的行为，即具有应受惩罚性。

第二节　犯罪构成

一　犯罪构成的概念

犯罪构成是依照我国《刑法》的规定，决定某一具体行为的社会危害性及其程度而为该行为构成犯罪所必需的一切客观和主观要件的有机统一。

根据我国《刑法》，任何一种犯罪的成立都必须具备四个方面的构成要件，即犯罪客体、犯罪客观方面、犯罪主体、犯罪主观方面的构成要件。

二　研究犯罪构成的意义

研究犯罪构成的意义有三：第一，为追究犯罪人的刑事责任提供根据；第二，为划分罪与非罪、此罪与彼罪的界限提供标准；第三，为无罪的人不受非法追究提供法律保障。

第五章　犯罪客体

第一节　犯罪客体概述

一　犯罪客体的概念和意义

犯罪客体是我国刑法所保护的、为犯罪行为所侵害的社会关系。

犯罪客体是确定犯罪性质的重要标准，对区分此罪和彼罪具有重要意义。

第二节　犯罪客体的分类

一　犯罪的一般客体

犯罪的一般客体是指一切犯罪共同侵犯的客体，即我国刑法所保护的社会主义社会制度下社会关系的整体。犯罪的一般客体体现了一切犯罪的共性。

二　犯罪的同类客体

犯罪的同类客体是指某一类犯罪行为所共同侵害的我国刑法所保护的社会关系的某一部分或某一方面。

三　犯罪的直接客体

犯罪的直接客体是指某一种犯罪行为所直接侵害的我国刑法所保护的社会关系，即我国刑法所保护的某种具体的社会关系。

根据具体犯罪行为危害具体社会关系数量的多少，把直接客体分为简单客体与复杂客体。根据直接客体在犯罪中受危害的程度、机遇以及受刑法保护的状况，可对复杂客体进行再分类，包括主要客体、次要客体和随机客体三种。

以具体犯罪侵害的社会关系是否具有物质性为标准，可将直接客体分为物质性犯罪客体和非物质性犯罪客体。

第三节 犯罪客体与犯罪对象

一 犯罪对象的概念

犯罪对象是指刑法分则条文规定的犯罪行为所作用的客观存在的具体人或者具体物，具有客观实在性和可知性的特征。它的基本含义是：（1）犯罪对象是具体的人或物；（2）犯罪对象是犯罪行为直接作用的人或物；（3）犯罪对象是刑法规定的人或物。

二 犯罪对象与犯罪客体的联系和区别

犯罪对象与犯罪客体的联系在于：作为犯罪对象的具体物是具体社会关系的物质表现，作为犯罪对象的具体人是具体社会关系的主体或参加者。

犯罪对象与犯罪客体的区别在于：（1）犯罪客体具体定犯罪性质，犯罪对象则未必。（2）犯罪客体是任何犯罪的必要构成要件，而犯罪对象则仅仅是某些犯罪的必要构成要件。（3）任何犯罪都会使犯罪客体受到危害，而犯罪对象则不一定受到损害。（4）犯罪客体是犯罪分类的基础，犯罪对象则不是。

第六章 犯罪客观方面

第一节 犯罪客观方面概述

一 犯罪客观方面的概念和特征

犯罪客观方面，是指刑法所规定的、说明行为对刑法所保护的社会关系造成损害的客观外在事实特征。犯罪客观方面是构成犯罪所必须具备的要件。

犯罪客观方面的特征有：（1）犯罪客观方面为刑法规定而具有法定性。（2）犯罪客观方面以客观事实特征为内容。（3）犯罪客观方面是说明行为对刑法所保护的社会关系有所侵犯的客观事实特征。（4）犯罪客观方面是成立犯罪所必须具备的核心因素。

二 犯罪客观方面的要件

犯罪客观方面的要件具体表现为危害行为、危害结果，以及行为的时间、地点、方法（手段）、对象。其中，危害行为是一切犯罪在客观方面都必须具备的要件，也是犯罪客观方面唯一的为一切犯罪所必须具备的要件。

第二节 危害行为

一 危害行为的概念和特征

危害行为，是指在人的意志或者意识支配下实施的危害社会的身体动静。危害行为具有三个基本特征：（1）危害行为在客观上是人的身体动静。（2）危害行为在主观上是行为人的意志或者意识支配下的身体动静。（3）危害行为在法律上是对社会有危害的身体动静。

二　危害行为的表现形式

危害行为有作为与不作为两种基本表现形式。作为，是指行为人以身体活动实施的违反禁止性规范的危害行为。作为有五个实施形式：（1）利用自己身体实施的作为；（2）利用物质性工具实施的作为；（3）利用自然力实施的作为；（4）利用动物实施的行为；（5）利用他人实施的作为。不作为，是指行为人负有实施某种行为的特定法律义务，能够履行而不履行的危害行为。犯罪人有义务实施并且能够实施某种积极的行为而未实施的行为，即应该做且能够做而未做的情况。不作为在客观方面必须具备三个条件：（1）行为人负有实施某种积极行为的义务，这是构成犯罪的不作为的前提。（2）行为人有履行特定义务的实际可能而未履行。（3）不作为行为侵犯了刑法所保护的客体和对象。

三　危害行为的作用

危害行为作为犯罪客观要件中的首要因素，对定罪量刑具有重要作用。同时，还具有限定犯罪的基本范围，将思想排除在犯罪之外的重要作用。

第三节　危害结果

一　危害结果的概念和特征

危害结果，是指危害行为对犯罪客体造成的法定现实侵害及具体危害的事实。广义的危害结果是指由行为人的危害行为所引起的一切对社会的损害事实，它包括危害行为的直接结果和间接结果，属于犯罪构成要件的结果和不属于犯罪构成要件的结果。狭义的危害结果是指作为犯罪构成要件的结果，即对直接客体造成的损害事实。

危害结果具有客观性、因果性、侵害性、多样性四个特征。

二　危害结果的种类

根据危害结果是否是犯罪构成要件为标准，可以分为构成结果与非构成结果；

根据危害结果的现象形态，分为物质性结果与非物质性结果；根据危害结果距离危害行为的远近或危害结果与危害行为的联系形式，分为直接结果与间接结果。

第四节 危害行为与危害结果之间的因果关系

刑法中的因果关系，一般是指危害行为与危害结果之间的关系。我国刑法上的因果关系理论的研究主要是以辩证唯物主义因果关系理论为指导的。辩证唯物主义因果关系理论同刑法上因果关系理论是一般与个别，普通与特殊的关系。只有把辩证唯物主义因果关系理论与刑法学因果关系的基本原理有机结合起来，才能科学解决刑法中的因果关系。

以辩证唯物主义因果关系来指导解决刑法因果关系问题的基本方面是：

（一）因果关系的客观性。因果关系作为客观现象间引起与被引起的关系，它是客观存在的，并不是以人的主观意志为前提。因此，刑事案件中查明因果关系，要求司法工作人员从实际出发，客观地加以判断和认定。在刑法学上通常所说的刑法因果关系，则是指危害行为与危害结果之间的客观联系，并不涉及行为人的主观内容。

（二）因果关系的相对性。刑法中的因果关系，是要解决行为人对所发生的危害结果应负刑事责任的问题。因此，这里的因果关系是危害行为与危害结果之间的因果关系，这是刑法因果关系的特定性。（1）作为因果关系中的结果，是指法律所要求的已经造成的有形的、可被具体测量确定的危害结果，只有这样的结果才能被查明和确定，才能作为由危害行为引起的现象来具体把握，才能据此确定因果关系是否存在。（2）刑法因果关系中的原因，是指危害社会的行为，因此，如果查明某人的行为是正当、合法的行为而不具有危害社会的性质，那么即使其行为与危害结果之间有某种联系，也不能认为是刑法意义上的因果关系。

（三）因果关系的时间序列性。就是在发生时间上，原因必定在先，结果只能在后，二者的时间顺序不能颠倒。因此在刑事审判中，只能从危害结果发生的危害行为中去寻找原因。如果查明某人的行为是在危害结果发生之后实施的，那就可以肯定，这种行为与这一危害结果之间没有因果关系。当然，关于危害结果出现的危害行为，也不一定就是该结果的原因；在结果之前的行为只有起了引起和决定结果发生的作用，才能证明是结果发生的原因。

（四）因果关系的条件性和具体性。任何刑事案件的因果关系都是具体的、有条件的，一种行为引起什么样的结果，没有一个固定不变的模式。因此，查明因果关系时，一定要从危害行为实施的时间、地点、条件等具体情况出发来考虑。

（五）因果关系的复杂性。（1）"一果多因"，是指某一危害结果是由多个原因造成的。对于这种情况的刑事案件要分清主要原因和次要原因，主观原因和客观原因等情况。（2）"一因多果"，是指一个危害行为可以同时引起多种结果的情况。在一个行为引起的多种结果中，要分析主要结果与次要结果，直接结果与间接结果。这对于定罪量刑具有重要意义。

（六）因果关系的必然联系与偶然联系。实践中，因果关系一般表现为两种现象之间内在的、必然的、合乎规律的引起与被引起的联系，但在具体实践中也大量存在着偶然因果关系，即某种行为本身不包含产生某种危害结果的必然性，但在发展过程中，偶然又有其他原因介入，由后来原因合乎规律地引起一种危害结果。偶然因果关系通常对量刑具有一定意义，对定罪与否也有一定影响。

（七）不作为犯罪的因果关系。不作为的犯罪原因，在于它应该阻止而没有阻止事物向危险方向发展，以至于引起危害结果发生。特殊性在于，它以行为人负有特定义务为前提，除此以外，它的因果关系应与作为犯罪一样解决。

（八）刑法因果关系与刑事责任的联系与区别。解决了刑法上的因果关系，只是确立行为人对特定危害结果负有刑事责任的客观基础，但不等于解决了刑事责任问题。要使行为人对自己的行为造成的危害后果负刑事责任，行为人还必须具备主观上的故意与过失，否则不构成犯罪和负刑事责任。

第五节　犯罪的其他客观要件

犯罪的其他客观要件，是指犯罪特定的时间、地点和方法（手段）等因素。在某些犯罪中，特定的时间、地点、方法对定罪量刑有一定影响。

第七章　犯罪主体

第一节　犯罪主体概述

我国刑法中的犯罪主体，是指实施危害社会的行为并依法应当负刑事责任的自然人和单位。

自然人犯罪主体的共同要件有两个：（1）必须具有自然人人格；（2）具备刑事责任能力。研究犯罪主体要件的问题，对于司法实践中正确定罪量刑，具有至关重要的意义。

第二节　刑事责任能力

一　概念

刑事责任能力，是指行为人构成犯罪和承担刑事责任所必需的，行为人具备的刑法意义上辨认和控制自己的能力。

二　内容

（一）辨认能力：行为人对自己的行为在刑法上的意义、性质、后果的分辨、认识能力。

（二）控制能力：行为人所具备的决定自己是否以行为触犯刑法的能力。

——二者相辅相成，密不可分，辨认能力是基础和前提，控制能力是关键，刑事责任能力是二者的统一。

三　程度

（一）完全刑事责任能力：年满 18 周岁、精神和生理功能健全且智力与知识发展正常的人。

（二）完全无刑事责任能力：不满 14 周岁和行为时因精神疾病而不能辨认或者不能控制自己行为的人。

（三）相对无刑事责任能力：已满 14 周岁不满 16 周岁的人。

（四）减轻刑事责任能力：（1）已满 14 周岁未满 18 周岁的未成年人；（2）又聋又哑的人；（3）盲人；（4）尚未完全丧失辨认或者控制能力的精神病人。

第三节　与刑事责任能力有关的因素

一　刑事责任年龄

刑事责任年龄，是指法律所规定的行为人对自己实施的刑法所禁止的危害社会行为负刑事责任必须达到的年龄。

刑事责任年龄阶段的划分：

（一）完全负刑事责任年龄阶段：已满 16 周岁。

（二）完全不负刑事责任年龄阶段：未满 14 周岁，依法责令家长或监护人加以管教，也可以由政府收容教养。

（三）相对负刑事责任年龄阶段：已满 14 周岁不满 16 周岁；故意杀人、故意伤害致人重伤或者死亡、强奸、抢劫、贩卖毒品、放火、爆炸、投毒罪；自然意义的犯罪和法律明确规定的犯罪；奸淫幼女；绑架。

对未成年人案件的处理：以教育为主，以惩罚为辅。

（一）从宽处理原则。

（二）不适用死刑原则（跨年龄段的犯罪）。

二　精神障碍

（一）精神病性精神障碍：影响刑事责任能力。

（二）非精神病性精神障碍：在某些案件中可减轻或减弱刑事责任能力。

1. 完全无刑事责任能力：（1）医学标准：精神病人，要求——精神障碍者；实施特定的危害社会的行为；在精神病机理作用下实施行为；（2）心理学标准：不能辨认或控制自己行为的精神病人。

2. 完全负刑事责任能力：（1）精神正常时期的"间歇性精神病人"；（2）大

多数非精神性精神障碍人，包括人格障碍、性变态等。

3. 限制刑事责任能力：刑法第18条第3款。

三　生理功能丧失

刑法典第19条关于聋哑人、盲人犯罪的刑事责任规定，要注意：

（一）适用对象是：既聋又哑的人和盲人。

（二）以负刑事责任为前提，可以从轻、减轻或免除处罚（从宽处理）。

（三）正确适用从宽处罚原则。

四　生理醉酒

醉酒包括生理醉酒和病理性醉酒。病理性醉酒一般不负刑事责任，作为精神病犯罪看待。生理性醉酒分为兴奋期、共济运动失调期和昏睡期三个时期。

第四节　犯罪主体的特殊身份

一　概念

犯罪主体的特殊身份，是指刑法所规定的影响行为人刑事责任（有无和大小）的行为人人身方面特定的资格、地位或状态。以主体是否要求特定身份为要件，自然人犯罪主体可分为一般主体与特殊主体。身份犯指以特殊身份作为主体构成要件或者刑罚加减根据的犯罪，身份犯分为真正身份犯与非真正身份犯，前者如叛逃罪，指以特殊身份的有无影响定罪的犯罪，后者如非法拘禁和诬告陷害罪，指特殊身份不影响定罪但影响量刑的犯罪。

正确理解犯罪主体特殊身份的含义，要注意：（1）开始实施犯罪时所具备的而不是犯罪实施后的特殊身份，争议有事前受贿；（2）仅指向实行犯，与教唆犯、帮助犯、胁从犯无关。

二　类型

（一）自然身份与法定身份

1. 自然身份：人因自然因素赋予而形成的身份，基于性别、血缘、婚姻。

2. 法定身份：人基于法律赋予而形成的身份。

（1）具有特定职务的人：公务人员，即在国家机关、国有企事业单位等一系列机构中工作的人员，与公务员相区别。包括国家各级机关从事公务的人员，在国有企事业单位和人民团体中从事公务的人员，委派到非国有企事业单位和人民团体中从事公务的人员，其他依照法律从事公务的人员。

（2）特定国家机关工作人员：司法工作人员，邮政等特种工作人员，现役军人（在军队服役并有军级）和军队在编职工（无军级）。

（3）具有特定法律地位的人：如伪证罪主体有证人，鉴证人员，记录人员，翻译人员。

（4）被依法逮捕或关押的人。

（二）定罪身份与量刑身份

1. 定罪身份：决定刑事责任存在的身份，又称犯罪构成要件身份，是犯罪主体的必备要素。

2. 量刑身份：影响刑事责任程度的身份，又称刑罚加减身份，表现为从重、从轻、减轻甚至免除处罚的根据。

三 意义

（一）对定罪的意义：（1）区分罪与非罪的标准之一；（2）区分此罪与彼罪的标准之一；（3）影响无特殊身份者的定罪。

（二）对量刑的意义：（1）一般的，特殊主体犯罪较一般主体的刑罚重；（2）总则规范中，设有一些因犯罪主体的身份而影响刑罚轻重的规定；（3）分则规范中，规定对某些犯罪若行为人具有一定特殊身份的情况。

四 特殊身体群体的刑事处遇

（一）未成年犯罪人的刑事处遇

我国刑法典对未成年人犯罪规定了从宽处理原则、不适用死刑原则、不成立累犯原则、从宽适用缓刑原则和免除前科报告义务。

（二）老年犯罪人的刑事处遇

《刑法修正案（八）》修订的我国刑法典基于老年人身心发育的特点，对老年人犯罪规定了从宽处理原则、原则上不适用死刑、从宽适用缓刑原则。

（三）犯罪孕妇的刑事处遇

《刑法修正案（八）》修订的我国刑法典对犯罪孕妇的刑事处遇规定了不适用死刑原则和从宽适用缓刑原则。

第五节　单位犯罪

一　概念

单位犯罪是相对于自然人犯罪而言的一个范畴。《刑法》第30条规定："公司、企业、事业单位、机关、团体实施的危害社会的行为，法律规定为单位犯罪的，应当负刑事责任。"根据这一规定，所谓单位犯罪，是指由公司、企业、事业单位、机关、团体实施的依法应当承担刑事责任的危害社会的行为。单位犯罪的两个基本特征是：

（一）单位犯罪的主体包括公司、企业、事业单位、机关、团体。所谓"公司、企业、事业单位"，根据最高人民法院有关解释，既包括国有、集体所有的公司、企业、事业单位，也包括依法设立的合资经营、合作经营企业和具有法人资格的独资、私营等公司、企业、事业单位。若个人为进行违法犯罪活动而设立的公司、企业、事业单位实施犯罪的，或者公司、企业、事业单位设立后，以实施犯罪为主要活动的，不以单位犯罪论处。盗用单位名义实施犯罪，违法所得由实施犯罪的个人私分的，依照《刑法》有关自然人犯罪的规定定罪处罚。"机关"是指国家各级权力机关、行政机关、司法机关、军事机关。"团体"主要是指人民团体和社会团体。

（二）只有法律明文规定单位可以成为犯罪主体的犯罪，才存在单位犯罪及单位承担刑事责任的问题，而并非一切犯罪都可以由单位构成。规定单位犯罪的"法律"，指的是刑法分则性条文，包括1997年修订后的刑法典分则及其颁行后国家最高立法机关又根据实际需要制定的单行刑法及有关附属刑法规范。从我国刑法典分则的规定来看，单位犯罪广泛存在于危害公共安全罪，破坏社会主义市场经济秩序罪，侵犯公民人身权利，民主权利罪，妨害社会管理秩序罪，危害国防利益罪和贪污贿赂罪等章中。这些单位犯罪多数是故意犯罪，但也有少数属于过失犯罪。

二　处罚原则

对单位犯罪的处罚，世界各国刑事立法和刑法理论上主要有两种原则：一是双罚制，即单位犯罪的，对单位和单位直接责任人员（代表人、主管人员及其他有关人员）均予以刑罚处罚；二是单罚制，即单位犯罪的，只对单位予以刑罚处罚而对直接责任人员不予处罚，或只对直接责任人员予以刑罚处罚而不处罚单位。

根据我国《刑法》的规定："单位犯罪的，对单位判处罚金，并对其直接负责的主管人员和其他直接责任人员判处刑罚。本法分则和其他法律另有规定的，依照规定。"这是我国《刑法》对单位犯罪处罚原则的规定。根据这一规定，对单位犯罪，一般采取双罚制的原则，即单位犯罪的，对单位判处罚金，同时对单位直接负责的主管人员和其他直接责任人员判处刑罚。但是，刑法典分则和其他法律（特别刑法）另有规定不采取双罚制而采取单罚制的，则属例外情况。这是因为，单位犯罪的情况具有复杂性，其社会危害程度差别很大，一律采取双罚制的原则，并不能全面准确地体现罪责刑相适应原则和对单位犯罪起到足以警戒的作用。在我国刑法典分则中，有少数几种单位犯罪，采取的即是单罚制。如强迫职工劳动罪，就只处罚用人单位的直接责任人员。

第八章　犯罪主观方面

第一节　犯罪主观方面概述

一　概念

犯罪主观方面，是指犯罪主体对自己行为及其危害社会的结果所抱的心理态度。它包括罪过（即犯罪的故意或者犯罪的过失）以及犯罪的目的和动机等几种因素。罪过是刑事责任的主观根据。

二　意义

除对刑法理论有意义外，也有助于司法实践中的正确定罪量刑。

三　司法实践中查明犯罪主观方面的要求

正确查明犯罪主观方面，要注意犯罪主观方面存在的客观性和犯罪主观方面通过犯罪行为得以客观外化。

第二节　犯罪故意

一　概念和构成要素

故意犯罪：明知自己的行为会发生危害社会的结果，并且希望或者放任这种结果发生，因而构成犯罪的，是故意犯罪。

犯罪故意：行为人明知自己的行为会发生危害社会的结果，并且希望或者放任这种结果发生的一种主观心理态度。包括两个方面的因素：一是认识方面的因素，即行为人明知自己的行为会发生危害社会的结果；二是意志方面的因素，即行为人希望或者放任这种危害结果的发生。

（一）认识因素

1. 犯罪故意的首要条件

2. 内容：

（1）对行为本身的认识（行为的性质和内容）；

（2）对行为结果的认识（法条的明确规定）：结果是对直接客体的危害，这种认识也包括对直接客体的认识；

（3）对危害行为和危害结果相联系的其他构成要件事实的认识：法定对象，法定手段，特定的时间地点。

3. 行为的（刑事）违法性，按照法律的规定，犯罪故意的认识因素表现为行为人"明知自己的行为会发生危害社会的结果"，这显然是只要求行为人明知其行为及行为结果的危害性，而没有再要求行为人明知行为及结果的刑事违法性。

4. "会发生"包括必然发生和可能发生两种。

（二）意志因素

1. 希望：积极追求并排除障碍。

2. 放任：听之任之。

（三）二者的关系

1. 缺一不可。

2. 认识因素是构成犯罪故意的基础和前提。

3. 意志因素是认识因素的发展。

二 类型（基于行为人对危害结果所持的心理态度）

（一）直接故意

1. 行为人明知自己的行为必然发生危害社会的结果，并且希望这种结果发生的心理态度。

2. 行为人明知自己的行为可能发生危害社会的结果，并且希望这种结果发生的心理态度。

（二）间接故意

行为人明知自己的行为可能发生危害社会的结果，并且放任这种结果发生的心理态度。

1. 追求一种犯罪目的而放任另一个危害结果的发生。

2. 追求一种非犯罪目的而放任另一个危害结果的发生。

3. 在突发犯罪中，行为人不计后果而放任危害结果的产生。

（三）直接故意与间接故意的区别

1. 相同点：

（1）在认识因素上对自己的行为会发生危害社会的结果都有明确的认识。

（2）在意志因素上对危害结果的发生都不是排斥、反对的态度。

2. 区别：

（1）认识程度不同：直接故意的行为人对危害结果的认识包括必然性认识和可能性认识两种情形，间接故意的行为对危害结果的认识则只有可能性一种。

（2）意志因素不同：直接故意的行为人是希望危害结果的发生，间接故意的行为人则是放任危害结果的发生。

（3）特定危害结果对二者成立的意义不同：特定危害结果不影响直接故意的定罪，只有发生了特定的危害结果才能构成犯罪。

（四）研究意义

1. 绝大多数故意犯罪都只能由直接故意构成；只有少数故意犯罪如故意杀人罪等既可以由直接故意构成，也可以由间接故意构成。

2. 对量刑的意义：直接故意量刑重于间接故意。

3. 有利于司法实践中正确定罪。

第三节　犯罪过失

一　概念

犯罪的过失，是指行为人应当预见自己的行为可能发生危害社会的结果，因为疏忽大意而没有预见，或者已经预见而轻信能够避免的一种心理态度。

犯罪过失与犯罪故意的区别：（1）认识因素不同：前者应当预见可能发生危害结果，后者明知可能或必然发生危害结果；（2）意志因素不同：前者对危害结果持的是一种排斥和反对态度，而后者是希望或放任的态度。

二　类型

（一）过于自信的过失：行为人已经预见到自己的行为可能发生危害社会的结果，但轻信能够避免，以致发生这种结果的心理态度。

1. 预见到可能发生危害社会的结果。

2. 过于自信（轻信）。

3. 过于自信和间接故意。

（二）疏忽大意的过失：行为人应当预见自己的行为可能发生危害社会的结果，因为疏忽大意而没有预见，以致发生了这种结果的心理态度。

1. 应当预见：预见的义务和预见的能力（可能），只有有预见的可能，法律才能赋予义务，法律不能要求行为人为其不能为的行为。

2. 因为疏忽大意而没有预见到自己的行为可能发生危害社会的结果。

相同点：在认识因素上对危害结果的发生均有认识（可能性认识），在意志因素上对危害结果的发生均持非希望态度。

不同点：对危害结果的认识程度不同，前者仅仅预见到危害结果的可能发生，后者则是明知危害结果的现实可能发生，认识程度相对较高；对危害结果发生所持的心理态度不同，前者轻信能够避免危害结果的发生，危害结果的发生是违背行为人的本意的，后者放任危害结果的发生，不违背本意；承担的刑事责任轻重不同。

第四节　与罪过相关的几个特殊问题

一　不可抗力事件

不可抗力事件，是指行为在客观上虽然造成了损害结果，但不是出于行为人的故意或者过失，而是由不能抗拒的原因所引起的。具有三个特征：（1）行为人在行为客观上造成了损害结果，与人无关的自然灾害等不属于刑法上的不可抗力事件；（2）行为人主观上没有故意或者过失；（3）损害结果由不能抗拒的力量所引起。

二　意外事件

意外事件，是指行为在客观上虽然造成了损害结果，但是不是出于故意或者过失，而是由不能抗拒或者不能预见的原因所引起的。具有三个特征：（1）行为人的行为客观上造成了损害结果；（2）行为人主观上没有故意或者过失；（3）损害结果由不能预见的原因所引起。

意外事件与疏忽大意的区别：相同点是未预见危害结果；本质区别（原则区别）为是否应当预见。

第五节　犯罪目的和犯罪动机

一　犯罪目的和犯罪动机的概念及二者的关系

（一）概念

犯罪目的，是指行为人希望通过实施犯罪行为达到某种危害社会结果的心理态度。

犯罪动机，是指刺激行为人实施犯罪行为以达到犯罪目的的内心冲动或者内心起因。

（二）犯罪目的与犯罪动机的关系

1. 联系：

（1）二者都是推动行为人实施犯罪行为的主观心理活动，反映其主观恶性程度和社会危害程度；

（2）犯罪目的以犯罪动机为基础和前提，前者源于后者，后者促成前者；

（3）二者有时表现为直接关系，反映的行为人的需要是一致的。

2. 区别：

（1）作用不同：犯罪动机促成犯罪目的，是抽象的；犯罪目的指向具体客体和对象。

（2）犯罪目的相同，动机不同；犯罪动机相同，目的不同。

二　犯罪目的和犯罪动机的意义

犯罪目的和犯罪动机，对于直接故意犯罪的定罪量刑，具有重要的意义。

第六节 认识错误

认识错误，是指行为人对自己的行为的刑法性质、后果和有关的事实情况不正确的认识。一般有法律认识错误和事实认识错误两种：法律认识错误，是指行为人对自己的行为在法律上是否构成犯罪、构成何种犯罪或者应当受到什么样的处罚的不正确理解。事实认识错误，是指行为人对自己行为的事实情况的不正确理解。

第九章　正当行为

第一节　正当行为概述

一　概念

正当行为，是指客观上造成一定损害结果，形式上符合某些犯罪的客观要件，但实质上既不具备社会危害性，也不具备刑事违法性的行为，例如，正当防卫、紧急避险、依法执行职务、正当冒险行为等。具有如下特征：（1）形式上具备某种犯罪的客观要件；（2）实质上不符合该种犯罪的构成特征，不具备社会危害性，也不具备刑事违法性。

二　种类

种类有：正当防卫、紧急避险、自救行为、正当业务行为、履行职务行为、基于权利人承诺和自愿的损害行为、法令行为。

三　意义

（一）区分罪与非罪，更好地把握犯罪的本质和界定罪与非罪。
（二）有利于鼓励公民与违法犯罪行为作斗争。
（三）有利于社会进步，鼓励和保障公民行使权利、履行义务（职务）。

第二节　正当防卫

一　概念和意义

正当防卫，是指为了使国家、公共利益、本人或者他人的人身、财产和其他权利免受正在进行的不法侵害，而对不法侵害者实施的制止其不法侵害且未明显超过必要限度的行为。

我国刑法规定正当防卫，具有重要的意义：

（一）有利于及时有效地保障国家的、公共的、公民本人的或他人的合法权益免受正在进行的不法侵害。

（二）有利于有效威慑犯罪分子，从而遏制犯罪行为。

（三）有利于社会主义精神文明建设。

二 条件

根据刑法的有关规定，构成正当防卫必须符合以下相互统一、相互联系的五个条件：

（一）必须为了保护国家、公共利益、本人或他人的人身、财产和其他合法权利免受不法侵害才能实行正当防卫，即防卫的目的必须正当。据此下列情况可排除在正当防卫以外：防卫挑拨、互相斗殴、为了保护非法利益而实行的防卫。这几种情况因为行为人不具备正当的防卫目的，不能成立正当防卫。

（二）必须是对不法侵害行为才能实施正当防卫。所谓不法侵害行为，就是危害社会的行为，包括对国家利益、公共利益、本人或他人的人身和其他权利的侵害。不法侵害行为通常指犯罪行为，但也包括某些一般违法侵害行为。必须注意的是，并不是对任何犯罪行为和一般违法侵害行为都可以实行正当防卫。一般说来，只有对那些带有一定的紧迫性的不法侵害行为才可以实行正当防卫，即那些迫在眉睫的或正在进行的而且往往是带有暴力性、破坏性的，形成防卫紧迫感的侵害。因此对没有紧迫性的犯罪行为不能实行正当防卫。另外，对过失犯罪，在通常情况下不存在正当防卫问题。

（三）必须对正在进行的不法侵害行为才能实行正当防卫。所谓正在进行的不法侵害行为，一是指客观实际存在的侵害，而不是主观想象的或者推测的侵害；二是已经着手实施或者直接面临的侵害，而不是尚未实施或者已经结束了的侵害。所谓想象或推测的侵害，是指不法侵害行为并不存在，只是由于防卫人主观上认为发生了某种不法侵害行为，因而对"侵害"实行了"正当防卫"，这在理论上称假想防卫。这种防卫不能称之为正当防卫。所谓尚未实施的侵害，是指侵害人尚未着手，还不存在侵害的直接威胁。所谓已经结束了的侵害，包括下列三种情况：一是侵害结果已经造成，侵害者也没有实施进一步侵害的明显意图；二是侵害行为已被制止或者侵害者已丧失了继续侵害的能力；三是侵害者自动中止了侵害。上述情况下实行正当防卫的，是防卫不适时，不能构成正当防卫。

（四）必须是针对实施不法侵害的人实行防卫。正当防卫的目的是要排除和制止不法侵害，而不法侵害的行为来自侵害者，只有对不法侵害者本人的人身或财产及其他权益造成某种损害，才能有效地制止不法侵害。即防卫对象只能是不法侵害者本人。

（五）正当防卫不能明显超过必要的限度造成重大损害。根据我国刑法的有关规定，正当防卫不能明显超过必要限度，给不法侵害人造成重大损害，否则就失去了防卫的适当性，从而成为对社会有害的行为，属于防卫过当，应当负刑事责任。

另外，我国刑法规定，对正在进行行凶、杀人、抢劫、强奸、绑架以及其他严重危及人身安全的暴力犯罪，采取防卫行为，造成不法侵害人伤亡的，不属于防卫过当，不负刑事责任。对此规定的防卫限度的判断，应坚持以下两点：第一，从罪行程度上说，这里的"无限防卫权"所针对的对象应该是实行行凶、杀人、抢劫、强奸、绑架等严重暴力犯罪或者是和这些犯罪大致相当的犯罪。第二，从防卫程度上说，对属于上述情况下的防卫行为，应该受到关于正当防卫的必要限度的一般性规定的制约。

关于必要限度的考虑问题，还应当坚持以下几点：

（一）从有利于鼓励和支持公民和不法侵害行为作斗争出发，对于正当防卫没有明显超过必要限度，没有造成重大损害的，即应认为是正当防卫。

（二）从主、客观相统一出发，以防卫行为在客观上是否为制止不法侵害所必须为标准，又不能完全不考虑防卫人在紧迫情况下的主观心理状态。所以对正当防卫的限度不能过于苛求，只要没有造成明显超出必要限度的重大损害，就不能以犯罪论处。

（三）从实际出发，结合案件的时间、地点、环境和双方的体力和智力状况以及手段、强度、后果等因素，进行全面的、实事求是的具体分析。

三　防卫过当及其刑事责任

防卫过当，是指防卫行为明显超过必要限度造成重大损害，应当负刑事责任的行为。它具有两个特征：（1）在客观上有防卫过当行为，并对不法侵害人造成了重大损害。（2）在主观上对其结果具有罪过，表现为间接故意或者过失。

防卫过当的刑事责任包括两方面的内容：一是防卫过当的定罪，二是防卫过当的量刑。

第三节　紧急避险

一　概念和意义

紧急避险，是指为了国家、公共利益、本人或者他人的人身、财产和其他权利免受正在发生的威胁，不得已而采取的损害另一较小合法权益的行为。具有重要的意义：（1）从概念和性质出发，鼓励公民在必要或紧急的情况下，通过损害较小合法权益来保护更大的合法权益，从而尽可能地降低对合法权益的损害；（2）鼓励和支持公民树立公共利益和整体利益的观念，从而使人们在与自然灾害、不法侵害等危险作斗争的过程中提升其思想境界。

二　条件

避险意图、避险起因、避险时间、避险对象、避险限度、避险限制、避险禁止这七个条件，是紧急避险成立的必备要件，缺一不可。

三　避险过当及其刑事责任

（一）概念：避险行为超过必要限度造成不应有损害的行为，应承担刑事责任。

（二）构成条件：避险性与过当性的统一。

1. 客观：行为人实施的超过必要限度、造成合法权益不应有损害的行为。所谓合法权益不应有的损害有两种情况——损害的合法权益大于或者等于保护的合法权益，没有将损害降低到最低限度。

2. 主观：行为人对避险过当行为有罪过，通常是疏忽大意的过失，特殊情况下也可以是过于自信的过失和间接故意。

（三）刑事责任（定罪量刑）

1. 非独立罪名：应根据具体情况判断。

2. 应当减轻或免除处罚：保护权益的性质，保护目的，过当程度等。

3. 过失致人死亡罪等。

四　紧急避险与正当防卫的区别

（一）正当防卫和紧急避险同属于正当行为，二者相同点主要有：

1. 目的都是为了保护公共利益、本人或者他人的合法权益。

2. 成立的前提都必须是合法权益正在受到侵犯。

3. 超过必要限度造成不应有的危害的，都应当负刑事责任。

（二）不同点主要如下：

1. 危害的来源不同。在正当防卫的情况下，危害来源只能是人的不法侵害；而在紧急避险的情况下，危险来源不仅可能是人的不法侵害，还可能是自然界力量和动物的侵袭等。

2. 行为针对的对象不同。正当防卫只能对不法侵害者本人实施，紧急避险则可能对第三者实施。

3. 对实施行为的条件要求不同。在正当防卫情况下，即使能够用其他方法避免危害，也可以实施防卫；紧急避险则要求必须在不得已的情况下作为排除危险的唯一方法实施。

4. 对损害程度的限度要求不同。正当防卫所引起的损害，允许等于或者大于不法侵害行为可能造成的损害；而紧急避险所造成的损害，则只能小于危险可能造成的损害。

第十章 故意犯罪停止形态

第一节 故意犯罪停止形态概述

一 概念和特征

故意犯罪停止形态：是指故意犯罪在其产生、发展和完成犯罪的过程及阶段中，因主客观原因而停止下来的各种犯罪形态。包括两种类型：一是犯罪完成形态，即犯罪既遂形态；二是犯罪未完成形态，即犯罪预备、犯罪未遂和犯罪中止。

二 意义

区分此罪和彼罪，量刑，深入研究故意犯罪。

三 犯罪停止形态存在的范围

（一）过失犯罪不存在犯罪停止形态；

（二）间接故意犯罪只有犯罪成立与不成立的问题，不存在犯罪的预备、中止、未遂和既遂等状态；

（三）直接故意犯罪并非都存在犯罪的这些停止形态。

四 犯罪未完成形态负刑事责任的根据

故意犯罪的完成形态即既遂形态负刑事责任的根据，在于其完全具备主客观统一的犯罪构成要件。行为符合主客观相统一的犯罪构成，是使行为人负刑事责任的科学根据。

第二节 犯罪既遂形态

一 概念和特征

犯罪既遂，是指行为人所故意实施的行为已经具备了某种犯罪构成的全部要件。它具有两个特征：（1）主观上，行为人特定的犯罪意图已经借助犯罪行为的实施全部展开或得到实现。（2）客观上，行为人的犯罪行为已经在主客观犯罪意图和意志的支配下达到法定的终点，即完成犯罪的状态。

二 类型

根据刑法分则对各种直接故意犯罪构成要件的不同规定，犯罪既遂主要有以下四种不同的类型：

（一）结果犯，即不仅要实施犯罪构成客观要件的行为，而且必须发生法定的犯罪结果，才构成既遂的犯罪。即以法定的犯罪结果的发生与否作为犯罪既遂与未遂区别标志的犯罪。所谓法定的犯罪结果，是专指犯罪行为通过对犯罪对象的作用而给犯罪客体造成的有形的物质性的、可以具体确定的损害结果。这类犯罪在我国刑法中为数很多，例如故意杀人罪、故意伤害罪、抢劫罪等等。

（二）行为犯，即以法定的犯罪行为的完成作为既遂标志的犯罪。这类犯罪的既遂并不要求造成物质性的和有形的犯罪结果，而是以行为完成为标志，但是这些行为不是一着手即告完成的，按照法律的要求，这种行为要有一个实行的过程，要达到一定程度，才能视为行为的完成。因此，在着手实行犯罪的情况下，如果达到了法律要求的程度就是完成了犯罪行为，就应视为犯罪的完成即既遂的构成；如果因犯罪人意志以外的原因未能达到法律要求的程度，未能完成犯罪行为，就应认定为未完成犯罪而构成犯罪未遂。例如强奸罪、脱逃罪、奸淫幼女罪、投敌叛变罪等。

（三）危险犯，是以行为人实施的危害行为造成法律规定的发生某种危害结果的危险状态作为既遂标志的犯罪。如放火罪，只要放火行为足以危害到公共安全即可构成犯罪既遂，而不要求发生实际危害结果。

（四）举动犯，即即时犯，是指按照法律规定，行为人一着手实行犯罪行为，犯罪即告完成，从而构成既遂的犯罪。从犯罪构成性质上分析，举动犯大致包括两种构成情况：一是原本为预备性质的犯罪构成。如参加恐怖组织罪、参加黑社会性质组织罪等。二是教唆煽动性质的犯罪构成。如煽动民族仇恨、民族歧视罪，传授犯罪方法罪等。

三 既遂犯的处罚原则

对行为符合犯罪既遂特征的既遂犯，我国刑法要求根据其所犯的罪，在考虑刑法总则一般量刑原则的指导与约束的基础上，直接按照刑法分则具体犯罪条文规定的法定刑幅度处罚。

第三节 犯罪预备形态

一 概念和特征

刑法第 22 条第 1 款规定："为了犯罪，准备工具、制造条件的，是犯罪预备"，揭示了犯罪预备行为的主观和客观的特征，但并非对犯罪预备形态所下的定义。根据我国刑法的规定和有关的刑法理论，犯罪预备作为故意犯罪的一种停止形态，是指行为人已经实施犯罪的预备行为，由于行为人意志以外的原因而未能着手实施犯罪的犯罪停止形态。犯罪预备具有下列特征：

（一）犯罪预备的客观特征

1. 行为人已经实施犯罪预备行为，即必须实施了我国刑法所规定的为了犯罪准备工具、制造条件的行为。犯罪预备行为是着手实施犯罪前的行为，如果行为人已经着手实施犯罪构成要件的行为，则不属于犯罪预备行为。犯罪预备行为又不同于犯意表示。只有犯意表示，没有为实施犯罪准备工具、制造条件的，不能成立犯罪预备行为。

2. 行为人尚未着手犯罪的实行行为。犯罪活动在具体犯罪实行行为着手以前停止下来。

（二）犯罪预备的主观特征

1. 行为人进行犯罪预备活动的意图和目的，是为了顺利地着手实施和完成犯罪。

2. 犯罪在实行行为尚未着手时停止下来，从主观上看是违背行为人的意志的。

二　犯罪预备行为的类型

（一）为实施犯罪准备犯罪工具的行为

犯罪工具是犯罪分子进行犯罪活动所用的一切器械物品，准备是指制造、寻找、加工犯罪工具。

1. 用以杀伤被害人或排除其反抗的器械物品；

2. 用以破坏分离犯罪对象的物品，或破坏排除犯罪障碍物的器械物品；

3. 专用于达到或逃离犯罪现场或进行犯罪活动的交通工具；

4. 用以排除障碍接近犯罪对象的物品；

5. 用以掩护犯罪实施或罪证的物品。

（二）其他为犯罪创造便利条件的行为

1. 为实施犯罪事先调查犯罪场所、时机或被害人行踪；

2. 准备实施犯罪的手段；

3. 排除实施犯罪的障碍；

4. 追踪被害人，守候其到来，或进行其他接近被害人、犯罪对象物品的行为；

5. 前往犯罪场所守候或者诱骗被害人赶赴犯罪地点的行为；

6. 勾引集结共同犯罪人进行共同犯罪的预谋；

7. 拟定实施犯罪和犯罪之后逃避侦查追踪的计划。

三　预备犯的处罚原则

（一）体现主客观相统一和罪责刑相适应原则；

（二）在具体援引法条时，应同时援引罪名和第 22 条第 2 款；

（三）法典采取"可以比照"的倾向性规定和意见，一般的，从轻、减轻或免除，少数情况下，也有加重的。

第四节　犯罪未遂形态

一　概念和特征

犯罪未遂，是指已经着手实行犯罪，由于犯罪分子意志以外的原因而未得逞的行为形态。犯罪未遂具有如下主要特征：

（一）行为人已经着手实行犯罪。这是犯罪未遂区别于犯罪预备的根本标志。

（二）犯罪未得逞。指行为人在着手实行犯罪以后，没有达到既遂状态而停顿下来。这一特征是犯罪未遂区别于犯罪中止形态的根本标志。

我国《刑法》第 23 条第 2 款规定了犯罪未遂的处罚原则："对于未遂犯，可以比照既遂犯从轻或者减轻处罚。"这里需要强调两点。（1）在犯罪未遂的处罚原则上，我国采用的是"得减主义"，即对未遂犯既可以比照既遂犯从轻、减轻处罚，也可以同罚，具体情况由审判机关酌定。（2）由于犯罪未遂的社会危害性明显地大于犯罪预备和犯罪中止，在我国刑法关于未遂犯的从宽处罚情节的规定中，只有从轻处罚和减轻处罚两种，而没有免除处罚。

（三）犯罪停止在未完成形态是犯罪分子意志以外的原因所致。这是犯罪未遂形态与着手犯罪后的犯罪中止区别的关键。

二　类型

（一）实行终了的未遂和未实行终了的未遂

1. 犯罪实行行为是否实行终了，以犯罪人是否自认为实现犯罪意图所必要的全部行为都实行完毕为标准。

2. 实行终了的未遂分为两种：一是犯罪分子主观上误认为其实现犯罪意图所必要的全部行为已经实行终了因而停止犯罪行为的情况；一是犯罪分子对其完成犯罪的行为已经实行终了没有发生认识错误，但实行终了和结果发生有一定的距离，这时由于意图以外的原因而停止下来，如投毒。

3. 实行终了的未遂相对未实行终了的未遂，适当从重。

（二）能犯未遂和不能犯未遂

1. 以行为实际上能否造成犯罪既遂，是否能完成犯罪加以区分；

2. 能犯未遂是指犯罪行为有实际可能达到犯罪既遂，但行为人意志以外因素的介入使犯罪没有得逞的状况；

3. 不能犯未遂是指由于犯罪人对有关事实认识的错误而使犯罪行为不可能达到既遂的情况，主要包括对象不能犯未遂和工具不能犯未遂；

4. 对象不能犯未遂指由于犯罪人的错误认识使犯罪行为所指向的犯罪在实施具体行为时不在犯罪行为有效作用的范围之内，或者由于某种属性使用权，犯罪不能既遂的情况；

5. 工具不能犯未遂指行为人由于认识错误而使用了按其客观性质不能实现行为人的犯罪意图，不能达到犯罪既遂的工具，而只能构成犯罪未遂的情况。

三　未遂犯的处罚原则

（一）法条援引：同时援引刑法分则中的具体规定和第 23 条第 2 款。

（二）"可以比照"，相对于犯罪预备和犯罪中止为重。

（三）考虑因素：

1. 未遂形态距离犯罪完成（既遂）的远近程度；

2. 犯罪未遂所属类型，实行终了的未遂危险性更大，能犯未遂危险性更大；

3. 犯罪未遂所表现出来的犯罪意志的坚决程度。

（四）犯罪未遂只是具体案件的某个情节，应放到整个案件中进行综合性考虑。

第五节　犯罪中止形态

一　概念和特征

犯罪中止，是指在犯罪过程中，行为人自动停止犯罪或者自动有效地防止犯罪结果的发生，而未完成犯罪的一种犯罪停止形态。根据不同的标准可以分为未实行终了的中止和实行终了的中止，消极中止和积极中止。特征如下：

（一）自动停止犯罪的犯罪中止的特征为时空性、自动性、彻底性。

（二）自动有效地防止犯罪结果发生的犯罪中止的特征为：（1）在某些特殊情况下，行为人已经着手实行犯罪，其行为可能造成但尚未造成犯罪既遂所要求的法定结果，行为人自动有效地防止犯罪结果发生的中止形态；（2）具备普通的犯罪中止的三个特征外，还具有有效性，即行为人必须有效地防止他所实施的犯罪行为可能造成的法定结果的出现；（3）消极等待到以积极作为方式阻止避免危害结果出现。

自动放弃可能重复的侵害行为，是指行为人实施了足以造成既遂危害结果的第一次侵害行为，由于其意志以外的原因而未发生既遂的危害结果，在有当时继续重复实施侵害行为的实际可能时，行为人自动放弃了实施重复侵害行为，因而使既遂的危害结果没有发生的情况。其性质是犯罪中止而不是犯罪未遂。

二　类型

（一）预备中止、实行终了的中止和实行未终了的中止；

（二）消极中止与积极中止。

三　中止犯的处罚原则

刑法第 24 条第 2 款"对于中止犯，没有造成损害的，应当免除处罚；造成损害的，应当减轻处罚"。

第十一章　共同犯罪

第一节　共同犯罪概述

一　概念和成立要件

共同犯罪，是指二人以上共同故意犯罪。构成共同犯罪，必须具备下列条件：（1）共同犯罪的主体要件是二人以上，有刑事责任能力的自然人或者两个以上的单位或者有刑事责任能力的自然人与单位才能成为共同犯罪的主体。（2）共同犯罪的客观要件是各犯罪人必须具有共同的犯罪行为。（3）共同犯罪的主观方面是共同犯罪人必须具有共同的犯罪故意。

二　认定

（一）不构成共同犯罪的情况

1. 二人以上共同过失犯罪：二人以上基于共同过失行为实施的犯罪，例如，过失教唆，过失实行。

2. 同时犯，不是共同犯罪。

3. 二人以上实施危害行为，罪过形式不同的，不构成共同犯罪。

4. 实施犯罪时故意内容不同的，不构成共同犯罪。

5. 超出共同故意之外的犯罪，不是共同犯罪。

6. 事后通谋的窝藏行为、包庇行为，不构成共同犯罪。

（二）片面共犯，是指共同行为人的一方有与他人共同实施犯罪的意思，并加功于他人的犯罪行为，但他人不知其给予加功的情况。

第二节　共同犯罪的形式

一　共同犯罪形式的概念及其划分的意义

共同犯罪形式，是指二人以上共同犯罪的存在方式、结果状况或者共同犯罪之间的结合形态。研究共同犯罪形式的划分的意义在于：（1）区别不同形式的共同犯罪，以便确定对共同犯罪的法律适用，打击社会危害性最大的共同犯罪形式；（2）分清共同犯罪人在不同形式的共同犯罪中的地位和作用，便于对共同犯罪人实行区别对待，严厉惩治首要分子，从宽处理从犯和胁从犯，有效地与共同犯罪作斗争。

二　共同犯罪形式的划分

（一）任意的共同犯罪和必要的共同犯罪

1. 任意的共同犯罪：依照刑法分则的规定能够一人单独实施的犯罪，而由二人共同实施的犯罪情况。

2. 必要的共同犯罪：二人以上共同故意实施刑法分则规定的必须由数人实施的犯罪。

（1）聚众性的共同犯罪（聚众的共同犯罪）：由首要分子组织、策划、指挥众人（三人以上，骨干分子积极参加）实施的犯罪；聚众犯罪既包括共同犯罪（刑法第 290 条），也包括单独犯罪（刑法第 291 条，只处罚首要分子）。

（2）有组织的共同犯罪（集团的共同犯罪）：三人以上共同故意实施的具有特定组织形式的犯罪（简称集团犯罪，三人以上有组织的共同犯罪）；两种情形，即一般性的集团犯罪和黑社会性质组织的犯罪。

3. 援引法条：任意的共同犯罪是总则共同犯罪的规定和分则条款；必要的共同犯罪不需要援引总则共同犯罪的规定，只需直接适用分则条款。

（二）事前通谋的共同犯罪和事中通谋的共同犯罪

1. 事前有通谋的共同犯罪：各共同犯罪人在着手实行犯罪之前已经进行某种程度的合谋策划（即已形成共同故意）的犯罪。

2. 事前无通谋的共同犯罪：各共同犯罪人在着手实行犯罪之前尚未形成共同犯罪的主观联络，而是在实行犯罪的过程中形成共同犯罪故意的共同犯罪。也就是事中通谋，事后不能构成共同犯罪。

3. 刑法第 310 条规定的窝藏、包庇罪，还有第 349 条的有关规定。

（三）简单的共同犯罪和复杂的共同犯罪

1. 简单的共同犯罪：没有分工而是共同实行具体犯罪客观要件的行为——实行犯。

2. 复杂的共同犯罪：共同犯罪人之间有着分工的共同犯罪，有人实施（实行犯），有人实施组织行为（组织犯），有人实施帮助行为（帮助犯），有人教唆（教唆犯）。

（四）一般的共同犯罪和特殊的共同犯罪

1. 一般的共同犯罪：二人以上为实施特定犯罪而事前或临时纠合在一起、没有特殊组织形式的共同犯罪；欠缺组织性，临时、偶然纠集在一起；可以是简单的共同犯罪，也可以是复杂的共同犯罪。

2. 特殊的共同犯罪：集团共同犯罪（有组织一定有分工，有分工不一定有组织性）。

第三节　共同犯罪人的刑事责任

一　共同犯罪人的分类标准

主要有分工分类法和作用分类法两种。

二　主犯、从犯、胁从犯的特征及其刑事责任

共同犯罪人分为主犯、从犯、胁从犯和教唆犯。主犯是指组织、领导犯罪集团进行犯罪活动或者在共同犯罪中起主要作用的犯罪分子。对组织、领导犯罪集团的首要分子按照集团所犯的全部罪行处罚；对其他主犯，应当按照其参与的或者组织、指挥的全部犯罪处罚。从犯是指在共同犯罪中起次要或者辅助作用的犯罪分子。对于从犯，应当从轻、减轻或者免除处罚。胁从犯是指被胁迫参加犯罪的犯罪分子。对于胁从犯，应当按照他的犯罪情节减轻处罚或者免除处罚。教唆犯是指故意唆使他人犯罪的犯罪分子。对于教唆犯，应当按照他在共同犯罪中所起的作用处罚。教唆不满 18 周岁的未成年人犯罪的，应当从重处罚。被教唆的人没有犯被教唆的罪的，对于教唆犯，可以从轻或者减轻处罚。

三 教唆犯的特征及其刑事责任

教唆犯是故意唆使他人实行犯罪的人。具备如下条件：（1）从客观方面说，必须有教唆他人犯罪的行为；（2）从主观方面说，必须有教唆他人犯罪的故意。

关于教唆犯的刑事责任，我国刑法典第 29 条规定了如下三种情况：

（一）教唆他人犯罪的，应当按照他在共同犯罪中所起的作用处罚：被教唆犯罪的人已经实施了被教唆犯的罪；开始实施预备行为，已经着手实施实行行为而未遂，已经着手实施实行行为并且既遂；教唆犯通常是主犯，但在个别共同犯罪案件中，可能只起次要或辅助作用，如教唆他人帮助别人犯罪，在另一教唆犯的威逼下教唆他人犯罪等。

（二）教唆不满 18 周岁的人犯罪的，应当从重处罚（教唆不满 14 周岁的人犯罪或者教唆已满 14 周岁未满 16 周岁的人犯八种罪以外的罪，是直接实行犯）。

（三）被教唆的人没有犯被教唆的罪，对于教唆犯，可以从轻或者减轻处罚（而非应当）。这是教唆未遂，而不是未遂教唆（被教唆犯罪的人已着手实施被教唆犯的罪，但由于意志以外的原因而未遂）。

第十二章 罪数形态

第一节 罪数判断标准

罪数，是指犯罪的单复或个数，在刑法理论上指一罪与数罪。罪数形态，是指表现为一罪或数罪的各种类型化的犯罪形态。

罪数判断标准主要有：（1）行为说认为，应以行为的数量作为认定罪数的标准；（2）法益说或结果说认为，应以行为所侵犯的法益数量或结果的数量作为认定罪数的标准；（3）主观说或犯意说认为，应以行为人主观上的故意与过失的数量为标准认定行为的罪数；（4）犯罪构成标准说认为，应以犯罪构成为标准来认定行为的罪数。

罪数的类型分为一罪和数罪。一罪的类型分为实质的一罪、法定的一罪和处断的一罪。数罪的类型分为：（1）实质数罪与想象数罪；（2）异种数罪与同种数罪；（3）并罚数罪与非并罚数罪；（4）判决宣告以前的数罪与刑罚执行期间的数罪。

第二节 一罪的类型

一 实质的一罪

实质的一罪，是指形式上具有数罪的某些特征，但实质上仅仅构成一罪的犯罪形态。

（一）继续犯（持续犯）

1. 概念：作用于同一对象的一个犯罪行为从着手实行到行为终了，犯罪行为及其所引起的不法状态在一定时间内同时处于继续状态的犯罪形态，典型是非法拘禁罪、窝藏（赃）罪、遗弃罪。

2. 构成特征（条件）

（1）在一个犯意支配下实施一个犯罪行为；

（2）作用于同一对象；

（3）犯罪行为与其所引起的不法状态同时持续；

（4）从着手到实行终了必须持续一定的时间。

3. 继续犯与相关罪数形态的区别

（1）状态犯：犯罪既遂后实行行为所造成的不法状态处于持续过程当中的犯罪形态。区别是：

①状态犯只是不法状态持续，而继续犯是犯罪行为和不法状态同时持续。

②状态犯是行为终了后的不法状态的持续；继续犯的不法状态从着手实行开始到行为终了，贯穿整个犯罪过程。

（2）即成犯（举动犯）（两类）。区别是：

① 犯罪实行完毕后没有不法状态持续的是狭义的即成犯，没有行为持续的要求。

② 犯罪实行完毕后有不法状态持续的是继续犯。

（3）接续犯（徐行犯）：行为人在同一机会以性质相同的数个举动接连不断地完成一个犯罪行为的犯罪形态，如连续投毒行为。特征是：

①同一机会，相同或近似的时间、场所。

②侵害同一犯罪的直接客体。

③接连不断地实施数个性质相同的举动，完成一个犯罪行为（举动是自然意义上的而不是刑法意义上的行为；数个自然意义上的举动构成刑法意义上的行为）。

4. 处断原则：具体适用相关条款。

（二）想象竞合犯（也称想象的数罪、观念的竞合：一个行为触犯数种罪名的犯罪）

1. 特征：

（1）主观：数个罪过。

（2）客观：一个行为（刑法意义上的行为而非自然意义上的举动）。

（3）一个侵害行为侵犯不同的直接客体。

（4）触犯数个不同的罪名（法律特征）。

2. 处断原则："择一重"原则，如刑法第329条。

（三）结果加重犯

1. 概念：实施基本犯罪构成要件的行为而发生基本犯罪构成要件以外的重结果，因而刑法明确规定加重其刑罚的犯罪形态，如故意伤害致人死亡。

（1）是否只限于结果犯：（通说）通常是结果犯，有些情况也可以是行为犯；

（2）是否只限于故意犯罪：（通说）更多人主张既可以是故意犯罪，也可以是过失犯罪。

2. 构成：

（1）实施基本犯罪构成要件的行为；

（2）发生基本犯罪构成要件以外的重结果是由实施基本犯罪构成要件的行为引起的；

（3）有刑法明确规定的比基本犯罪更重的刑罚。

3. 处断原则：直接适用有关条款。

二　法定的一罪

本为数罪（具备数罪的构成特征），法律明文规定为一罪的犯罪行为。

（一）结合犯

1. 概念：数个各自独立的犯罪行为，根据刑法的明文规定，结合成为另一个独立的新罪的犯罪形态，如日本的强盗强奸罪。

2. 要件：

（1）结合犯所结合的数罪本来是刑法当中明确规定的数个独立的犯罪；

（2）将数个独立的犯罪行为结合为一个新的罪名（基于原因与结果、手段与目的等之间的牵连关系以及数罪并罚的考虑而结合）；

（3）刑法明文加以规定。

（二）集合犯

1. 概念：行为人以实施不定次数的同种犯罪行为为目的，虽然实施了数个同种犯罪行为，刑法规定还是作为一罪论处的犯罪形态。

2. 要件：

（1）行为以实施不定次数的同种犯罪行为为目的，虽然实施数个同种犯罪行为，但刑法明确规定作为一罪论处的犯罪形态；

（2）集合犯通常实施了数个同种的犯罪行为；

（3）集合犯必须是刑法将可能实施的数个同种犯罪行为规定为一罪。

3. 种类分为常业犯和营业犯。常业犯是集合犯和惯犯的交叉之处。

4. 处断原则：根据刑法的规定以一罪论处，不实行数罪并罚。

三 处断的一罪

行为虽然符合数个犯罪的构成要件或者几次符合同一犯罪的构成要件，但只认为是一罪的情况。一般认为，处断的一罪包括连续犯、吸收犯与牵连犯。

（一）连续犯。连续犯是指行为人基于同一的或者概括的故意，连续实施数个独立的犯罪行为，触犯同一罪名的情况，具有以下特征：（1）必须是行为人基于同一的或者概括的犯罪故意。（2）必须是行为人连续实施数个独立的犯罪行为。（3）数个独立的犯罪行为必须触犯同一罪名。

（二）吸收犯。吸收犯是指数个犯罪行为被其中一个犯罪行为所吸收，仅成立吸收行为一个罪名的情况，具有以下特征：（1）行为人实施了数个独立的犯罪行为，单一的行为不可能成立吸收犯；（2）数个独立的犯罪行为，必须触犯不同的罪名，数行为触犯同一罪名时不成立吸收犯；（3）数行为之间具有吸收关系，表现为数行为属于实施某种犯罪的同一过程，前行为是后行为的所经阶段，后行为是前行为发展的自然结局。吸收关系主要表现为重行为吸收轻行为，行为的轻重不取决于行为的先后，而取决于行为的性质和法定刑。

（三）牵连犯。牵连犯是指以实施某一犯罪为目的，但其方法行为或结果行为又触犯其他罪名的情况，具有以下特征：（1）必须出于一个犯罪目的。根据这一特征，过失犯罪与间接故意犯罪不能成立牵连犯，具有两个以上犯罪目的时，也不能成立牵连犯。（2）必须实施了两个以上独立的行为，其中有一个是目的行为，其他的是方法行为或结果行为，方法行为或结果行为都是符合犯罪构成要件的行为，能独立成罪；方法行为或结果行为又是围绕目的行为而实施的。（3）必须是数行为之间具有牵连关系。具体表现为方法行为与目的行为是手段与目的的关系，目的行为与结果行为是原因与结果的关系。我国没有明文规定牵连犯及其处理方法，一般认为，在刑法没有特别规定的情况下，对牵连犯应从一重罪从重处罚。如果刑法特别规定以数罪论处，则对牵连犯实行数罪并罚；如果刑法特别规定从一重断，就应从一重处断。

第三节　数罪的类型

（一）实质数罪与想象数罪；

（二）异种数罪与同种数罪；

（三）并罚数罪与非并罚数罪；

（四）判决宣告以前的数罪与刑罚执行期间的数罪。

第十三章　刑事责任

第一节　刑事责任概述

刑事责任是刑事法律规定的，因实施犯罪行为而产生的，由司法机关强制犯罪者承受的刑事惩罚或单纯否定性法律评价的负担，其具有不同于其他法律责任的如下特征：

（一）刑事责任是刑事法律规定的一种负担。将刑事责任归结为一种负担，因为刑事责任是一种消极责任，本身具有某种负担之意。

（二）刑事责任因实施犯罪行为而产生。实施犯罪行为是刑事责任产生的前提或者原因，没有实施犯罪行为，刑事责任就不可能产生。"无犯罪则无刑事责任"是现代刑法公认的原则。

（三）刑事责任以刑事惩罚或单纯否定性法律评价为内容。这可以说是刑事责任的本质特征，它表现了刑事责任的严厉性，使刑事责任与其他法律责任在严重程度上互相区别开来。

（四）刑事责任只能由犯罪者来承担。我国刑法实行罪责自负、反对株连的原则，所以刑事责任只有犯罪者即实施犯罪行为者才承担；没有参与实施犯罪，即使与犯罪者有这样或那样的关系，也不发生刑事责任问题。刑事责任只能由犯罪者承担，既不能株连非犯罪者的他人，也不能由非犯罪者的他人代为承担，这表现了刑事责任的专属性，这一点也使刑事责任与其他法律责任相区别。

（五）刑事责任由代表国家的司法机关强制犯罪者承担。刑事责任是犯罪者向国家所负的责任，它表现了犯罪者与国家之间的关系，国家则由其司法机关代表它强制犯罪者承担刑事责任。这就是刑事责任的强制性。

第二节　刑事责任的根据

刑事责任的根据，是指国家基于何种前提、基础或决定因素追究犯罪人的刑事责任，犯罪人基于何种前提、基础或决定因素承担刑事责任。刑事责任有哲学根据和法学根据。

第三节　刑事责任的发展阶段和解决方式

刑事责任的解决方式有四种：定罪判刑方式、定罪免刑方式、消灭处理方式（超过诉讼时效，犯罪人死亡）、转移处理方式（享有外交特权或豁免权的人）。

第十四章　刑罚概说

第一节　刑罚的概念

一　刑罚的概念和特征

刑罚是刑法规定的由国家审判机关依法对犯罪人适用的限制或剥夺某种权益的强制性制裁方法。具有以下特征：（1）刑罚的内容为对受刑者一定权益的限制和剥夺；（2）刑罚的对象只能是犯罪人；（3）刑罚适合的主体只能是国家审判机关；（4）刑罚的种类及适用标准必须以刑法的明文规定为依据；（5）刑罚适用必须依照刑事诉讼程序；（6）刑罚的执行机关是特定的。

二　刑罚与犯罪的关系

犯罪与刑罚的关系是：犯罪引起刑罚的产生，刑罚是对犯罪的否定，犯罪与刑罚的关系是对立与统一的关系。

三　刑罚与其他法律制裁方法的区别

刑罚与其他法律制裁有相同之处，都是国家法律规定的制裁方法，都对受制裁人产生不利影响，但二者是有严格区别的，主要表现为以下几点：

（一）适用根据不同。对犯罪人适用刑罚的法律根据是刑法，而对民事违法者适用民事处罚的法律依据是民法，对行政违法者适用行政处罚的法律根据是行政实体法。

（二）适用机关不同。刑罚只能由人民法院的刑事审判部门适用，民事处罚只能由人民法院的民事审判部门适用，行政处罚则由国家各级行政机关适用。

（三）适用对象不同。刑罚只适用于实施了犯罪行为的人，而其他法律制裁则分别适用于民事、行政、经济违法者，如果这些违法者的违法行为构成了犯罪，达到了应受刑罚处罚的程度，就不再属于一般违法分子，而是触犯刑律的犯罪人。

（四）严厉程度不同。刑罚处罚涉及人的生命、自由、财产和资格等重大权益，从整体而言是最严厉的强制方法，而其他法律制裁则排除对生命的剥夺，一般也不涉及剥夺自由的问题。

（五）法律后果不同。受过刑罚处罚的人，在法律上和事实上被视为有前科的人。当其重新犯罪时，可能会受到比初犯者更为严厉的处罚。而仅仅受过民事、行政、经济处罚的人，在法律评价和法律后果上，将不会产生上述不利的影响。

第二节　刑罚的功能

刑罚的功能，是指刑罚在同犯罪作斗争的过程中对社会可能发挥的积极作用。它具有以下的特征：（1）刑罚的功能是在国家制定、适用和执行刑罚的过程中发挥出来的；（2）刑罚的功能是对人们所产生的作用；（3）刑罚的功能是刑罚可能产生的作用；（4）刑罚的功能是刑罚对人们产生的积极作用。

刑罚的功能的具体内容有六个方面：（1）剥夺功能，通过适用刑罚来限制或剥夺犯罪分子的某种权益，使其丧失再次犯罪的能力和条件的积极作用；（2）威慑功能，是指适用刑罚时使犯罪人产生的因畏惧再次受刑而不敢再犯的心理效应；（3）改造功能，是刑罚所具有的改变犯罪人的价值观念和行为方式，使其成为对社会有用的新人的作用；（4）教育功能，是通过制定、适用、执行刑罚，对犯罪人乃至其他社会成员的思想所产生的触动教育作用；（5）安抚功能，是指通过对犯罪人判处刑罚，使受害人及其亲属产生平缓情绪、消除痛苦的心理效应；（6）鼓励功能，是指通过创制和适用刑罚，对广大的人民起到法制教育和鼓舞作用。

第三节　刑罚的目的

刑罚目的，是指国家制定、适用和执行刑罚的目的，即国家制定、适用和执行刑罚所希望达到的结果。

特殊预防，是指通过对犯罪分子适用刑罚，惩罚改造犯罪分子，预防他们重新犯罪。

一般预防，是指通过对犯罪分子适用刑罚，威慑、警戒潜在的犯罪人，防止他们走上犯罪的道路。

　　一般预防与特殊预防之间是一种既对立又统一的辩证关系。二者的对立体现在预防的对象不同。一般预防的对象是社会上的不稳定分子，特殊预防的对象是犯罪分子。二者的统一表现为：（1）目的完全一致，都是为了预防犯罪。（2）实现目的的方式基本相同，都有赖于刑罚作用的充分发挥。刑罚的一般预防与特殊预防的辩证关系要求在刑罚权实现的不同阶段应当有所侧重。在刑罚制定阶段，应当以一般预防为主，兼顾特殊预防；在刑罚适用阶段，特殊预防与一般预防并重；在刑罚执行阶段，以特殊预防为主，兼顾一般预防。

第十五章　刑罚的体系和种类

第一节　刑罚的体系

一　刑罚体系的概念和特点

刑罚体系，是指刑事立法者从有利于发挥刑罚的功能和实现刑罚的目的出发，选择一定的惩罚方法作为刑罚方法并加以归类，由刑法按照一定的标准对各种刑罚方法进行排列而形成的刑罚序列。具有以下特点：（1）构成要素是具体的刑罚方法，即刑种；（2）具体要素由立法者选择而确定；（3）各种刑罚方法的排列是有次序的，并非杂乱无章的（由轻而重）；（4）刑罚体系由刑法明文规定，这体现罪刑法定原则的要求；（5）刑罚体系的确立根据是有利于发挥刑罚的功能，实现刑罚的目的。

二　刑罚体系的功能

刑罚体系有教育功能、威慑功能、科学化功能和利于刑罚目的的实现功能。

三　刑罚体系的特点

我国的刑罚体系具有以下特点：
（一）要素齐备、结构合理。
（二）宽严相济、衔接紧凑。
（三）内容合理、方法人道。

第二节　主刑

一　管制

（一）概念：对犯罪人依法实行社区矫正的一种刑罚方法（我国特有）。

（二）特点：

1. 对犯罪分子不予关押。

2. 限制犯罪分子一定的自由。

3. 对犯罪分子自由的限制具有一定的期限：数罪并罚时最长不超过 3 年；管制刑期的计算从判决执行之日起计算，判决执行以前先行羁押的，羁押 1 日折抵 2 日；被判处管制的犯罪分子，管制期满，执行机关应即向本人和其所在单位或者居住地的群众宣布解除管制。

4. 对被判处管制刑的犯罪分子依法实行社区矫正。

二　拘役

（一）概念：短期剥夺犯罪分子的自由，就近执行并实行劳动改造的刑罚方法。

（二）特点：

1. 剥夺犯罪分子的自由。

2. 剥夺自由的期限较短。1 个月以上 6 个月以下，衔接有期徒刑（6 个月以上）和行政拘留（1 个月以下）；数罪并罚，不超过 1 年；计算从判决执行之日起计算，判决执行以前先行羁押的，羁押 1 日折抵 1 日。

3. 由公安机关就近执行。公安机关对人民法院判处拘役的犯罪分子，有条件建立拘役所的放在拘役所内执行；无条件建立拘役所的放在就近的监狱或劳改队执行；如果没有就近的监狱或劳改队，可放在看守所当中执行。放在监狱、劳改队、看守所内执行时，应分管分押，避免交叉感染。

4. 享受一定的待遇。判处拘役的犯罪人可探亲（并可累计），可酌量发给劳动报酬。

三　有期徒刑

（一）概念：剥夺犯罪分子一定期限的人身自由，强迫其劳动并接受教育和改造的刑罚方法。

（二）特点

1. 剥夺犯罪分子的自由。

2. 具有一定期限。

3. 在监狱或者其他执行场所执行。

4. 强迫参加劳动，接受教育和改造。

四　无期徒刑

（一）概念：剥夺犯罪分子终身自由，强制其参加劳动并接受教育和改造的刑罚方法。

（二）特点

1. 剥夺犯罪分子的自由。

2. 剥夺自由是没有期限的。

3. 强迫参加劳动，接受教育和改造。

4. 羁押时间不能折抵刑期。

5. 必须附加剥夺政治权利终身。

五　死刑

（一）概念：剥夺犯罪分子生命的刑罚方法，包括死刑立即执行和死刑缓期两年执行两种情况。

（二）适用死刑的限制性规定

1. 从适用死刑的条件上进行限制。我国刑法规定，死刑只适用于罪行极其严重的犯罪分子，对于刑法没有明文规定死刑的犯罪，一律不得适用死刑。

2. 从适用死刑的对象上进行限制。我国刑法规定，犯罪的时候不满 18 周岁的人和审判的时候怀孕的妇女，不适用死刑。所谓审判的时候怀孕的妇女，是指在人民法院审判的时候被告人是怀孕的妇女，也包括审判前在羁押受审时已怀孕的妇女。所谓不适用死刑，是指不能判处死刑，也不能判处死刑缓期执行。

3. 从死刑适用犯罪的性质上进行限制。《刑法修正案（八）》取消了近年来很少适用过的 13 个经济性非暴力犯罪的死刑。

4. 从死刑的适用程序上进行限制。死刑除依法由最高人民法院判决的以外，都应当报请最高人民法院核准。目前在我国刑事诉讼中，对于死刑核准权的掌握，一般是死刑由最高人民法院核准，但依法授权高级人民法院核准的除外。

5. 从死刑执行制度上进行限制。我国刑法第 48 条规定，对于应当判处死刑的犯罪分子，如果不是必须立即执行的，可以判处死刑同时宣告缓期 2 年执行。根据这条规定，适用死刑必须具备两个条件：一是罪当处死，二是必须立即执行的。上述的这些规定，从限制死刑适用的角度看是合理的。特别是对不满 18 周岁的人和审判时怀孕的妇女不适用死刑的规定，从人道角度讲，是值得称道的。另外，从死刑的执行方法上看，现在逐渐采用注射的方法实行，这也使得死刑的执行更加人道化。

第三节　附加刑

一　罚金

（一）概念：人民法院判处犯罪人强制其向国家缴纳一定金钱的刑罚方法（罚款是行政处罚，赔偿损失是民事处罚）。

（二）适用方式

1. 选处罚金：某种犯罪或某种犯罪具体情节的法定刑是由罚金刑和其他刑种并列构成的，而法官只能从中选择一种适用、不能同时适用的刑罚。

2. 单处罚金：某种犯罪或某种犯罪具体情节，刑法只规定有罚金一种刑罚方法，如单位犯罪。

3. 并处罚金：某种犯罪或某种犯罪具体情节由罚金与其他刑种并列构成，法官可以合并适用的制度，如大量的经济犯罪；包括得并科罚金制和必并科罚金制。

4. 并处或者单处罚金：在某种犯罪或某种犯罪具体情节当中，选择罚金制、单科罚金制、并科罚金制并存的情况。

（三）罚金数额的立法规定（刑法第 52 条规定，判处罚金，应当根据犯罪情节决定罚金的数额）

1. 比例制。

2. 倍数制。

3. 比例兼倍数制。

4. 特定数额制。

5. 抽象罚金制。

（四）执行（刑法第 53 条规定五种执行方法）

1. 犯罪人在判决指定的期限内一次缴纳判决所确定的罚金数额。

2. 犯罪人在判决指定的期限内分期缴纳判决所确定的罚金数额。

3. 犯罪人在判决指定的期限内没有缴纳罚金或者没有完全缴纳，由人民法院强制缴纳。

4. 人民法院在任何时候发现被执行人有可以执行的财产，应当随时追缴。

5. 减免缴纳。

二 剥夺政治权利（资格刑的一种）

（一）概念：依法剥夺犯罪人一定期限内参加管理国家和政治活动权利的一种刑罚方法。

（二）适用方式

1. 附加适用：对于危害国家安全的犯罪分子应当附加剥夺政治权利；对于故意杀人、强奸、放火、爆炸、投毒、抢劫等严重破坏社会秩序的犯罪分子，可以附加剥夺政治权利（司法解释扩大到包括故意伤害和盗窃）；对于被判处死刑、无期徒刑的犯罪分子，应当剥夺政治权利终身（刑法第 56、57 条）。

2. 独立适用：以刑法典明确规定为依据。

（三）内容：刑法第 54 条

（四）期限

1. 判处死刑、无期徒刑：终身剥夺。

2. 死刑缓期两年执行而减为有期徒刑：三年以上十年以下。

3. 独立适用剥夺政治权利或者判处有期徒刑、拘役并附加剥夺政治权利：一年以上五年以下。

4. 管制附加剥夺政治权利：与管制期限相同。

（五）执行

1. 独立适用：从判决执行之日起计算。

2. 管制：与管制同时起算。

3. 有期徒刑、拘役附加剥夺政治权利：主刑执行完毕后开始计算剥夺政治权利的期限，主刑服刑期间当然不享有政治权利。

4. 无期徒刑和死刑：从主刑执行之日开始执行。

三 没收财产

（一）概念：将犯罪分子个人所有财产的一部或者全部强制无偿收归国有的一种刑罚方法。

（二）适用方式：有与罚金选择并处、并处、可以并处三种。主要存在于危害国家安全罪、破坏社会主义市场经济秩序罪、侵犯财产罪、贪污受贿罪（追缴是违法所得，没收是合法财产）。

四 驱逐出境

驱逐出境是强制犯罪的外国人离开中国国边境的一种刑罚方法（行政处罚中的驱逐出境针对有行政违法行为的外国人）。

第四节 非刑罚处理方法

非刑罚处理方法，是指人民法院对犯罪分子采用的刑罚方法以外的其他处理方法的总称。根据刑法规定，非刑罚处理方法包括三类：

（一）判处赔偿经济损失或责令赔偿损失。

这是人民法院根据被告人的犯罪行为给被害人所造成经济损失的情况，判决或者责令被告人给予被害人一定经济赔偿的处理方法。两者所不同的是：前者根据刑法的规定，适用于依法被判处刑罚的犯罪分子；后者根据刑法的规定用于犯罪情节轻微、不需要判处刑罚而免于刑事处分的犯罪分子。

（二）训诫、责令具结悔过及赔礼道歉。

这是人民法院对情节轻微、不需要判处刑罚的犯罪分子在免予刑事处分的情况下所采用的几种教育方法。其中训诫是对其当庭进行公开谴责的一种教育方法；责令具结悔过是责令其用书面的方式保证悔改、不再重犯的一种教育方法；责令赔礼道歉是责令其承认错误、向被损害人表示歉意的一种教育方法。

（三）由主管部门予以行政处罚或者行政处分。

这是人民法院根据案情向被告人所在单位提出行政处分的建议，由主管部门给予被告人以一定的行政处罚或者行政处分，至于行政部门究竟给予何种行政处罚或者行政处分，应当由主管部门决定，人民法院不能直接对被告人作出。

第十六章　刑罚裁量

第一节　刑罚裁量概述

刑罚裁量，是指人民法院在定罪的基础上，依法确定对犯罪人是否判处刑罚、判处何种刑罚以及判处多重刑罚，并决定所判刑罚是否立即执行的审判活动。具有以下特征：第一，量刑的主体是人民法院；第二，量刑的性质是刑事审判活动；第三，量刑的基础是定罪；第四，量刑的内容是确定与刑罚相关的问题。

第二节　刑罚裁量原则

一　量刑原则的概念

量刑原则，是指人民法院在对犯罪人进行量刑时必须遵循的基本准则。

二　量刑原则的内容

（一）量刑必须以犯罪事实为根据。在量刑中坚持以犯罪事实为根据的原则，就是对犯罪分子决定刑罚的时候，应当根据犯罪的事实，犯罪的性质、情节和对社会的危害程度，把量刑建立在充分、可靠的事实的基础之上，避免因犯罪事实不清而造成冤假错案。坚持量刑以犯罪事实为根据的基本内容和具体要求是：

1. 查清犯罪事实。这里所说的犯罪事实，是指犯罪构成要件诸基本事实情况，即犯罪主体、犯罪客体、犯罪主观方面、犯罪客观方面的事实情况。对于某些以"情节严重"为构成要件的犯罪来说，犯罪事实还包括犯罪情节，即所谓的定罪情节。犯罪事实是量刑的物质基础。没有犯罪事实，就没有量刑的客观基础。只有在查清事实的前提下，才可能确定行为人的行为是否构成犯罪，构成何种性质的犯罪，是否需要刑罚处罚，给予何种处罚。在刑事审判实践中所以出现错案，其中重要原因之一是犯罪事实没有查清，没有认真坚持量刑必须以犯罪事实为根据的原则。因此，要做到量刑适当，必须首先查清犯罪事实。

2. 正确认定犯罪的性质。不同性质的犯罪，具有不同的社会危害性，处罚的轻重也有区别。因此，在量刑的时候，必须在查清犯罪事实的基础上，运用犯罪构成的理论和刑法的有关规定，正确认定犯罪的性质，即行为人的行为构成什么罪，应定什么罪名。正确认定犯罪的性质，即定性准确，是量刑适当的必要前提条件。定性不准，量刑必然不当。刑事审判实践中发生的某些错案，重要原因之一就是定性不准。

3. 掌握犯罪情节。这里所讲的犯罪情节，是指决定犯罪性质的基本事实以外的，影响犯罪的社会危害程度的事实情况，即量刑情节。它不决定性质，但影响量刑的轻重。我国刑法正是根据不同的犯罪情节，对同一犯罪规定不同的量刑幅度。情节不仅决定量刑幅度，而且决定某一量刑幅度以内或以下处刑，或者免除刑罚处罚，所以，人民法院在确定了犯罪的性质，解决了该罪运用哪个刑法条文规定的量刑幅度以后，还必须掌握犯罪情节，根据情节的不同，决定在哪个量刑幅度以内或者以下裁量应处的刑罚，或者免除处罚。如果忽视情节在量刑中的重要性，用一个固定不变的量刑标准去套情节各异的具体案件，也会造成量刑失当。

4. 正确评断行为对社会的危害程度。行为对社会的危害程度，是指行为对社会造成的危害的大小、轻重。行为的社会危害性是犯罪的最本质的特征，是区分罪与非罪、重罪和轻罪以及由此决定是否判刑和判刑轻重的主要根据之一。行为的社会危害程度是由诸多主客观因素决定的，因此，人民法院在量刑时必须正确评断犯罪的社会危害程度，才能对犯罪分子判处适当的刑罚。如果评断不当，量刑也可能畸轻畸重。

此外，行为人的主观恶性程度，国家的政治、经济形势，特别是社会治安形势等，也是决定犯罪的社会危害性程度的重要因素，对处刑的轻重也有重要影响。因此人民法院在对犯罪分子裁量决定刑罚的时候，也不能忽视这些因素。

（二）量刑必须以刑法为准绳。《刑法》第61条规定，在对犯罪分子决定刑罚的时候，应当"依照本法的有关规定"，这就是说，量刑要以刑法为准绳，依法量刑。这是罪刑法定原则在量刑活动中的体现。具体包括以下内容：

1. 必须依照刑法总则的规定适用刑种和刑期。

2. 必须依照刑法总则规定的适用条件和适用范围适用各种刑罚方法。例如犯罪的时候不满18周岁的人和审判时怀孕的妇女不适用死刑；累犯应当从重处罚；

自首可以从轻、减轻处罚等等。违反这些规定的量刑是不合法的。

3. 必须依照刑法总则规定的刑罚裁量制度裁量刑罚。刑法规定的量刑幅度不能任意突破，除具有法定减轻处罚情节以外，只能在量刑幅度以内选择适用适当的刑种或者刑度。

4. 必须依照刑法总则、分则关于各种量刑情节的规定裁量刑罚。例如，又聋又哑的人或者盲人犯罪，可以从轻、减轻或者免除处罚；对于预备犯，可以比照既遂犯从轻、减轻或免除处罚；对于未遂犯，可以比照既遂犯从轻或者减轻处罚等等。量刑时必须严格执行这些规定，保证量刑适当，真正体现惩办与宽大相结合的政策精神。

5. 必须依照刑法分则规定的具体犯罪的法定刑裁量刑罚。

第三节　刑罚裁量情节

一　概念和特征

刑罚裁量情节，又称量刑情节，是指犯罪构成事实之外的、对犯罪的社会危害程度和犯罪人的人身危险性具有影响作用的、人民法院在对犯罪人量刑时需要考虑的各种事实情况。具有以下特征：第一，量刑情节是犯罪构成事实之外的事实情况；第二，量刑情节对犯罪的社会危害程度和犯罪人的人身危险性具有影响作用；第三，量刑情节是人民法院在对犯罪人裁量决定刑罚时需要考虑的事实情况。

二　量刑情节的分类

（一）法定量刑情节、司法解释规定的量刑情节和酌定量刑情节。

（二）应当型情节和可以型情节。

（三）从宽量刑情节和从严量刑情节。

（四）罪中情节、罪前情节和罪后情节。

（五）体现犯罪人社会危害性的量刑情节和体现犯罪人人身危险性的量刑情节。

（六）功能确定性情节和功能选择性情节。

三　法定量刑情节

现行刑法明文规定的量刑情节共有 63 个，其中从宽处罚情节共有 26 个，其中规定在总则部分的共有 20 个，规定在分则部分的共有 6 个；从重处罚情节共有 37 个，其中规定在总则部分的共有 2 个，规定在分则部分的共有 35 个；总体而言，规定在刑法总则部分的量刑情节共有 22 个，规定在分则部分的量刑情节共有 41 个；"可以型"即可以适用的量刑情节共有 18 个，"应当型"即应当适用的量刑情节共有 45 个。

截至 2011 年 7 月，最高司法机关有效司法解释中共规定量刑情节 102 个。其中从宽处罚情节 70 个，从重处罚情节 32 个。

四　酌定量刑情节

酌定量刑情节，是指刑法虽然没有明文规定，但根据立法精神和审判实践经验，在量刑时也需要酌量考虑的情节。

五　量刑情节的运用

（一）正确处理从轻处罚、从重处罚、减轻处罚和免除处罚的含义。
（二）严格运用法定情节，不能忽视酌定情节。
（三）正确运用功能选择性情节。
（四）恰当运用并列性的多情节。

第十七章　刑罚裁量制度

第一节　累犯

累犯，是指因犯罪而受过一定的刑罚处罚，刑罚执行完毕或者赦免以后，在法定期限内又犯一定之罪的犯罪人。

累犯包括一般累犯和特别累犯。一般累犯，是指被判处有期徒刑以上刑罚，刑罚执行完毕或者赦免以后，在 5 年以内再犯应当判处有期徒刑以上刑罚之犯罪的犯罪分子。成立一般累犯须具有以下条件：（1）前罪与后罪都必须是故意犯罪；（2）前罪被判处有期徒刑以上刑罚，后罪应当被判处有期徒刑以上刑罚；（3）后罪发生在前罪的刑罚执行完毕或者赦免以后 5 年之内。特别累犯，也即危害国家安全罪累犯，是指犯危害国家安全罪，受过刑罚处罚，在刑罚执行完毕或者赦免以后，在任何时候再犯危害国家安全罪的犯罪分子。成立特别累犯的条件有：（1）前罪与后罪必须都是危害国家安全罪；（2）前罪必须被判处刑罚；（3）后罪必须发生在前罪的刑罚执行完毕或者赦免以后。

我国刑法典第 65 条规定，对累犯应当从重处罚。

第二节　自首和立功

一　自首

自首，是指犯罪分子犯罪以后自动投案，如实供述自己的罪行的行为。

自首分为一般自首和特别自首两种。一般自首，是指犯罪分子犯罪以后自动投案，如实供述自己罪行的行为。特别自首，是指被采取强制措施的犯罪嫌疑人、被告人和正在服刑的罪犯，如实供述司法机关还未掌握的本人其他罪行的行为。一般自首和特别自首的成立条件不同。

我国刑法典第 67 条第 1 款规定："对于自首的犯罪分子，可以从轻或者减轻处罚。其中，犯罪较轻的，可以免除处罚。"

二 立功

立功，是指犯罪分子揭发他人犯罪行为，查证属实，或者提供重要线索，从而得以侦破其他案件等情况的行为。根据刑法规定和有关解释，立功的情形主要有以下两种：（1）犯罪分子到案后检举、揭发他人犯罪行为，包括共同犯罪案件中的犯罪分子揭发同案犯共同犯罪以外的其他犯罪，经查证属实。（2）提供其他案件的重要线索，查证属实并使司法机关得以侦破。此外，属于立功的情形还有：阻止他人犯罪活动；协助司法机关抓捕其他犯罪嫌疑人；具有其他有利于国家和社会的突出表现的，应当认定为有立功表现。

根据刑法规定，立功分为一般立功和重大立功。一般立功主要表现为：揭发他人犯罪行为，查证属实的；提供重要线索，从而得以侦破其他案件的；在押期间阻止他人犯罪活动的等等。重大立功主要表现为：揭发他人重大犯罪行为，经查证属实；提供重要线索，从而得以侦破其他重大案件的；在押期间阻止他人重大犯罪活动的；协助司法机关抓捕其他重要犯罪嫌疑人（包括其他同案犯）的；等等。

根据我国刑法的规定，犯罪分子有一般立功表现的，可以从轻或减轻处罚；犯罪分子有重大立功表现的，可以减轻或免除处罚；犯罪分子犯罪后自首又有重大立功表现的，应当减轻或免除处罚。

第三节 数罪并罚

数罪并罚，是指对一人所犯数罪合并处罚的制度。我国刑法中的数罪并罚，是指人民法院对判决宣告前一人所犯数罪，或者判决宣告后，刑罚执行完毕前发现漏罪或又犯新罪的，在分别定罪量刑后，按照法定的并罚原则及刑期计算方法，决定对其应执行的刑罚的制度。

我国刑法确立的是以限制加重原则为主，以吸收原则和并科原则为补充的数罪并罚的综合原则。

（一）判决宣告数个死刑或最重刑为死刑的，采用吸收原则，应决定执行一个死刑，低于死刑的其他主刑不再执行。

（二）判决宣告数个无期徒刑或最重刑为无期徒刑的，采用吸收原则。无期徒刑是剥夺犯罪人终身自由的刑罚。一个人的终身自由被剥夺，也就不可能再执行其他自由刑刑种。

（三）判决宣告的数个主刑为有期徒刑、拘役或者管制的，采取限制加重原则。即应在总和刑期以下，数刑中最高刑期以上，酌情决定执行的刑期。但管制最高不能超过 3 年，拘役最高不超过 1 年，有期徒刑最高不超过 20 年。考虑到限制加重原则的基本精神，虽然刑法总则规定"以上"、"以下"都包括本数在内，但此处不应包括本数。

（四）数罪中有判处附加刑的，根据附加刑种类的不同，分别采用并科、合并和分别执行原则。但数个附加刑中既有没收财产，又有罚金，根据有关司法解释，如果是没收一部分，则采用并科原则，如果是没收全部财产，则采取吸收原则，只执行没收财产刑。

第四节　缓刑

我国刑法所规定的缓刑是刑罚暂缓执行，即对原判刑罚附条件不执行的一种刑罚制度，包括一般缓刑和战时缓刑两类。一般缓刑，是指人民法院对于被判处拘役、3 年以下有期徒刑的犯罪分子，在符合法律规定条件的前提下，暂缓其刑罚的执行，并规定一定的考验期，考验期内实行社区矫正，如果被宣告缓刑者在考验期内没有发生法律规定应当撤销缓刑的事由，原判刑罚就不再执行的制度。战时缓刑，是指在战时，对被判处 3 年以下有期徒刑没有现实危险的犯罪军人，暂缓其刑罚执行，允许其戴罪立功，确有立功表现时，可以撤销原判刑罚，不以犯罪论处的制度。适用战时缓刑的条件有：（1）必须是在战时。（2）只能是被判处 3 年以下有期徒刑的犯罪军人。（3）必须是在战争条件下宣告缓刑没有现实危险。

第十八章　刑罚执行制度

第一节　减刑

一　概念

减刑，是指对被判处管制、拘役、有期徒刑、无期徒刑的犯罪分子，因其在刑罚执行期间认真遵守监规，接受教育改造，确有悔改或者立功表现，而适当减轻其原判刑罚的制度。

二　条件

（一）对象条件。对象只能是被判处管制、拘役、有期徒刑、无期徒刑的犯罪分子。

（二）实质条件。可以减刑的实质条件是犯罪分子在刑罚执行期间认真遵守监规，接受教育改造，确有悔改表现，或者有立功表现。

（三）限度条件。减刑的限度，是指犯罪分子经过减刑以后，应当实际执行的最低刑期。

三　减刑的时间、幅度与刑期计算

（一）被判处 5 年以上有期徒刑的罪犯，一般在执行 1 年半以上后方可减刑；两次减刑之间一般应当间隔 1 年以上。

（二）无期徒刑犯在执行期间，如果确有悔改或者立功表现，服刑 2 年以后，可以减刑。

（三）对未成年罪犯的减刑，在掌握标准上可以比照成年罪犯依法适度放宽。

（四）对判处拘役或者 3 年以下有期徒刑、宣告缓刑的犯罪分子，一般不适用减刑。

第二节 假释

一 概念

假释，是指对被判处有期徒刑、无期徒刑的犯罪分子，在执行一定的刑期后，因其认真遵守监规，接受教育改造，确有悔改表现，没有再犯罪的危险，而附条件地将其提前释放，在假释考验期内若不出现法定的情形，就认为原判刑罚已经执行完毕的制度。

二 条件

假释的适用条件是：（1）假释只适用于被判处有期徒刑、无期徒刑的犯罪分子。（2）假释只适用于已经执行了一定刑期的犯罪分子。但如果有特殊情况，经最高人民法院核准，可以不受执行刑期的限制。（3）假释只适用于认真遵守监规、接受教育改造、确有悔改表现、假释后不致再危害社会的犯罪分子。（4）对累犯以及因杀人、爆炸、绑架、强奸、抢劫等暴力性犯罪被判处 10 年以上有期徒刑、无期徒刑的犯罪分子，不得假释。

三 假释的考验期及其考察

详见刑法典第 83、84、85 条的规定。

四 法律后果

（一）没有撤销假释情形的，假释考验期满，就认为原判刑罚已经执行完毕。
（二）有新罪或漏罪的，撤销假释，数罪并罚。
（三）违规尚未构成犯罪的，撤销假释，收监执行未执行完毕的刑罚。

第十九章　刑罚的消灭

第一节　刑罚消灭概述

一　概念

刑罚消灭，是指由于法定的或事实的原因，代表国家的司法机关不能对犯罪人行使具体的刑罚权。具有以下特征：（1）刑罚消灭的前提是对犯罪人应当适用或执行刑罚或者正在执行刑罚。（2）刑罚消灭意味着代表国家的司法机关不能对犯罪人行使具体的刑罚权。（3）刑罚消灭必须基于一定的原因。

二　主要法定原因

主要法定事由有：（1）超过追诉时效；（2）经特赦免除刑罚的；（3）告诉才处理的犯罪，没有告诉或者撤回告诉的；（4）被判处罚金的犯罪人由于遭遇不能抗拒的灾祸确有困难的，可以酌情减少或者免除。

第二节　时效

一　概述

时效分为追诉时效和行刑时效。具有以下意义：一是符合我国刑罚目的要求，二是有利于司法机关集中力量打击现行犯罪，三是可以节省人力、物力、财力，四是有利于社会的稳定。

二 追诉时效

追诉时效，是指刑法规定的、对犯罪人追究刑事责任的有效期限。

（一）追诉时效的期限

1. 追诉时效的长短与某种具体犯罪社会危害性大小相适应。

2. 刑法第 87 条规定，其中的法定最高刑是指刑法规定的具体犯罪行为所对应的有关条款（量刑幅度）的最高刑，由司法机关预先估算。

3. 一个条文中只有一个量刑幅度；一个条文中有几个量刑幅度，则根据具体犯罪行为所对应的有关条款（量刑幅度），即罪刑相适应原则；所犯刑罚规定在几个条文中，则按照罪行适应的条或款确定。

（二）追诉期限的计算根据刑法第 88 条、第 89 条的规定，追诉期限的计算有以下四种情况：

1. 一般犯罪追诉期限的计算。指没有连续与继续犯罪状态犯罪的情形。这种犯罪的追诉期限从犯罪之日起计算。"犯罪之日"的含义，是指犯罪成立之日，即行为符合犯罪构成之日。对不以危害结果为要件的犯罪来说，实施行为之日就是犯罪成立之日；对以危害结果为要件的犯罪来说，危害结果发生之日才是犯罪成立之日。追诉期限的终点时间，是指追查、提起诉讼的时间，只要行为人所犯之罪经过的时间到案件开始进入刑事诉讼程序时尚未过追诉期限，就可以对其追诉。

2. 连续或继续犯罪追诉期限的计算。犯罪行为有连续或者继续状态的，从犯罪行为终了之日起计算。犯罪行为有连续状态的，属于连续犯；犯罪行为有继续状态的，属于继续犯。"犯罪行为终了之日"，就连续犯而言，是指最后一个独立的犯罪行为完成之日；就继续犯而言，是指处于持续状态的一个犯罪行为的结束之日。

3. 追诉时效的中断。在追诉期限以内又犯罪的，前罪追诉的期限从犯后罪之日起计算。

4. 追诉时效的延长。我国刑法规定了两种追诉时效延长的情况：刑法第 88 条第 1 款规定，在人民检察院、公安机关、国家安全机关立案侦查或者人民法院受理案件以后，避免侦查或者审判的，不受追诉期限的限制；刑法第 88 条第 2 款规定，被害人在追诉期限内提出控告，人民法院、人民检察院、公安机关应当立案而不予立案的，不受追诉期限的限制。

第三节 赦免

一 赦免的概念和种类

赦免，是指国家宣告对犯罪人免除其罪、免除其刑的法律制度，包括大赦和特赦两种。大赦，是国家对某一时期内犯有一定罪行的犯罪人免予追诉和免除刑罚执行的制度。特赦，是指国家对特定的犯罪人免除执行全部或者部分刑罚的制度。二者的区别表现在：1. 对象的范围不同。大赦的对象既可能是国家某一时期的各种犯罪人，也可能是国家某一时期犯有特定罪行的犯罪人，也可能是某一地区的全体犯罪人，也可能是参与某一重大历史事件的所有犯罪人。特赦的对象是特定的犯罪人。大赦涉及的犯罪人的人数一般要比特赦所涉及的犯罪人多。2. 效果不同。大赦既赦其罪，又赦其刑。而特赦则只免除刑罚的执行而不消灭其犯罪记录。

二 我国特赦制度的特点

（一）特赦的对象是成批的罪犯并且主要是战争罪犯。

（二）特赦的条件是必须关押和改造一定的时间且在服刑的过程中确有改恶从善的表现。

（三）对符合特赦条件的罪犯，并非一律释放。

（四）特赦具有严格的程序。

（五）特赦的效力只及于刑而不及于罪。

第二十章 刑法各论概述

第一节 刑法各论与刑法总论的关系

刑法总论与刑法各论两大部分组成了刑法学体系，两者之间是一种密切联系、缺一不可、相互作用的关系。

（一）刑法各论同样影响作用于刑法总论。主要表现在以下几方面：第一，贯彻与体现刑法总论。刑法各论对刑法总论中规定的犯罪和刑罚的较为抽象和概括的一般原理和原则，通过各具体罪行的规定，进行了贯彻和体现。第二，促进刑法总论实践效应的作用。各论中对各具体犯罪的规定，实际上体现了刑法总论的原理原则，在实际运用过程中，就是对刑法总则部分的实践。第三，促进和丰富了刑法总论的发展。通过对具体犯罪的不断研究，更加明确了总则原理、原则的内涵与外延，有助于发现总论中的缺陷与不足，从而及时修正、不断完善。

（二）刑法总论对刑法各论主要有以下几方面作用：第一，概括刑法各论。刑法总论对刑法各论是一种科学的抽象和概括，提炼出有关的原理、原则，从而能够更深刻地认识具体犯罪问题。第二，指导刑法各论。刑法总论关于犯罪和刑罚的一般原理、原则，大都是从刑法各论关于具体犯罪的理论中抽象概括得到的，在这个意义上，它指导了对分则各论的研究。第三，制约刑法各论。在罪刑各论的研究中，要受制于刑法总论，受制总论的规定和约束，一些由总论得出的公理和原则，是不能违背的。

第二节 刑法分则的体系

一 犯罪的分类排列及其分类排列的依据

犯罪的同类客体是我国刑法分则对犯罪进行分类的标准。对犯罪以及具体犯罪排列的标准主要是依各类、各种犯罪的社会危害程度。（1）犯罪分类标准：同类客体。犯罪的同类客体，指的是某一类犯罪所共同侵犯的社会关系的某一方面。同类客体揭示的是同一类型犯罪在客体方面的共同本质，我国刑法分则所规定的10类犯罪，正是根据同类客体划分的。（2）犯罪排列的标准：犯罪的危害程度。我国刑法分则对各类、各种犯罪，主要是根据犯罪的危害程度，采取由重到轻的排列顺序，并与犯罪分类法相结合，建构分则体系。

二　犯罪分类排列的意义

（一）从刑事立法上讲，有助于建立比较合理的刑法分则体系，表明了立法者对各种犯罪的归纳、认识水平，并为立法实践奠定基础，同时犯罪的分类和排列，也表明立法者对各类和各种具体社会关系进行刑事保护的价值取向，体现了刑法打击犯罪的重点所在。

（二）从刑事司法上讲，有利于司法审判人员较为准确地认识各类犯罪的一般特征和各种犯罪的具体特征，把握各类及各种犯罪的危害程度，正确区分具体罪之间的界限，从而对犯罪人能够准确适用刑罚。

（三）从刑法理论研究上讲，有助于从理论上阐释和探讨各类各种犯罪的立法意图、构成特征和社会危害程度，从而正确地解决各类各种犯罪的定罪量刑问题，同时也有利于对类罪和个罪进行深入的专题研究，有助于提高刑法理论的研究水平，并能够发挥其引导立法完善、为司法实践正确定罪量刑提供理论上的指导的作用。

第三节　具体犯罪条文的构成

一　罪状

罪状，是指刑法分则条文对具体犯罪的基本构成特征的描述。在刑法理论上，通常根据条文对罪状的描述方式不同，将罪状分为四种：叙明罪状、简单罪状、引证罪状和空白罪状。但根据条文对罪状描述方式的多寡，可以将罪状分为单一罪状和混合罪状。

二　罪名

罪名，有广义和狭义之分，广义的罪名包括类罪名，狭义的罪名仅指具体罪名。狭义的罪名，是犯罪的名称或者称谓，是对犯罪本质特征或者主要特征的高度概括。正确确定罪名，必须遵循合法性、概括性、科学性三个原则。

三　法定刑

法定刑，是指刑法分则条文对具体犯罪所确定的适用刑罚的种类和刑罚幅度。

法定刑在我国现行刑法中主要有下列五种表现形式：（1）分则条文仅规定法定刑的最高限度，其最低限度由刑法总则确定。（2）法定刑的最低限度由分则确定，其最高限度由刑法总则确定。（3）法定刑的最高限度与最低限度都由分则规定。（4）分则条文规定两种以上的主刑或者规定两种以上的主刑并规定附加刑。（5）援引性的法定刑规定在分则条文中。

第二十一章 危害国家安全罪

一 概念和构成

危害国家安全罪，是指故意危害中华人民共和国国家安全的行为。危害国家安全罪具有如下构成要件：（1）客体是国家的安全。所谓国家安全，是指我国主权、领土完整与安全以及人民民主专政的政权和社会主义制度的安全。（2）客观方面表现为危害中华人民共和国国家安全的行为。所谓危害中华人民共和国国家安全的行为，是指危害我国主权、领土完整与安全以及人民民主专政的政权和社会主义制度的行为。（3）本类犯罪的主体，多数是一般主体，少数是特殊主体。（4）主观方面是故意，且绝大多数是直接故意，即明知自己的行为会发生危害中华人民共和国国家安全的后果，并且希望这种结果发生。少数犯罪既可以是直接故意，也可以是间接故意。

二 种类

根据我国刑法分则第一章的规定，危害国家安全罪12个条文共规定了下列12种具体犯罪：背叛国家罪，分裂国家罪，煽动分裂国家罪，武装叛乱、暴乱罪，颠覆国家政权罪，煽动颠覆国家政权罪，资助危害国家安全犯罪活动罪，投敌叛变罪，叛逃罪，间谍罪，为境外窃取、刺探、收买、非法提供国家秘密、情报罪，资敌罪。

第二十二章　危害公共安全罪

一　概念和构成

危害公共安全罪，是指故意或者过失实施的危害不特定或者多人的生命、健康或者重大公私财产安全的行为。具有以下构成要件：（1）本类犯罪的客体是社会的公共安全，即不特定或多数人的生命、健康和重大公私财产的安全。这是该类犯罪与其他涉及人身权利和财产权利犯罪区别的关键。（2）本类犯罪的客观方面表现为实施危及公共安全，已经造成严重后果，或者足以造成严重后果的行为。这里危害公共安全的行为有两类：一类是已经实际造成危害公共安全结果的行为，如炸死、炸伤20余人，烧毁一幢大楼等；另一类是尚未造成危害公共安全的实际结果，但足以危害公共安全的行为，如将毒药投入食堂大锅饭里，但被及时发现，未造成人员中毒结果，放火烧楼房被及时发现，未造成严重后果等。（3）本类犯罪的主体既有一般主体，又有特殊主体。尤其需要注意的是，根据刑法典第17条的规定，已满14周岁，不满16周岁的人，对放火、爆炸、投毒罪应当负刑事责任。（4）本类犯罪的主观方面既有故意的，也有过失的。如放火罪、爆炸罪、破坏交通工具罪、劫持航空器罪等为故意犯罪，交通肇事罪、重大责任事故罪等为过失犯罪。

二　种类

根据刑法典分则第二章的规定，危害公共安全罪共26条，47个罪名。具体分为：（1）用危险方法危害公共安全的犯罪；（2）破坏公共设备、设施危害公共安全的犯罪；（3）实施恐怖活动危害公共安全的犯罪；（4）违反枪支、弹药、爆炸物及核材料管理的犯罪；（5）重大安全事故的犯罪。

第二十三章　破坏社会主义市场经济秩序罪

一　概念和构成

破坏社会主义市场经济秩序罪，是指违反国家市场经济管理法规，在市场经济运行或经济管理活动中进行非法经济活动，严重破坏社会主义市场经济秩序的行为。本类犯罪具有以下构成要件：（1）本类犯罪侵犯的客体是社会主义市场经济秩序，即国家通过法律调节所形成的公平公开、平等竞争、协调有序的社会主义市场经济状态。这是本类犯罪与其他犯罪区别的关键。（2）本类犯罪在客观方面表现为违反国家市场经济管理法规，在市场经济运行或经济管理活动中进行非法经济活动，严重破坏社会主义市场经济秩序的行为。以违反国家市场经济管理法规为前提，是本类犯罪的一个突出特点。本类犯罪绝大多数都表现为作为，只有少数犯罪表现为不作为，如偷税罪，签订、履行合同失职被骗罪等就表现为不作为。（3）本类犯罪的主体分为自然人与单位两大类。自然人有一般主体，也有特殊主体。一般主体是年满 16 周岁，具有刑事责任能力的自然人。单位是指公司、企业、事业单位、机关、团体。多数为一般主体，且多数都既可以由自然人构成，也可以由单位构成。由特殊主体构成的犯罪主要有公司企业人员受贿罪，非法经营同类营业罪，内幕交易、泄露内幕信息罪，偷税罪，抗税罪等；只能由自然人构成的犯罪主要是公司、企业人员受贿罪，抗税罪，签订、履行合同失职被骗罪等；只能由单位构成的犯罪有一个，即逃汇罪。（4）本类犯罪的主观方面，对于绝大多数具体犯罪来说是出于故意，一部分犯罪还具有牟利的目的、非法占有的目的或其他目的，个别犯罪则只能由过失构成。

二　种类

根据刑法典分则第三章破坏社会主义市场经济秩序罪，分为八类，具体为：

（1）生产、销售伪劣商品罪，包括9种犯罪；（2）走私罪，包括10种犯罪；（3）妨害对公司、企业的管理秩序罪，包括17种犯罪；（4）破坏金融管理秩序罪，包括30种犯罪；（5）金融诈骗罪，包括8种犯罪；（6）危害税收征管罪，包括14种犯罪；（7）侵犯知识产权罪，包括7种犯罪；（8）扰乱市场秩序罪，包括13种犯罪。

第二十四章 侵犯公民人身权利、民主权利罪

一 概念和构成

侵犯公民人身权利、民主权利罪，是指故意或过失地侵犯公民的人身权利、民主权利以及与人身有直接关系的其他权利的行为。具有如下构成要件：（1）客体是公民的人身权利、民主权利以及与人身有直接关系的其他权利。（2）客观方面表现为以各种方法侵犯公民的人身权利、民主权利以及与人身有直接关系的其他权利的行为。（3）主体多为一般主体，也有少数犯罪主体为特殊主体。（4）主观方面，除过失致人死亡罪和过失重伤罪由过失构成外，其他罪均由故意构成。

二 种类

这章共31条，42个具体罪名，根据各具体犯罪所侵害的直接客体以及主要构成要件的特征，作如下归纳：（1）侵犯公民生命权利的犯罪；（2）侵犯公民身体健康权利的犯罪；（3）侵犯公民性自由权利或健康权利的犯罪；（4）侵犯公民人身自由权利的犯罪；（5）侵犯公民其他自由权利的犯罪；（6）侵犯公民人格权、名誉权的犯罪；（7）司法工作人员侵犯公民权利的犯罪；（8）侵犯宗教信仰、少数民族有关权利的犯罪；（9）侵犯公民民主权利的犯罪；（10）侵犯婚姻家庭权利的犯罪。

第二十五章　侵犯财产罪

一　概念和构成

侵犯财产罪，是指故意非法占有、挪用、损毁公私财物的行为。具有以下构成特征：（1）客体是公私财产所有权。本类犯罪的对象是公私财产所有权的物质表现。违法所得的财物和违禁品，可以成为本类犯罪的对象。（2）客观方面表现为实施各种法定的侵犯公私财产的行为。（3）本类犯罪的主体，大多数犯罪为一般主体，即年满 16 周岁、具有刑事责任能力的自然人，已满 14 周岁不满 16 周岁的人犯抢劫罪，应当负刑事责任；少数犯罪是特殊主体，如挪用资金罪，只能是公司、企业或其他单位的工作人员。（4）主观方面是故意，过失不能构成。

二　分类

侵犯财产罪，包括 13 个具体罪名。依据故意内容的不同，可以分为以下三个类型：（1）占有型；（2）挪用型；（3）毁损型。

第二十六章 妨害社会管理秩序罪

一 概念和构成

妨害社会管理秩序罪，是指故意或者过失地妨害国家机关或其他有关机构对社会的管理活动，破坏社会正常秩序，依法应当受到刑罚处罚的行为。具有如下构成要件：(1) 客体是社会管理秩序。(2) 客观方面表现为行为人实施了妨害国家对社会的管理活动、破坏社会管理秩序的行为。这类犯罪的行为内容与表现形式多种多样，因而刑法分则将其区分为九类行为：一是扰乱公共秩序，二是妨害司法，三是妨害国（边）境管理，四是妨害文物管理，五是危害公共卫生，六是破坏环境资源保护，七是走私、贩卖、运输、制造毒品，八是组织、强迫、引诱、容留、介绍卖淫，九是制作、贩卖、传播淫秽物品。(3) 主体多数是一般主体，也有少数是特殊主体（如包庇、纵容黑社会性质组织罪）；多数犯罪的主体限于自然人，也有少数犯罪既可以由自然人实施，也可以由单位实施（如掩饰、隐瞒犯罪所得、犯罪所得收益罪）；还有个别犯罪的主体只能是单位（如采集、供应血液，制作、供应血液制品事故罪）。(4) 主观方面大多数表现为故意，也有少数犯罪表现为过失（如医疗事故罪），在故意犯罪中，有少数犯罪还要求行为人具有特定的犯罪目的（如赌博罪和制作、复制、出版、贩卖、传播淫秽物品牟利罪等）。

二 种类

根据刑法典分则第六章的规定，妨害社会管理秩序罪分为九类，共计 125 个罪名。分述如下：(1) 扰乱公共秩序罪，包括 40 个罪名；(2) 妨害司法罪，包括 17 个罪名；(3) 妨害国（边）境管理罪，包括 8 个罪名；(4) 妨害文物管理罪，包括 10 个罪名；(5) 危害公共卫生罪，包括 11 个罪名；(6) 破坏环境资源保护罪，包括 15 个罪名；(7) 走私、贩卖、运输、制造毒品罪，包括 12 个罪名；(8) 组织、强迫、引诱、容留、介绍卖淫罪，包括 7 个罪名；(9) 制作、贩卖、传播淫秽物品罪，包括 5 个罪名。

第二十七章　危害国防利益罪

一　概念和构成

危害国防利益罪，是指违反国防法律、法规，故意或者过失危害国防利益的行为。具有如下特征：（1）客体是国防利益。国防利益指国家为防备和抵抗侵略，制止武装颠覆，保卫国家的主权、统一、领土完整和安全所进行的军事活动，以及与军事有关的活动正常进行的状态。（2）客观方面表现为违反国防法律、法规，危害国防利益的行为。（3）主体多为一般主体，少数罪只能由特殊主体构成。（4）主观方面多为故意，少数由过失构成，如过失提供不合格武器装备、军事设施罪。

二　种类

危害国防利益罪包括23个罪名，对于该类犯罪可以依据不同的标准进行分类。较为常见的分类，是分为平时危害国防利益的犯罪（刑法典第368条至375条规定的犯罪）与战时危害国防利益的犯罪（刑法典第376条至381条规定的犯罪）。

第二十八章 贪污贿赂罪

一 概念和构成

贪污贿赂罪，是指国家工作人员或国有单位实施的贪污、受贿等侵犯国家廉政建设制度，以及其他人员或单位实施的与受贿具有对向性或撮合性的情节严重的行为。具有如下构成特征：（1）客体是国家廉政建设制度，国家廉政建设制度是以恪尽职守、廉洁奉公、吏治清明、反对腐败为主要内容的。（2）客观方面表现为侵害国家廉政建设制度、情节严重的行为，包括作为与不作为两种行为。（3）主体大多数是特殊主体，少数与受贿具有对向性或撮合性的犯罪主体是一般主体，如行贿罪、对单位行贿罪和介绍贿赂罪。（4）主观方面均为故意。

二 种类

根据我国刑法典分则第八章的规定，贪污贿赂罪共有13个具体罪名，包括贪污罪、挪用公款罪、受贿罪、单位受贿罪、利用影响力受贿罪、行贿罪、对单位行贿罪、介绍贿赂罪、单位行贿罪、巨额财产来源不明罪、隐瞒境外存款罪、私分国有资产罪、私分罚没财物罪。

第二十九章　渎职罪

一　概念和构成

渎职罪，是指国家机关工作人员在履行职责或者行使职权过程中，滥用职权、玩忽职守、徇私舞弊，妨害国家机关的正常活动，致使公共财产、国家和人民利益遭受重大损失的行为。其构成特征是：（1）侵犯的客体是国家机关的正常管理活动。（2）客观方面表现为各种严重的渎职行为，即国家机关工作人员滥用职权，玩忽职守或者徇私舞弊的行为。本类罪中的多数犯罪都必须具有严重情节或者造成严重后果，否则，不能以犯罪论处。（3）犯罪主体为特殊主体，即只能是国家机关工作人员。但有少数犯罪的主体也可以是非国家机关工作人员，如泄露国家秘密罪、枉法仲裁罪。（4）主观方面既可以是故意，也可以是过失。

二　种类

渎职罪被规定在刑法典分则第九章，共 23 个条文，37 个具体罪名。根据渎职罪的主体情况，分为三个种类：（1）一般国家机关工作人员渎职罪，包括 10 个罪名；（2）司法工作人员渎职罪，包括 8 个罪名；（3）特定国家机关工作人员渎职罪，包括 19 个罪名。

第三十章　军人违反职责罪

一　概念和构成

军人违反职责罪，是指军人违反职责，危害国家军事利益，依照法律应当受刑罚处罚的行为。其构成要件是：（1）客体是国家的军事利益。所谓国家的军事利益，是指国家在国防建设、作战行动、军队物资保障、军事科学研究等方面的利益。（2）客观方面表现为行为人实施了违反军人职责，危害国家军事利益的行为。犯罪的时间和地点，对于军人违反职责罪的定罪量刑，具有极其重要的意义。（3）主体是特殊主体，统称军职人员。具体分为两类，一是现役军人，二是执行军事任务的预备役人员和其他人员。（4）主观方面大多是故意，只有少数犯罪的主观心态是过失。

二　种类

刑法典分则第十章规定的军人违反职责罪共 32 个条文，其中规定具体罪和法定刑的条文有 28 条，合计 31 个罪名。

第二部分　刑法学习题精解

第一章　刑法概说

一　单项选择题

1. 刑法第 21 条第 2 款规定："紧急避险超过必要限度造成不应有的损害的，应当负刑事责任，但是应当减轻或者免除处罚。"这一刑法条文中的"但书"所表述的情况是（　　）。

    A. 对前段的补充　　　　　　　　B. 对前段的限制

    C. 前段的例外　　　　　　　　　D. 前段的递进

2. 下列哪个刑法的解释不属于按解释的效力分类的（　　）。

    A. 文理解释　　　B. 学理解释　　　C. 立法解释　　　D. 司法解释

3. 下列哪种说法是正确的？（　　）

    A. 将强制猥亵妇女罪中的"妇女"解释为包括男性在内的人，属于扩大解释

    B. 将故意杀人罪中的"人"解释为"精神正常的人"，属于应当禁止的类推解释

    C. 将伪造货币罪中的"伪造"解释为包括变造货币，属于法律允许的类推解释

    D. 将为境外窃取、刺探、收买、非法提供国家秘密、情报罪中的"情报"解释为"关系国家安全和利益、尚未公开或者依照有关规定不应公开的事项"，属于缩小解释

4. 关于刑法解释的说法，下列哪一选项是正确的？（　　）

    A. 将盗窃罪对象的"公私财物"解释为"他人的财物"，属于缩小解释

    B. 将《刑法》第 171 条出售假币罪中的"出售"解释为"购买和销售"，属于当然解释

    C. 对随身携带枪支等国家禁止个人携带的器械以外的其他器械进行抢夺的，解释为以抢劫罪定罪，属于扩张解释

D. 将信用卡诈骗罪中的"信用卡"解释为"具有消费支付、信用贷款、转账结算、存取现金等全部功能或者部分功能的电子支付卡",属于类推解释

二 多项选择题

1. 关于刑法的解释,以下叙述正确的是:(　　　)。

A. 我国刑法第 93 条规定:"本法所称国家工作人员,是指国家机关中从事公务的人员。"此为立法解释

B. 2006 年 6 月 30 日《关于国家工作人员利用职务上的便利为他人谋取利益离休后收受财物行为如何处理问题的批复》为司法解释

C. 全国高教自考委员会指定教材《刑法学》对间接故意的解释为学理解释

D. 全国人大常委会法工委对刑法的修订提出的建议稿为立法解释

2. 我国刑法规定:"本法所说的以上、以下、以内,都包含本数在内。"这属于(　　　)。

A. 限制解释　　　B. 学理解释　　　C. 文理解释　　　D. 立法解释

3. 关于构成要件要素的分类,下列哪些选项是正确的?(　　　)

A. 贩卖淫秽物品牟利罪中的"贩卖"是记述的构成要件要素,"淫秽物品"是规范的构成要件要素

B. 贩卖毒品罪中的"贩卖"是记述的构成要件要素,"毒品"是规范的构成要件要素

C. 强制猥亵妇女罪中的"妇女"是记述的构成要件要素,"猥亵"是规范的构成要件要素

D. 抢劫罪的客观构成要件要素是成文的构成要件要素,"非法占有目的"是不成文的构成要件要素

4. 全国人大常委会有关解释规定:"刑法第 228 条、第 342 条、第 410 条规定的'违反土地管理法规',是指违反土地管理法、森林法、草原法等法律以及有关行政法规中关于土地管理的规定。"这一解释属于(　　　)。

A. 立法解释　　　B. 有权解释　　　C. 学理解释　　　D. 类推解释

三 名词解释

1. 广义刑法与狭义刑法　2. 立法解释　3. 文理解释　4. 扩张解释

四 简答题

1. 简述我国刑法规定的制定刑法的根据和刑法的任务。
2. 简述我国 1997 年修订的刑法的鲜明特色。

五 论述题

论述我国现行刑法的体系并加以评析。

参考答案

一 单项选择题

1. B 2. A 3. D 4. C

二 多项选择题

1. ABC 2. CD 3. ACD 4. AB

三 名词解释

1. 刑法：刑法有广义和狭义之分。广义刑法是指一切规定犯罪、刑事责任和刑罚的法律规范的总和。它不仅包括刑法典，还包括单行刑法以及非刑事法律中的刑事责任条款（也称附属刑法）。狭义刑法是指系统规定犯罪、刑事责任和刑罚的刑法典。在中国，即指 1979 年通过、1997 年修订的《中华人民共和国刑法》（也简称《刑法》）。

2. 立法解释：是由最高立法机关即全国人民代表大会及其常务委员会对刑法的含义所作的解释。刑法的立法解释包括三种情况：（1）在刑法中用条文对有关刑法术语所作的解释。（2）由国家立法机关在法律起草说明或者修订说明中所作的解释。（3）刑法在施行中如发生歧义，由最高立法机关对刑法进行解释。

3. 文理解释：是对法律条文的字义，包括单词、概念、术语，从文理上所作的解释。

4. 扩张解释：是根据论理解释的一种，即根据立法原意，对刑法条文作超过字面意思的解释。

四 简答题

1. 依照我国刑法第 1 条的规定，制定刑法的根据包括法律根据和实践根据。法律根据是宪法，宪法是刑法的母法，宪法的许多规定，都是制定和修订刑法必须遵循的。具体而言，刑法必须以宪法为立法根据，必须在自己的领域内具体贯彻宪法的精神和原则，通过具体的刑法规范及其适用，保障宪法的实施；刑法的规定及其解释，不得与宪法相抵触，否则便没有法律效力。实践根据是我国同犯罪作斗争的具体经验及实际情况。制定和修订刑法，都必须从我国的实际情况出发，系统地进行调查研究。刑法只有立足于客观实际，才有生命力。

根据我国刑法第 2 条的规定，我国刑法的任务，是用刑罚同一切犯罪行为作斗争，以保卫国家安全，保卫人民民主专政的政权和社会主义制度，保护国有财产和劳动群众集体所有的财产，保护公民私人所有的财产，保护公民的人身权利、民主权利和其他权利，维护社会秩序、经济秩序，保障社会主义建设事业的顺利进行。惩罚犯罪与保护人民，是构成刑法任务的两个方面，惩罚犯罪是手段，保护人民是目的。保护人民主要是指保护国家的根本政治制度和公民的合法权益，具体表现在以下几个方面：（1）保卫国家安全，保卫人民民主专政的政权和社会主义制度。严厉惩罚直接危害我国人民民主专政的政权和社会主义制度的危害国家安全的犯罪行为，是我国刑法的首要任务。（2）保护社会主义的经济基础。我国社会主义的经济基础包括社会主义的公共财产所有权和社会主义的经济秩序两个方面的内容，它们都直接关系到我国政权和制度的巩固以及社会生活的正常和繁荣，因而保护社会主义的经济基础是我国刑法的重要任务。（3）保护公民的人身权利、民主权利和其他权利。保护人民的合法权益是我们社会主义国家的根本任务，也是我国刑法任务的重要内容之一。（4）保护社会秩序、经济秩序。刑法是维护社会秩序和经济秩序的重要法律武器。

2. 1997 年 3 月 14 日通过的修订的《中华人民共和国刑法》以邓小平理论为指导，顺应时代的要求，贯彻依法治国、建设社会主义法治国家的基本方略，从而大大推动了我国刑法法治建设的进程。修订的刑法的鲜明特色，主要体现在以下几个方面：（1）实现刑法的统一性和完备性。（2）贯彻刑事法治原则和加强刑法保障功能。（3）立足本国国情与适当借鉴国外先进经验相结合。修订的刑法主要立足于我国还处在社会主义初级阶段这一基本国情，同时也放眼国际上刑法改革的进步趋势，积极合理地借鉴国外有益的立法经验。

五　论述题

广义的刑法体系，是指刑法的各种渊源及其相互关系；狭义的刑法体系，是指刑法典的组成和结构。此处是指后者。

刑法典由两编组成：第一编为总则，第二编为分则。此外还有一条附则。编下为章。总则共五章，分别为刑法的任务、基本原则和适用范围，犯罪，刑罚，刑罚的具体运用，其他规定；分则共十章，分别规定了十类犯罪。章下为节，但只是总则的第二、三、四章以及分则的第三、六章之下设立节，总则的第一、五章及分则的其他章之下没有设立节。节（章）下是条，条是表达刑法规范的基本单位，也是刑法典的基本组成单位。刑法典的全部条文用统一的顺序号码进行编排，从第1条至第452条统一编号，不受编、章、节划分的影响。条下是款。款是条的组成单位，没有编号，其标志是另起一段。款（条）下是项。项是某些条或款之下设立的单位，其标志是另起一段且用括号内的基数号码编写。

与刑法总则和刑法分则相适应，我国的刑法学体系由刑法总论和刑法各论两部分组成，体现了我国刑法学作为注释法学的特点，刑法学的体系构建依据刑法体系的构造缺乏自己独立的理论超越性，往往受制于刑法体系的变动，或者说刑法学体系受刑法立法体系的制约较大。从而，我国刑法学体系缺乏理论刑法学的一些特点。

从刑法分则有关犯罪排列顺序来看，我国的刑法分则对各类各种犯罪一般主要是根据犯罪的危害程度采取由重到轻的排列顺序，依次为危害国家安全犯罪，危害公共安全犯罪，破坏社会主义经济秩序罪，侵犯公民人身权利、民主权利罪，侵犯财产罪等。在现代以突出人权保障的市民社会之中，这种有关犯罪排列的刑法分则规定与现行的有关个人权利优先保障的刑法理念是不相符的。我国刑法典的这样排列次序体现了国家社会本位的刑法思想。

第二章 刑法的基本原则

一 单项选择题

1. 以下古语中，哪些体现了罪刑相适应的思想？（ ）

A. 王子犯法，与庶民同罪　　　　B. 刑无等级，法不阿贵

C. 刑不上大夫，礼不下庶人　　　D. 杀人者死，伤人及盗抵罪

2. 下列哪个选项不是我国刑法明确规定的基本原则？（ ）

A. 罪刑法定原则　　　　　　　　B. 适用刑法人人平等原则

C. 惩办与宽大相结合原则　　　　D. 罪责刑相适应原则

3. 关于罪刑法定原则及其内容，下列哪一选项是正确的？（ ）（司考真题）

A. 罪刑法定原则禁止类推解释与扩大解释，但不禁止有利于被告人的类推解释

B. 罪刑法定原则禁止司法机关进行类推解释，但不禁止立法机关进行类推解释

C. 罪刑法定原则禁止适用不利于行为人的事后法，但不禁止适用有利于行为人的事后法

D. 罪刑法定原则要求刑法规范的明确性，但不排斥规范的构成要件要素

4. 甲男和乙女于某日在某公园发生性关系，引起游客的极大愤慨，造成恶劣的社会影响。对甲、乙的行为应如何认定？（ ）（司考真题）

A. 聚众淫乱罪　　　　　　　　　B. 组织淫秽表演罪

C. 寻衅滋事罪　　　　　　　　　D. 无罪

5. 我国刑法规定了_____法定原则，_____法定原则的经典表述是，"法无明文规定不为罪"、"法无明文规定不处罚"；刑法同时规定了_____相适应原则，即刑罚的轻重，应当与犯罪分子所犯_____和承担的_____相适应；死刑只适用于_____极其严重的犯罪分子。在这段话的空格中（ ）。（司考真

题）

A. 2 处填写"罪刑"，4 处填写"罪行"

B. 3 处填写"罪刑"，3 处填写"罪行"

C. 4 处填写"罪刑"，2 处填写"罪行"

D. 3 处填写"罪刑"，2 处填写"罪行"

6. "罪刑法定原则的要求是：（1）禁止溯及既往（_____的罪刑法定）；（2）排斥习惯（_____的罪刑法定）；（3）禁止类推解释（_____的罪刑法定）；（4）刑罚法规的适当（_____的罪刑法定）。"下列哪一选项与题干空格内容相匹配？（　　）

A. 事前——成文——确定——严格

B. 事前——确定——成文——严格

C. 事前——严格——成文——确定

D. 事前——成文——严格——确定

7. 下列做法中不违背罪刑法定原则要求的是（　　）。

A. 重法效力溯及既往

B. 法律规定不确定的刑罚

C. 适用行为后的轻法

D. 适用类推解释

二　多项选择题

1. 关于相对的罪刑法定原则，正确的说法是（　　）。

A. 允许不超越解释权限的扩张解释

B. 不禁止有利被告的类推解释

C. 采取从旧兼从轻原则，允许事后轻法有溯及既往的效力

D. 允许采取相对的不定刑期

2. 下列哪些项符合罪刑法定原则？（　　）

A. 禁止适用习惯法　　　　　　　B. 禁止类推制度

C. 法有普遍的溯及既往的效力　　D. 法律的规定必须明确、具体

3. 下列关于罪刑相适应原则的说法哪些是正确的？（　　）（司考真题）

A. 罪刑相适应原则要求刑法不溯及既往

B. 罪刑相适应原则要求刑事立法制定合理的刑罚体系

C. 罪刑相适应原则要求刑罚与犯罪性质、犯罪情节和罪犯的人身危险性相适应

D. 罪刑相适应原则要求在行刑中合理地运用减刑、假释等制度

三　名词解释

1. 刑法基本原则　2. 罪刑法定原则　3. 适用刑法人人平等原则　4. 罪责刑相适应原则

四　简答题

1. 简述刑法基本原则的概念及特征。

2. 甲某在公共汽车上扒窃一名乘客的钱包，内有人民币 1500 元，盗窃刚得手即被该乘客发现，后群众将甲某扭送至公安机关。检察院对甲提起公诉后，法院最后定罪量刑时，以当时正处在"严打"时期、社会治安不好为由，以盗窃罪从重判处甲某有期徒刑 5 年。请以罪责刑相适应原则评述法院的判决。

五　论述题

试论适用刑法人人平等原则的基本含义。

六　案例分析题

2003 年 1 月至 8 月，甲某为赢利，先后与他人预谋，采取张贴广告、登报的方式招聘男青年做"公关先生"，并制定了《公关人员管理制度》。甲某指使他人对公关先生进行管理，并在其经营的几所酒吧内将多名"公关先生"多次介绍给男性顾客，由男性顾客将"公关先生"带至南京市某大酒店等处从事同性卖淫活动，甲从中收取"管理费"。关于本案，辩护人提出，刑法及相关司法解释对同性之间的性交易是否构成卖淫未作明文规定，而根据有关辞典的解释，卖淫是指"妇女出卖肉体"的行为。因此，组织男性从事同性卖淫活动的，不属于组织"卖淫"，依照罪刑法定原则，甲某的行为不构成犯罪。而法院认为，卖淫就其常态而言，虽是指女性以营利为目的，与不特定男性从事性交易的行为；但随着社会的变迁，对男性以营利为目的的，与不特定女性或男性从事性交易的行为，也应认定为卖淫。对卖淫作如上界定，并不违背罪刑法定原则。试结合本案，谈谈你对

罪刑法定原则的理解。

参考答案

一 单项选择题

1. D 2. C 3. C 4. D 5. D 6. D 7. C

二 多项选择题

1. ABCD 2. ABD 3. BCD

三 名词解释

1. 刑法的基本原则：是指贯穿全部刑法规范、具有指导和制约全部刑事立法和刑事司法意义，并体现我国刑事法制的基本精神的准则。其具有两个特征：（1）必须是贯穿全部刑法规范，具有指导和制约全部刑事立法和刑事司法意义。（2）必须体现我国刑事法制的基本精神。

2. 罪刑法定原则：是指什么是犯罪，有哪些犯罪，各种犯罪的构成条件是什么，有哪些刑种，各个刑种如何适用，以及各种具体罪的具体量刑幅度如何等，均由刑法加以规定。对于刑法分则没有明文规定的犯罪，不得定罪处罚，即"法无明文规定不为罪，法无明文规定不处罚"。罪刑法定原则有四个派生原则：（1）排斥习惯法；（2）排斥绝对不定期刑；（3）禁止有罪类推；（4）禁止重法溯及既往。

3. 适用刑法人人平等原则：是指对任何人犯罪，不论犯罪人的家庭出身、社会地位、职业性质、财产状况、政治面貌、才能业绩如何，都应追究刑事责任，一律平等地适用刑法，依法定罪、量刑和行刑，不允许任何人有超越法律的特权。其主要体现在：定罪上一律平等，量刑上一律平等和行刑上一律平等。

4. 罪责刑相适应原则：是指犯多大的罪，就应承担多大的刑事责任，法院也应判处其相应轻重的刑罚，做到重罪重罚，轻罪轻罚，罪刑相称，罚当其罪；在分析罪重罪轻和刑事责任大小时，不仅要看犯罪的客观社会危害性，而且要结合考虑行为人的主观恶性和人身危险性，把握罪行和罪犯各方面因素综合体现的社会危害性程度，从而确定其刑事责任程度，适用相应轻重的刑罚。

四　简答题

1. 刑法基本原则，是指贯穿全部刑法规范、具体指导和制约全部刑事立法和刑事司法意义的，并体现我国刑事法制的基本性质与基本精神的准则、规则。我国刑法规定的基本原则包括：罪刑法定原则、适用刑法人人平等原则和罪责刑相适应原则。刑法基本原则有如下主要特征：（1）贯穿全部刑法规范，对刑法的制定、修改、补充具有全局性意义，并且在刑法的全部规范体系中具有根本性意义。（2）具有指导和制约全部刑事立法和刑事司法的意义，对刑法的制定、修改和完善具有直接的指导意义，适用刑法时必须严格遵守，对刑事司法活动的全过程具有直接指导意义。（3）体现我国刑事法制的基本性质和基本精神，是通过协调罪责刑的关系表现出来的。

2. 法院的判决违背了罪责刑相适应原则。罪责刑相适应原则要求法院定罪量刑做到重罪重罚，轻罪轻罚，罪责相称，罚当其罪；在判断罪重罪轻和刑事责任大小时，不仅要看犯罪的客观社会危害性，而且要结合考虑行为人的主观恶性和人身危险性，把握好罪犯的社会危害程度，从而确定其刑事责任程度，适用相应轻重的刑罚。

本案中，甲某盗窃数额较大，已构成盗窃罪，根据刑法第264条，盗窃数额较大的，应在"三年以下有期徒刑、拘役或者管制"的法定刑幅度内量刑，不能因为案件处于严打时期，就加重被告人甲某的刑罚，否则就使得被告人承担的刑罚与其犯罪轻重不相适应，造成轻罪重判，违背罪责刑相适应原则。

五　论述题

我国刑法明文规定，对任何人犯罪，在适用法律上一律平等，不允许任何人有超越法律的特权，此即法律面前人人平等的原则。该原则包含以下基本涵义：

第一，法律面前人人平等原则，是指适用法律上的平等，即司法平等，并不包括立法平等。立法上是否平等，并不影响司法上即适用法律的一律平等。

第二，所谓适用法律上一律平等，是指把刑事法律作为统一的尺度毫不例外地、一视同仁地适用于一切实施犯罪行为的人，不因其民族、种族、性别、身份、宗教信仰、文化教育、社会地位、财产状况等而有所区别。无论是定罪、量刑、执行刑罚以及诸如解决追诉时效、刑法的适用范围等问题，都要一视同仁平等地适用法律。

第三，平等意味着既反对特权，又反对歧视。首先是反对特权。任何人实施了犯罪行为，触犯了刑律，都要严格地依法追究其刑事责任，不允许任何有超越法律上的特权，有罪不罚或重罪轻罚，或者在执行刑罚时予以不应有的特殊待遇。同时也要反对歧视。歧视一方面表现为对某个或某一部分公民的合法利益的不平等保护，对侵害其利益的罪犯不予惩处或惩处不力；另一方面表现为对某个或某一部分公民，不予平等地惩处，使其受到不公正的惩罚或待遇，无罪判刑，轻罪重刑或者在执行刑罚时非法剥夺他人应享有的权利。特权和歧视是不平等的两种表现形式。法律面前人人平等原则之实质在于严格执法，铁面无私，执法如山，既反对特权又反对歧视，这是法律面前人人平等原则的应有之意。

但是，不应当把刑事司法中贯彻区别对待的原则与法律面前人人平等原则对立起来，根据犯罪分子的不同情况，严格按照刑法的规定，实行区别对待，给予不同的惩罚，这正是严格执法，贯彻法律面前人人平等原则的体现。

总之，法律面前人人平等原则作为刑事司法的准则，要求我们在处理刑事案件时，对任何人，不论其贫富贵贱，不论其职务高低和身份如何，都应一视同仁，必须严格根据事实和依照刑法上的有关规定处理。触犯刑律的，应依法追究其刑事责任，重罪重刑，轻罪轻刑，罚当其罪。没有触犯刑律的，就要坚决认定无罪，不得惩罚无辜。

六　案例分析题

（1）明确性是罪刑法定原则的基本内容之一。但刑法的绝对明确性只能是一种理想追求，不能以"法无明确规定"为理由对那些刑法有明文规定而缺乏明确性的犯罪行为不予以定罪处罚。

（2）在贯彻罪刑法定原则时不能机械地、仅仅从形式上去理解和适用刑法的罪刑规范，而应在形式合理性的范围内尽量从实质上去理解罪刑规范，以寻求实质的合理。

（3）组织进行同性性交易的行为应当构成犯罪。犯罪是触犯刑法规定的应当受到刑罚惩罚的严重危害社会的行为。犯罪的本质特征是具有严重的社会危害性。以营利为目的，组织男性进行有偿同性性交易，不仅严重妨害了社会风化，而且增加了性病传播的严重危险，符合犯罪的本质特征，应当以犯罪论处。

（4）不能将"有利于被告"作为解决刑法解释争议的最高标准。罪刑法定只是禁止类推解释，因为类推解释违背了预测可能性原理，而不是禁止对被告人不利的解释。对被告人不利的扩张解释，只要解释的结果没有超出刑法用语可能具有的含义，没有超出国民对该用语的可预测性，就应当是合法、合理的，没有违背罪刑法定。将组织卖淫罪中的"人"解释为包括男人和女人，没有违反预测可能性原理，符合罪刑法定原则，也符合社会形势的变化对卖淫一词的影响。

（5）本案中，认定组织卖淫罪的关键在于如何解释刑法第358条所称的"组织他人卖淫"的含义。"他人"的含义不限于女性，男性也在其可能具有的含义范围之内。"卖淫"通常字面含义无疑是指妇女对男子出卖肉体获取钱财的行为，但是"卖淫"一词可能具有的最大含义是指以金钱或财物交换为前提进行的性交易。这一含义范围不仅包括常见的女对男的卖淫，也可能包括男对女以及同性之间的有偿性交易。因此，男子对妇女以及男子对男子、妇女对妇女以金钱或财物交换为前提出卖肉体的行为，也可扩张解释为"卖淫"。所以，在解释上，组织男性卖淫的，也可以组织卖淫罪论处。

综上所述，对甲某以营利为目的，组织男性进行同性有偿性交易的行为，应当直接根据刑法第358条的规定，以组织卖淫罪论处，而不能根据对罪刑法定原则的僵化的理解，借口法无明文规定而不予追究刑事责任。

第三章　刑法的效力范围

一　单项选择题

1. 关于我国刑法的适用范围，下列观点正确的是（　　　）。

A. 外国人在中华人民共和国领域内犯罪，都必须适用我国刑法

B. 凡是在中华人民共和国船舶或者航空器内犯罪，也适用我国刑法，但是在我国船舶或者航空器停靠的国家不认为是犯罪的除外

C. 我国刑法的适用范围采取的是以属地管辖为主，属人管辖和普遍管辖为辅的原则

D. 我国刑法采用的是普遍管辖原则，即犯罪的行为或结果只要有一项发生在中华人民共和国领域内就认为是在中华人民共和国领域内犯罪

2. 甲国公民 A 曾在乙、丙、丁等国多次进行国际贩毒活动，并因此被甲国通缉。某日，A 到我国境内旅游被拘捕，A 以自己并非中国公民，也未在中国境内犯罪为由提出抗议。我国依法可以对 A 采取下列哪项措施？（　　　）

A. 无权进行刑事追诉，应当立即驱逐出境

B. 可以对其进行刑事追诉，依据是对国际犯罪的普遍管辖权

C. 因其是国际犯罪，应提交国际法院制裁

D. 可以对其进行追诉，但审判要有甲、乙、丙、丁等国的共同参与

3. 我国普通公民在我国领域外犯我国刑法规定之罪，可以不追究刑事责任的是（　　　）。

A. 情节显著轻微危害不大的　　　　B. 按犯罪地法律不受处罚的

C. 最高刑为 3 年以下有期徒刑的　　D. 最低刑为 3 年以上有期徒刑的

4. 我国刑事法律的生效时间是（　　　）。

A. 从刑法批准之日起施行　　　　　B. 从刑法通过之日起施行

C. 公布一段时间后再施行　　　　　D. 从刑法批准公布之日起施行

5. 现行刑法的哪项规定适用于 1997 年 9 月 30 日以前发生的犯罪行为?(　　)

A. 关于司法机关应当立案而没有立案,被害人提出控告,不受追述时效限定的规定

B. 第 63 条第 2 款:犯罪分子虽然不具有本法规定的减轻处罚情节,但是根据案件的特殊情况,经最高人民法院核准,也可以在法定刑以下判处刑罚

C. 第 81 条第 2 款:对累犯以及因杀人、爆炸、抢劫、强奸、绑架等暴力性犯罪被判处 10 年以上有期徒刑、无期徒刑的犯罪分子,不得假释

D. 第 67 条第 2 款:被采取强制措施的犯罪嫌疑人、被告人和正在服刑的罪犯,如实供述司法机关还未掌握的本人其他罪行的,以自首论

6. 根据我国刑法,在下列哪种情况下,新刑法有溯及力?(　　)

A. 行为时法律不认为是犯罪,而新刑法认为是犯罪

B. 行为时法律认为是犯罪,而新刑法不认为是犯罪

C. 新旧刑法都认为是犯罪,但旧刑法处罚较重

D. 旧刑法认为构成两罪,而新刑法认为构成一罪

7. 某外国商人甲某在我国领域内犯重婚罪,对甲某应如何处置?(　　)

A. 适用我国刑法追究其刑事责任　　B. 通过外交途径解决

C. 适用该外国刑法追究其刑事责任　D. 直接驱逐出境

二　多项选择题

1. 下列哪种情形可适用属地原则确立我国刑法对案件的效力?(　　)

A. 甲某劫持一架美国航空公司的飞机在我国南京市机场迫降

B. 甲为杀害乙,从日本邮寄投放了毒药的糕点给住在南京市的乙,乙收到后发现霉变未吃

C. 朝鲜公民甲某在中国广州预谋绑架人质计划,然后到香港连续绑架数人勒索巨额赎金

D. 中国公民甲某潜入泰国驻华使馆盗窃了数额较大的财物

2. 我国刑法适用于外国人在中国领域外犯罪案件的条件是(　　)。

A. 按我国刑法规定的最低刑为 3 年以上有期徒刑

B. 按照犯罪地的法律也应当受刑罚处罚

C. 未经犯罪地的法院审判

D. 侵犯中国国家或者中国公民的利益

3. 关于刑法时间效力，以下说法正确的是（　　　）。

A. 1997 年刑法实施之前犯罪，前罪判处的刑罚已经执行完毕，1997 年 10 月 1 日以后又犯应当判处有期徒刑以上刑罚之罪的，是否构成累犯，适用新刑法的规定。

B. 行为人 1997 年 9 月 30 日以前实施的犯罪，公安机关立案侦查以后，行为人逃避侦查的，超过追述期限的，是否追究行为人的刑事责任，适用旧刑法规定。

C. 1997 年 9 月 30 日以前犯罪的犯罪分子有立功表现的，适用旧刑法规定。

D. 1997 年 9 月 30 日以前犯罪被宣告缓刑的犯罪分子，在 1997 年 10 月 1 日以后的缓刑考验期间又犯新罪，应适用新刑法规定，撤销缓刑。

4. 我国司法机关应当对下列哪些犯罪享有管辖权？（　　　）

A. 发生在我国领域内的犯罪，且法律对该犯罪没有特别规定

B. 发生在行使或停泊于境外的我国交通工具内的犯罪

C. 我国国家工作人员和军人在我国领域外的犯罪

D. 外国人在我国领域外对我国公民犯罪，按照犯罪地的法律不受处罚，但按我国刑法规定最低刑为 5 年以上有期徒刑的犯罪

5. 下列关于中国刑法适用范围的说法哪些是错误的？（　　　）

A. 甲国公民汤姆教唆乙国公民约翰进入中国境内发展黑社会组织。即使约翰果真进入中国境内实施犯罪行为，也不能适用中国刑法对仅仅实施教唆行为的汤姆追究刑事责任。

B. 中国公民赵某从甲国贩卖毒品到乙国后回到中国。由于赵某的犯罪行为地不在中国境内，行为也没有危害中国的国家或者国民的利益，所以，不能适用中国刑法。

C. A 国公民丙在中国留学期间利用暑期外出旅游，途中为勒索财物，将 B 国在中国的留学生丁某从东北某市绑架到 C 国，中国刑法可以依据保护管辖原则对丙追究刑事责任。

D. 中国公民在中华人民共和国领域外实施的犯罪行为，按照刑法规定的最高刑为 3 年以下有期徒刑的，也可以适用中国刑法追究刑事责任。

6. 现行刑法典（1997 年 10 月 1 日生效）能适用于下列哪些情形？（　　　）

A. 甲某在 1997 年 8 月 5 日犯故意杀人罪，在 1997 年 11 月被起诉于法院。而对故意杀人罪，行为时有效的刑法与现行刑法的规定完全相同的。

B. 甲某在 1997 年 9 月 6 日起将乙某非法拘禁，直至 1997 年 12 月才释放的。

C. 甲某在 1997 年 5 月盗窃他人 100 万元巨款后潜逃，直至 2000 年 5 月才被抓

获归案。关于盗窃罪，现行刑法典的处罚比行为时刑法处罚较轻的。

D. 甲某自 1997 年 5 月至 1998 年 5 月贩卖毒品数十次，在 1998 年 5 月被查获。据查，甲某在 1997 年 9 月 30 日以前贩卖过 8 次，1997 年 10 月 1 日后，贩卖过 8 次。现行刑法处罚较重。

7. 我国《刑法》第 6 条规定："凡在中华人民共和国领域内犯罪的，除法律有特别规定的以外，都适用本法。"这里的"特别规定"包括（　　）。

A. 我国港澳特别行政区法律作出的特别规定

B. 自治区人大针对刑法所作的变通规定

C. 自治州人大针对刑法所作的补充规定

D. 刑法实施后，新制定的特别刑法、附属刑法所作的特别规定

8. 下列哪些犯罪行为应实行属地管辖原则？（　　）

A. 外国人乘坐外国民航飞机进入中国领空后实施犯罪行为

B. 中国人乘坐外国船舶，当船舶行驶于公海上时实施犯罪行为

C. 外国人乘坐中国民航飞机进入法国领空后实施犯罪行为

D. 中国国家工作人员在外国实施我国刑法规定的犯罪行为

9. 1980 年初，张某强奸某妇女并将其杀害。1996 年末，张某因酒后驾车致人重伤。两案在 2007 年年初被发现。关于张某的犯罪行为，下列哪些选项是错误的？（　　）

A. 应当以强奸罪、故意杀人罪和交通肇事罪追究其刑事责任，数罪并罚

B. 应当以强奸罪追究其刑事责任

C. 应当以故意杀人罪追究其刑事责任

D. 不应当追究任何刑事责任

三　名词解释

1. 刑法的空间效力　2. 属地管辖原则　3. 保护管辖原则　4. 刑法的时间效力
5. 刑法的溯及力　6. 从旧兼从轻原则

四　简答题

1. 简述我国刑法中规定的属人管辖权。

2. 简述我国刑法中规定的普遍管辖权。

3. 简述我国刑法对"溯及力"的规定。

五　论述题

试论我国刑法中的属地管辖权。

六　案例分析题

日本公民松某于 2001 年用自己手中的外币与我国在其国内旅游观光者兑换成人民币，并购置伪造货币所需的印模、药水、纸张及器械。而后以其兑换的人民币作为母币，大量伪造人民币。当其在我国旅游期间使用伪造的人民币时，被抓获。经司法机关审查，松某交代了大量伪造我国货币的犯罪事实。司法机关在其居住的宾馆查获一些伪造的人民币，经其交代，在其本国仍有一些伪造的人民币存放在家中。

问题：松某的行为应否受我国刑法的追究？根据是什么？

参考答案

一　单项选择题

1. C　2. B　3. C　4. C　5. D　6. B　7. A

二　多项选择题

1. ABCD　2. ABD　3. ABD　4. AC　5. ABC　6. BCD　7. ABD　8. AC　9. ABD

三　名词解释

1. 刑法的空间效力：是指刑法对地和对人的效力，也就是解决刑事管辖权的范围问题。

2. 属地管辖原则：是指以地域为标准，凡是在本国领域内犯罪，无论是本国人还是外国人，都适用本国刑法；反之，在本国领域外犯罪，都不适用本国刑法。

3. 保护管辖原则：是指以保护本国利益为标准，凡侵害本国国家或公民利益的，不论犯罪人是本国人还是外国人，也不论犯罪地在本国领域内还是本国领域外，都适用本国刑法。

4. 刑法的时间效力：是指刑法何时生效、何时失效、新生效的刑法对过去发生的行为是否具有溯及力。

5. 刑法的溯及力：是指刑法生效后，对于其生效以前未经审判或者判决尚未确定的行为是否适用的问题。如果适用，就是有溯及力；如果不适用，就是没有溯及力。

6. 从旧兼从轻原则：从旧兼从轻原则，是指对于新法生效以前未经审判或者判决尚未确定的行为，新法原则上没有溯及力，但新法不认为是犯罪或者处刑较轻的，则要按照新法处理。我国刑法在溯及力问题上，采取的就是从旧兼从轻原则。

四　简答题

1. 我国刑法关于属人管辖权的规定体现在刑法第7条中："中华人民共和国公民在中华人民共和国领域外犯本法规定之罪的，适用本法，但是按本法规定的最高刑为3年以下有期徒刑的，可以不予追究。中华人民共和国国家工作人员和军人在中华人民共和国领域外犯本法规定之罪的，适用本法。"原则上我国公民在我国领域外犯罪，无论按照当地法律是否认为是犯罪，亦无论罪行是轻是重，以及是何种罪行，以及其所犯罪行侵犯的是何国或何国公民的利益，都适用我国刑法。只是按照我国刑法的规定，所犯之罪的法定最高刑为3年以下有期徒刑的，才可以不予追究。"可以不予追究"不是绝对不追究，而是保留追究的可能性。此外，考虑到对国家工作人员和军人在域外犯罪管辖应从严要求，如果是国家工作人员或者军人在我国领域外犯罪，则不论其所犯罪行按照我国刑法规定法定最高刑是否为3年以下有期徒刑，都要追究其刑事责任。

2. 我国刑法有关普通管辖权的规定体现在刑法第9条："对于中华人民共和国缔结或者参加的国际条约所规定的罪行，中华人民共和国在所承担条约义务的范围内行使刑事管辖权的，适用本法。"根据这一条的规定，凡是我国缔结或者参加的国际条约所规定的罪行，不论罪犯是中国人还是外国人，也不论其罪行发生在我国领域内还是我国领域外，在我国所承担条约义务的范围内，如不引渡给有关国家，我国就应当对其行使刑事管辖权，依照我国刑法予以惩处。

3. 根据我国刑法第12条的规定，中华人民共和国成立以后刑法实施以前的行为，如果当时的法律不认为是犯罪的，适用当时的法律；如果当时的法律认为是犯罪，依照刑法总则第四章第八节关于时效的规定应当追究的，按照当时的法律追究刑事责任，但是如果刑法不认为是犯罪的或者处罚较轻的，适用刑法。修订后的刑法实施以前，依照当时的法律已经作出的生效判决，继续有效。

五 论述题

我国刑法关于属地管辖权的规定体现在刑法第 6 条第 1 款："凡在中华人民共和国领域内犯罪的，除法律有特别规定的以外，都适用本法。"

第一，"中华人民共和国领域内"，是指我国国境以内的全部空间区域，具体包括：①领陆，即国境线以内的陆地及其地下层；②领水，即国家领有的水域，包括内水、领海及其地下层；③领空，即领陆、领水的上空。并且，根据国际条约和国际惯例，以下两部分是我国领土的延伸，同样适用我国刑法：①我国的船舶、飞机或其他航空器。刑法第 6 条第 2 款也规定："凡在中华人民共和国船舶或者航空器内犯罪的，也适用本法。"此处的船舶、航空器，可以是民用、军用航行途中、处于停泊状态、航行或停泊于我国领域内以及航行或停泊于我国领域外或公海及公海上空的。②我国驻外使领馆内。根据国际公约的规定，各国驻外大使馆、领事馆不受驻在国的司法管辖而受本国的司法管辖。我国驻外使领馆视同我国领域内。在驻外使领馆内发生的任何犯罪都适用我国刑法。

另外，针对犯罪行为与犯罪结果在时间或地点方面存在跨国界间隔等情况，我国刑法进一步明确了属地管辖的具体标准，第 6 条第 3 款规定："犯罪的行为或者结果有一项发生在中华人民共和国领域内的，就认为是在中华人民共和国领域内犯罪。"具体包括：①犯罪行为与犯罪结果均发生在我国境内；②犯罪行为在我国领域内实施，但犯罪结果发生在国外；③犯罪行为在国外实施，但犯罪结果发生在我国境内。这三种情况均适用我国刑法。

第二，刑法第 6 条在确立属地管辖基本原则的同时，指出了法律特别规定的例外情况。包括：①刑法第 11 条："享有外交特权和豁免权的外国人的刑事责任，通过外交途径解决。"②刑法第 90 条："民族自治地方不能全部适用本法规定的，可以由自治区或者省的人民代表大会根据当地民族的政治、经济、文化的特点和本法规定的基本原则，制定变通或者补充的规定，报请全国人民代表大会常务委员会批准施行。"③1997 年刑法施行后由国家立法机关制定的特别刑法的规定。④香港特别行政区和澳门特别行政区基本法作出的例外规定。

六 案例分析题

本案中，日本公民松某在日本大量伪造我国货币的行为应否受我国刑法的追究，涉及我国刑法的保护管辖原则的适用。

根据我国刑法保护管辖原则适用条件，对照本案的情况而言：松某伪造我国货币的行为完全符合我国刑法保护原则所规定的适用条件。首先，松某伪造我国货币的行为，严重侵害了我国的货币管理制度。且按照我国刑法的规定伪造货币罪法定最低刑为 3 年以上有期徒刑。其次，松某所在国刑法即日本刑法也将伪造货币行为规定为犯罪。因此，基于刑法保护管辖原则，适用我国刑法追究松某的刑事责任是完全正确的。

第四章　犯罪概念和犯罪构成

一　单项选择题

1. 犯罪的本质特征是（　　）。

A. 严重的社会危害性　　　　　　B. 刑事违法性

C. 应受刑罚惩罚性　　　　　　　D. 犯罪的阶级性

2. 某村村民甲（20岁）一日带领邻居乙（11岁）到小河里洗澡。因前一天下了一场大雨，水流比较急。甲与乙下水后，甲便独自一人向对岸游去。乙一人在靠岸的水域玩耍。而甲到达对岸后，觉得水流并不是特别急，要求乙也游过去，乙便开始向对岸游去，未及河中，乙便被河水冲走。甲虽奋力挽救，但乙仍被溺死。从本案看甲的行为是（　　）。

A. 意外事件　　　　　　　　　　B. 故意杀人

C. 过失致人死亡　　　　　　　　D. 不构成犯罪

3. 同宿舍同学甲、乙二人因琐事发生口角，并打了起来，后被同学劝开。甲的脸被乙一拳打肿。甲在日记中写道："我一定要杀死他！"，并写下了详尽的杀人计划。此后，甲无任何异常行为。两个月后，甲的日记本被乙偶然看到，乙报告了派出所。甲的行为（　　）。

A. 不构成犯罪

B. 构成故意杀人罪（预备）

C. 构成故意杀人罪（中止）

D. 构成故意杀人罪（未遂）

4 甲某是间歇性精神病人。某日，甲某喝醉了酒，把某酒店老板打成重伤，在群众抓捕他时，甲某因惊恐而精神病发作。则甲某（　　）。

A. 应当负刑事责任，但可以减轻处罚

B. 应当负刑事责任，但可以从轻处罚

C. 不负刑事责任，因其是精神病人

D. 应当负刑事责任

5. 我国刑法第 13 条"但书"，即"但是情节显著轻微危害不大的，不认为是犯罪"。下列哪些情形不能认为是"但书"的？（　　）

A. 甲（少男，已满 14 岁不满 16 岁）与幼女乙恋爱中偶尔发生性行为的

B. 学生甲偶尔强拿硬要低年级学生的少量财物的

C. 甲盗窃财物数额不够较大，使用暴力威胁情节轻微的

D. 法院认定甲犯罪中止，没有造成损害结果，判决免除处罚

二　多项选择题

甲某在路边看到一辆自行车没有上锁，心想女友正好缺辆自行车，就趁人不注意时，将该车骑回家，送给女友使用。该辆自行车价值 300 元。甲某的行为（　　）。

A. 情节显著轻微、危害不大，不认为犯罪

B. 情节轻微，免予刑事处罚

C. 构成治安管理处罚条例中的偷窃行为，应当给予治安处罚

D. 构成盗窃罪，可以单处罚金

三　名词解释

1. 犯罪　2. 犯罪构成　3. 犯罪的形式概念　4. 犯罪的实质概念　5. 犯罪的混合概念

四　简答题

1. 简述我国刑法中犯罪的基本特征。

2. 简述如何考察行为社会危害性。

五　论述题

论述犯罪的一般概念与犯罪构成。（考研真题）

六　案例分析题

苏某因邻居李某不同意女儿与自己恋爱而对其怀恨在心。一天傍晚二人又因琐事发生争吵,于是,苏某用随身携带的扁担猛击李某头部,致其死亡。苏某将李某的尸体藏在树林中,后于次日凌晨告知其父母并准备自杀还命。此时,苏母提出:"我娃还年轻,要还命让你爷(父亲)去。"苏父于是起身去找农药服毒。苏母说:"那农药连庄稼都保不住,还能保住你娃。"看见父亲还在沉吟,苏某便将手中的绳索扔到其父脚下边说:"要去就快点,天亮了就来不及了。"后苏父用这一绳索吊死在树林中。请运用犯罪构成理论分析苏某和苏母对苏父自杀身亡的结果应不应负刑事责任。(考研真题)

参考答案

一　单项选择题

1. A　2. C　3. A　4. D　5. D

二　多项选择题

AC

三　名词解释

1. 犯罪:是危害社会、触犯刑律并应受刑罚处罚的行为。犯罪具有三个特征:(1) 一定的社会危害性,即犯罪在一定程度上危害了国家和人民的利益;(2) 刑事违法性,即犯罪违反了我国刑法,是我国刑法所禁止的行为;(3) 应受惩罚性,即犯罪是应受刑罚处罚的行为。

2. 犯罪构成:是指依照我国刑法的规定,决定某一具体行为的社会危害性及其程度而为该行为构成犯罪所必需的一切客观和主观要件的有机统一。它具有三个特征:(1) 犯罪构成是一系列主观要件和客观要件的有机统一;(2) 犯罪构成要件必须能够反映行为的社会危害性;(3) 犯罪构成要件必须具有法定性。

3. 犯罪的形式概念：是指仅从犯罪的法律特征上给犯罪下定义，而不揭示该法律何以将该行为规定为犯罪，即把犯罪定义为违反刑事法律并且应当受刑罚处罚的行为。

4. 犯罪的实质概念：是指不强调犯罪的法律特征，而试图揭示犯罪现象的本质所在，或者说，是说明犯罪行为之所以被刑法规定为犯罪的根据和理由。

5. 犯罪的混合概念：是指犯罪的实质概念与犯罪的形式概念合而为一，既指出犯罪的本质特征，又指出犯罪的法律特征的概念。

四　简答题

1. 我国刑法第 13 条规定的犯罪概念具有三个基本特征：

（1）犯罪是危害社会的行为，即具有一定的社会危害性。行为的社会危害性是犯罪最本质的特性。如果某种行为根本不可能给社会造成危害，就不可能构成犯罪并加以惩罚。如果某种行为虽具有一定的社会危害性，但是情节轻微危害不大的，也不认为是犯罪，即不是犯罪。因此，没有社会危害性，就没有犯罪，社会危害性没有达到相当程度，也不构成犯罪。

（2）犯罪是违反刑法的行为，即具有刑事违法性。刑事违法性是犯罪的法律特性，是行为的社会危害性在法律上的表现，只有为刑法所禁止，并具备刑法所规定的犯罪构成的要件，即达到了一定严重程度的行为，才能构成犯罪。其他具有社会危害性的违法行为，如民事、经济和行政的违法行为，只能适用有关法律加以调整，而不能适用刑法，认定为犯罪。

（3）犯罪是应受刑罚处罚的行为，即具有应受惩罚性。犯罪行为同其他违法行为一样，都要承担相应的法律后果。对于违反刑法的犯罪行为来说，则要承担刑罚处罚的法律后果。应受刑罚处罚也是犯罪的基本特征之一。如果一个行为不应受刑罚处罚，就意味着不是犯罪。

犯罪的三个基本特征是紧密结合不可分割的。社会危害性是犯罪最本质的有决定意义的特征，而其他两个特征是由社会危害性产生出来的。它们都是犯罪的基本特征。

2. 社会危害性的轻重大小主要决定于以下几个方面：

一是决定于行为侵犯的客体，即行为侵犯了什么样的社会关系。例如，危害国家安全罪侵犯的是社会主义的国体、政体和国家安全，因此，危害国家安全罪比其他犯罪的社会危害性要大，是最危险的犯罪。放火罪、爆炸罪危害公共安全即广大人民生命财产的安全，社会危害性也很大。故意杀人罪危害人的生命，故意伤害罪危害人的健康，二者的社会危害性就有所不同。

二是决定于行为的手段、后果以及时间、地点。犯罪的手段是否凶狠，是否残酷，使用不使用暴力，在很大程度上决定着社会危害性，例如，抢劫公私财物就比抢夺公私财物危害严重；杀人后碎尸就比一般故意杀人更为恶劣。危害后果是决定社会危害性程度的重要因素，例如，盗窃 500 元与盗窃 1 万元；杀死 1 人与杀死数人，其社会危害性程度显然是不同的。在战时犯罪还是平时犯罪，社会危害性也不一样。趁自然灾害（如火灾、水灾、震灾）的时候作案（趁火打劫），在社会治安不好的时候进行抢劫、强奸等犯罪活动，其社会危害性则更大。

三是决定于行为人的情况及其主观因素。如成年人还是未成年人，故意还是过失，有预谋或没预谋；动机、目的的卑劣程度；偶尔犯罪还是累犯、惯犯。这些情况，在社会心理上的影响是不同的，所以它们对社会危害性程度也是起制约作用的。

五　论述题

（1）我国刑法第 13 条规定，一切危害国家主权、领土完整和安全，分裂国家、颠覆人民民主专政政权和推翻社会主义制度，破坏社会秩序和经济秩序，侵犯国有财产或者劳动群众集体所有财产，侵犯公民私人所有财产，侵犯公民人身权利、民主权利和其他权利，以及其他危害社会的行为，依照法律应当受刑罚处罚的，都是犯罪。但是情节显著轻微危害不大的，不认为是犯罪。这是我国刑法上的犯罪的概念。据此可以认为，所谓犯罪的一般概念是指危害社会已经达到触犯刑法的程度，并且应当受到刑法处罚的行为。它具有以下特征：

①犯罪行为具有严重的社会危害性。这是犯罪的本质特征。作为犯罪本质特征的社会危害性，必须达到危害程度的严重性。犯罪与其他违法行为和不道德行为的区别在于各自的社会危害程度，也就是一个社会危害"量"的问题。正是因为它具有严重的社会危害性，才有将其确认为犯罪并予以刑罚处罚的必要。

②犯罪行为具有刑事违法性。刑法根据社会上的种种行为的社会危害性程度，有选择地宣布某种行为是犯罪并做出相应的规定，这就使犯罪在严重的危害性特征之外，又派生出第二个重要特征——刑事违法性，表明犯罪不仅是一种社会现象，也是一种法律现象。它不但包括深刻的社会政治内容，而且具有明显的法律特性。强调犯罪认定上的法律特征，正是罪刑法定原则的体现。

③犯罪行为的刑罚当罚性。危害社会的行为不仅要达到触犯刑事法律的严重程度，而且必须是应当给予刑罚处罚的，才属于犯罪。刑罚当罚性是犯罪的重要特征，也是犯罪区别于其他违法行为及不道德行为的重要特征。

（2）犯罪构成是刑法规定的，决定某一行为的社会危害性，并为成立犯罪所必需的客观条件和主观要件的总和。犯罪构成具有以下几方面的特征：

①犯罪构成由刑事法律加以规定。犯罪构成是犯罪的规格与标准，它不仅表明犯罪是如何形成的，而且以提供成立犯罪所必需的各种具体条件为己任。某一行为是否符合犯罪构成，是判断该行为人是否承担刑事责任的依据。罪刑法定原则是我国刑法的基本原则，因此从严格依法司法、保障公民的合法权益以及准确制裁犯罪、维护法制权威的要求出发，犯罪构成要件必须由刑法明文规定。

②犯罪构成是客观要件与主观要件的总和。犯罪构成包含着一系列要件内容。从性质上看，这些要件可分为两大类，即反映行为人主观方面特征的主观要件和反映行为客观方面特征的客观要件；从数量上看，犯罪构成并不是由单个主观要件或客观要件构成的，而是一系列主客观要件的结合；从组成上看，犯罪构成也不是犯罪主观要件与犯罪客观要件的简单相加，而是相互渗透、相互作用，共同构成一个说明犯罪规格与标准的有机整体。

③犯罪构成由说明社会危害性的要素组合而成。众多的犯罪事实特征并非都是犯罪构成的必需要件，刑法规定的犯罪构成要在众多的事实特征之中进行筛选、抽象，把其中对行为成立犯罪所必需的那些主客观事实特征总结和概括出来，并将其确定为犯罪构成的要件内容。由于犯罪的本质特征是行为具有严重的社会危害性，而犯罪构成要件的选择必须在整体上体现犯罪的本质特征，因此，犯罪构成必须是由说明行为的社会危害性的那部分要素组成的。

（3）犯罪构成与犯罪概念的关系。犯罪构成是确定犯罪的总标准，是犯罪特征的高度概括。犯罪构成解决犯罪的形成及法定条件的问题，因而是犯罪概念的具体化；犯罪概念反映犯罪的基本特征，揭示犯罪的阶级属性和法律性质，从而为犯罪构成的立法规定提供了具体的界定尺度。所以，它们相互作用，密切联系。但是，就说明犯罪问题的功能作用来看，二者又有一定的差别，表现为抽象与具体、宏观与微观的关系。

六 案例分析题

苏母和苏某对苏父的自杀身亡应该负故意杀人罪的刑事责任。

（1）在犯罪客体上，苏母与苏某催促、怂恿与帮助苏父自杀，并且在精神上施加压力，侵犯了苏父的生命权利，符合故意杀人罪的客体特征。

（2）在客观上苏母提议让苏父自杀，苏某给苏父提供自杀工具（绳索）并且催促苏父自杀，在性质上属于教唆、怂恿或者帮助苏父自杀的行为。

（3）在主观特征上，行为人明知苏父可能死亡，并希望死亡结果的发生，符合故意杀人罪的主观特征。

（4）在主体特征上，行为人具备完全的刑事责任能力。

综上，苏母与苏某教唆、怂恿与帮助苏父自杀的行为，符合故意杀人罪的构成特征，应负故意杀人罪的刑事责任。

第五章　犯罪客体

一　单项选择题

1. 下列犯罪中哪种不是侵犯复杂客体的犯罪?(　　)
A. 生产、销售有毒有害食品罪
B. 私自开拆、隐匿、毁弃邮件、电报罪
C. 打击报复证人罪
D. 故意杀人罪
2. 我国刑法分则对犯罪分类的基本依据是(　　)。(考研真题)
A. 同类客体　　　B. 犯罪对象　　　C. 一般客体　　　D. 简单客体

二　多项选择题

犯罪客体与犯罪对象的关系可以表述为(　　)。
A. 犯罪对象是犯罪分类的基础
B. 犯罪客体一定受到犯罪的侵害,但犯罪对象则未必
C. 犯罪客体决定犯罪的性质,但犯罪对象则未必
D. 犯罪对象是某些犯罪的必要构成要件

三　名词解释

1. 犯罪客体(考研真题)　　2. 简单客体　3. 复杂客体　4. 犯罪对象

四　简答题

简述犯罪客体的特征。

五　论述题

论述犯罪客体和犯罪对象的联系。（考研真题）

参考答案

一　单项选择题

1. D　2. A

二　多项选择题

BCD

三　名词解释

1. 犯罪客体：是指我国刑法所保护的、为犯罪行为所侵害的社会关系，一般可以划分为一般客体、同类客体和直接客体。

犯罪的一般客体，是指一切犯罪共同侵犯的客体，即我国刑法所保护的社会主义社会制度下社会关系的整体。犯罪的一般客体体现了一切犯罪的共性。

犯罪的同类客体，是指某一类犯罪行为所共同侵害的我国刑法所保护的社会关系的某一部分或某一方面。

犯罪的直接客体，是指某一种犯罪行为所直接侵害的我国刑法所保护的社会关系，即我国刑法所保护的某种具体的社会关系。

2. 简单客体：又称单一客体，是指某一种犯罪只侵害一种具体社会关系。

3. 复杂客体：是指一种犯罪行为同时侵害的客体包括两种以上的具体社会关系。

4. 犯罪对象：是指刑法分则条文规定的犯罪行为所作用的客观存在的具体人或者具体物。它具有以下特征：（1）犯罪对象是具体的人或物。（2）犯罪对象是犯罪行为直接作用的人或物。（3）犯罪对象是刑法规定的人或物。

四　简答题

所谓犯罪客体，是指犯罪主体的犯罪活动所侵害的、为刑法所保护的社会主义社会利益。其特征如下：

第一，犯罪客体是社会主义社会利益。利益是一个十分广泛的社会范畴，凡是满足人们生存和发展需要的都统称为利益。它是满足人们物质和精神需要的保障条件。利益与生产力、生产关系以及作为一定经济基础的政治、思想上层建筑都存在密切联系。无论犯罪侵害的生产力、生产关系、上层建筑或自然环境，都可以归结为对社会利益的侵害，利益可以毫不遗留地把一切犯罪客体都包括在内。任何犯罪都是对一定利益的侵害，它既可能侵害个人利益或集体利益，也可能侵害国家利益或者整个社会利益，但是无论它侵害的是何种利益，归根结底，都是对社会利益的侵害。

第二，犯罪客体是刑法所保护的社会主义社会利益。刑法所保护的社会利益是非常广泛的，事实上，一切社会主义社会利益，当它受到犯罪的危害时都要用刑法加以保护。某种社会利益是否为刑法所保护，主要不取决于它的种类，而是取决于它受到侵害的严重程度。这一点是刑法本身的特点所决定的。它作为一种防卫社会的最严厉的手段，既不能像民法、经济法等部门法那样只局限于保护一定领域或一定范围的社会利益，又不能不区分社会利益受侵害的程度而一律用刑法加以保护。这就决定犯罪的客体只能是刑法所保护的社会利益。不受刑法所保护的社会利益，即使受到了侵害，也不属于犯罪客体。

第三，犯罪客体必须是主体的犯罪活动所侵害的社会主义社会利益。社会利益作为单纯的客观存在，并不是犯罪客体，也不是犯罪构成的有机组成部分。只有当社会利益在犯罪主体的对象性活动中，成为它侵害的目标，与犯罪主体形成侵害与被侵害的关系时，它才成为犯罪客体，才成为犯罪构成的有机组成部分。因此，应把主体对客体的侵害理解为一个过程，而不能仅仅理解为对客体已造成了实际的损害。

总之，犯罪客体作为与犯罪主体相对应的另一极，它在犯罪构成的整个结构中占有十分重要的地位。犯罪客体提示了犯罪所侵害的利益，从而也应揭示犯罪构成的阶级本质和社会政治意义。由于立法者是把社会利益免受犯罪侵害作为制定刑法的立足点的，因此犯罪客体往往是刑事立法对犯罪进行分类和构架刑法分则体系的基础。

五 论述题

（1）犯罪客体是我国刑法所保护的，并且为犯罪行为所侵害的社会主义社会关系，有三个主要特征：一是犯罪客体是一种社会关系；二是犯罪客体是刑法所保护的社会关系；三是犯罪客体是被犯罪行为所侵害的社会关系。研究犯罪客体，有助于认清犯罪的本质特征，便于确定刑法打击犯罪的重点；有助于认定犯罪的性质，科学划分罪与非罪之间的界限；有助于评价犯罪危害社会的程度，正确把握刑罚的轻重。理论上一般分为犯罪的一般客体、犯罪的同类客体和犯罪的直接客体，其中，犯罪的一般客体又称为犯罪的共同客体，是一切犯罪行为所共同侵犯的客体；犯罪的同类客体是某一类犯罪所共同侵害的客体；犯罪的直接客体是指某一种犯罪所直接侵犯的客体。犯罪客体是犯罪构成的必须具备的要件之一。任何一种犯罪，都必然要侵害一定的客体，不侵害客体的行为就是不具备社会危害性的行为，当然也就不可能构成犯罪。因此，犯罪客体是决定犯罪社会危害性的首要条件，没有犯罪客体，就没有犯罪问题可言。

（2）犯罪对象也叫行为对象，是指危害行为所作用的、体现刑法所保护的社会关系的物与人，是犯罪客观要件的一个重要内容。具有以下几个特点：一是行为对象是物与人；二是行为对象体现刑法所保护的社会关系；三是犯罪对象是被危害行为所作用的。研究犯罪对象也有重要的意义，因为特定的犯罪对象影响着某些犯罪是否成立；影响此罪与彼罪的区分；犯罪对象的不同也影响着罪行的轻重，从而影响着量刑。

（3）犯罪对象和犯罪客体的关系较为密切，犯罪对象反映犯罪客体，犯罪客体制约犯罪对象，但二者又有明显的区别，主要表现在：①犯罪对象所呈现的是事物的外部特征，而犯罪客体所表现的是行为的内在本质，因此，犯罪对象可以为人们的感官所感知，而犯罪客体要通过人们的思维来认识。②特定的犯罪对象只是某些犯罪的构成要件，而犯罪客体是一切犯罪的共同构成要件。③犯罪对象并非在任何犯罪中都受到侵害，而犯罪客体在一切犯罪中都受到了侵害。④犯罪对象不是犯罪分类的根据，因此犯罪对象相同并不意味着犯罪性质相同，而犯罪客体是犯罪分类的根据，因此犯罪客体相同意味着犯罪性质相同。

第六章　犯罪客观方面

一　单项选择题

1. 行为人在实施不纯正不作为犯罪时，其罪过（　　）。

A. 只能是故意　　　　　　　　B. 只能是过失

C. 既可以是故意，也可以是过失　　D. 只能是间接故意

2. 下列哪项义务不属于不作为的犯罪所要求的特定义务的？（　　）

A. 道德义务　　　　　　　　　B. 法律规定的义务

C. 职务上或业务上要求的义务　　D. 先行行为带来的义务

3. 犯罪客观方面的选择要件包括（　　）。

A. 犯罪的行为、犯罪的结果　　B. 犯罪的动机、犯罪的目的

C. 犯罪的故意、犯罪的过失　　D. 犯罪的时间、地点和方法

4. 构成不作为犯罪的必备条件是（　　）。

A. 行为人负有某种特定义务

B. 行为人具有某种特定职务

C. 行为人具有某种特定职务而不履行该职务

D. 行为人负有某种特定义务，并且能够履行而不履行该特定义务，以致发生某种危害结果

5. 下列各种行为中，属于刑法中的危害行为的是（　　）。

A. 甲某与王某素有仇隙。一日，甲某对王某的朋友江某说："终有一天，我非杀死王某不可！"

B. 乙女下夜班时，路遇歹徒意图强奸。反抗过程中，乙女取出口袋中的水果刀将歹徒刺死。原来，乙女为防止坏人袭击，口袋中一直放有一把水果刀

C. 丙受雇为亲戚照顾小孩。一次带小孩出去游玩时，丙不负责任，见危不救，致使小孩身受重伤

D. 博物馆保安丁在与入室抢劫的两名歹徒搏斗时，被歹徒按倒在某贵重文物上，将该文物压碎

6. 下列犯罪中，只能由作为构成的是（　　　）。

A. 诬告陷害罪　　　　　　　　B. 故意杀人罪

C. 遗弃罪　　　　　　　　　　D. 拒不执行判决、裁定罪

7. 关于刑法上的因果关系，下列哪一判断是正确的？（　　　）

A. 甲开枪射击乙，乙迅速躲闪，子弹击中乙身后的丙。甲的行为与丙的死亡之间不具有因果关系。

B. 甲追赶小偷乙，乙慌忙中撞上疾驶汽车身亡。甲的行为与乙的死亡之间具有因果关系。

C. 甲、乙没有意思联络，碰巧同时向丙开枪，且均打中了丙的心脏。甲、乙的行为与丙的死亡之间不具有因果关系。

D. 甲以杀人故意向乙的食物中投放了足以致死的毒药，但在该毒药起作用前，丙开枪杀死了乙。甲的行为与乙的死亡之间不具有因果关系。

8. 关于危害结果的相关说法，下列哪一选项是错误的？（　　　）

A. 甲男（25 岁）明知孙某（女）只有 13 岁而追求她，在征得孙某同意后，与其发生性行为。甲的行为没有造成危害后果。

B. 警察乙丢失枪支后未及时报告，清洁工王某捡拾该枪支后立即上交。乙的行为没有造成严重后果。

C. 丙诱骗 5 岁的孤儿离开福利院后，将其作为养子，使之过上了丰衣足食的生活。丙的行为造成了危害后果。

D. 丁恶意透支 3 万元，但经发卡银行催收后立即归还。丁的行为没有造成危害后果。

9. 甲离婚后嫌才 3 个月的女儿乙累赘，某日将乙一人留在家中，自己锁门外出。甲 5 天后回家，乙已经死在摇篮里。法院判决甲构成故意杀人罪，甲构成（　　　）。

A. 纯正的不作为犯　　　　　　B. 不纯正的不作为犯

C. 纯正的作为犯　　　　　　　D. 结果加重犯

二　多项选择题

1. 关于不作为，下列哪种说法是正确的？（　　　）

A. 行为人因为不履行抚养义务而构成遗弃罪，属于纯正的不作为犯

B. 行为人以消极的身体动作违反刑法的命令规范而构成犯罪的，属于纯正的不作为犯

C. 行为人以消极的身体动作违反刑法的禁止性规范而构成犯罪的，属于不纯正的不作为犯

D. 不作为不是什么都没有做，而是没有实施法律要求的行为。因此，行为人在战时驾飞机逃避服兵役，构成逃避兵役罪的，仍然是不作为

2. 关于不作为，下列哪种说法是正确的？（　　）

A. 甲某是某私营公司的经理，某日在收到税务局的纳税申报通知以后，即动手修改账簿，多列支出，少列收入，弄虚作假，少交税款5万元。甲某属于不作为犯。

B. 甲某主动提出带乙某的9岁男孩去游泳，并向乙某保证其安全。但在游泳过程中因为疏于照看而致乙某之子淹死。甲某构成不作为犯的义务来源是先行行为。

C. 不作为行为不存在因果关系问题。

D. 甲男与乙女恋爱并发生了性关系，发誓二人永不分离。后来甲男遇到丙女，提出与乙女断绝恋爱关系。乙女认为自己已经以身相许，所以坚决不同意，并非常正式的提出，如果遭到甲抛弃，就自杀。甲仍然执意断绝关系，乙女后来自杀身亡。甲某的行为构成不作为犯罪。

3. 危害结果可分为（　　）。

A. 构成要件的结果和非构成要件的结果

B. 物质性的危害结果和非物质性的危害结果

C. 直接结果和间接结果

D. 想象的结果和牵连的结果

4. 刑法意义上的因果关系是指（　　）。

A. 犯罪行为与犯罪结果之间的因果关系

B. 危害行为与危害结果之间的因果关系

C. 行为与结果之间的因果关系

D. 客观方面要件与主观方面要件之间的因果关系

5. 下列哪些情况行为与（死亡）结果有因果关系？（　　）

A. 甲殴打乙造成乙小腿骨折，乙因为行走不便，只好搭乘汽车。该汽车在送乙去医院的途中，发生车祸，乙在车祸中丧生。

B. 甲在乙的腹部扎了两刀，急忙送乙到附近的一家医院抢救，该医院称血库没有血，无法抢救，建议到另一家医院。到另一家医院后，该医院护士称外科大夫均不在，无法抢救，建议其到第三家医院。到了第三家医院后，乙因失血过多而死亡。该医院的医生说，如果当初第一家或者第二家医院接诊，采取止血措施，不在路上耽误这3个多小时，乙是不会死亡的。建议他们告第一家和第二家医院医疗事故，请求赔偿。

C. 甲向乙的茶杯中投放 0.5 克毒药，丙向乙的茶杯中也投放了 0.5 克毒药，二人并不知道彼此的行为。乙喝茶后中毒死亡。经鉴定认为，该种毒药的致死量为 1 克。

D. 甲向乙的茶杯中投放某种毒药 0.2 克，乙恰巧那天醉酒回家，喝下茶杯中的水后中毒死亡。经鉴定认为，该种毒药的致死量为 0.5 克，0.2 克本不会致人死亡。但是在乙严重醉酒的作用下，发生死亡结果。

6. 下列关于刑法上因果关系的说法哪些是正确的？（　　）（司考真题）

A. 甲欲杀害其女友，某日故意破坏其汽车的刹车装置。女友如驾车外出，15分钟后遇一陡坡，必定会坠下山崖死亡。但是，女友将汽车开出5分钟后，即遇山洪暴发，泥石流将其冲下山摔死。死亡结果的发生和甲的杀害行为之间，没有因果关系。

B. 乙欲杀其仇人苏某，在山崖边对其砍了7刀，被害人重伤昏迷。乙以为苏某已经死亡，遂离去。但苏某自己醒来后，刚迈了两步即跌下山崖摔死。苏某的死亡和乙的危害行为之间存在因果关系。

C. 丙追杀情敌赵某，赵狂奔逃命。赵的仇人赫某早就想杀赵，偶然见赵慌不择路，在丙尚未赶到时，即向其开枪射击，致赵死亡。赵的死亡和丙的追杀之间没有因果关系。

D. 丁持上膛的手枪闯入其前妻钟某住所，意图杀死钟某。在两人厮打时，钟某自己不小心触发扳机遭枪击死亡。钟的死亡和丁的杀人行为之间存在因果关系，即使丁对因果关系存在认识错误，也构成故意杀人罪既遂。

7. 关于不作为犯罪，下列哪些选项是正确的？（　　）

A. 甲在车间工作时，不小心使一根铁刺钻刺入乙的心脏，甲没有立即将乙送往医院而是逃往外地。医院证明，即使将乙送往医院，乙也不可能得到救治。甲不送乙就医的行为构成不作为犯罪。

B. 甲盗伐树木时砸中他人，明知不立即救治将致人死亡，仍有意不救。甲不救助伤者的行为构成不作为犯罪。

C. 甲带邻居小孩出门，小孩失足跌入粪塘，甲嫌脏不愿施救，就大声呼救，待乙闻声赶来救出小孩时，小孩死亡。甲不及时救助的行为构成不作为犯罪。

D. 甲乱扔烟头导致所看仓库起火，能够扑救而不救，迅速逃离现场，导致火势蔓延财产损失巨大。甲不扑救的行为构成不作为犯罪。

8. 关于因果关系，下列哪些选项是错误的？（　　　）

A. 甲乘坐公交车时和司机章某发生争吵，狠狠踹了章某后背一脚。章某返身打甲时，公交车失控，冲向自行车道，撞死了骑车人程某。甲的行为与程某的死亡之间存在因果关系。

B. 乙以杀人故意瞄准李某的头部开枪，但打中了李某的胸部（未打中心脏）。由于李某是血友病患者，最后流血不止而死亡。乙的行为与李某的死亡之间没有因果关系。

C. 丙与同伙经预谋后同时向王某开枪，同伙射击的子弹打中王某的心脏，致王某死亡。由于丙射击的子弹没有打中王某，故丙的行为与王某的死亡之间没有因果关系。

D. 丁以杀人故意对赵某实施暴力，导致赵某遭受濒临死亡的重伤。赵某在医院接受治疗时，医生存在一定过失，未能挽救赵某的生命。丁的行为与赵某的死亡之间没有因果关系。

三　名词解释

1. 犯罪客观方面　2. 危害行为　3. 不作为　4. 危害结果　5. 刑法因果关系

四　简答题

1. 简述不作为犯罪之行为人的义务来源。
2. 简述成立犯罪不作为在客观方面需具备的条件。
3. 以行为人是单纯以身体动作作用于犯罪对象还是利用一定的工具实现犯罪意图为标准，可以划分为哪几种情形？

五　论述题

1. 试述解决刑法中的因果关系，应当掌握哪些基本观点？

2. 试述我国刑法中规定的持有型犯罪。

六　案例分析题

1997 年 8 月 21 日上午，张某（男，22 岁，个体户）将所骑摩托车停放在一百货大楼门前的便道上。板车工人于某（男，59 岁）为该百货大楼拉货，将板车拉到百货大楼门前时，见摩托车占了他常用的地方，即将摩托挪开。张见后不允，张、于二人因此发生争吵。争吵中，于碰倒了摩托车，张立即用力向于的胸部左侧打了一拳，于即仰面倒在路上，当即于蹬腿、翻白眼、小便失禁。在周围观众的协助下，张送于到医院，于经抢救无效死亡。经法医做尸体解剖查明：（1）死者于某患有高度血管粥样硬化，形成夹层动脉瘤，因瘤子破裂，引起大出血，心血管堵塞死亡。（2）死者胸部左侧有皮下出血，符合被拳击伤的情况。这拳击可使夹层动脉瘤破裂。

问题：在本案中，张某的行为与于某死亡之间是否具有刑法上的因果关系？

参考答案

一　单项选择题

1. C　2. A　3. D　4. D　5. C　6. A　7. D　8. A　9. B

二　多项选择题

1. ABCD　2. AB　3. ABC　4. AB　5. BCD　6. ABCD　7. BCD　8. BCD

三　名词解释

1. 犯罪客观方面：是指刑法所规定的、说明行为对刑法所保护的社会关系造成损害的客观外在事实特征。犯罪客观方面是构成犯罪所必须具备的要件。犯罪客观方面的特征有：（1）犯罪客观方面为刑法规定而具有法定性。（2）犯罪客观方面以客观事实特征为内容。（3）犯罪客观方面是说明行为对刑法所保护的社会关系有所侵犯的客观事实特征。（4）犯罪客观方面是成立犯罪所必须具备的核心因素。

2. 危害行为：是指在人的意志支配下实施的危害社会的身体动静。危害行为具有三个基本特征：（1）危害行为在客观上是人的身体的动静。（2）危害行为在主观上是由行为人的意志支配下的身体动静。（3）危害行为在法律上是对社会有危害的身体动静。

3. 不作为：是行为的方式之一，是指犯罪人有义务实施并且能够实施某种积极的行为而未实施的行为，即应该做且能够做而未做的情况。不作为在客观方面必须具备三个条件：（1）行为人负有实施某种积极行为的义务，这是构成犯罪的不作为的前提。（2）行为人有履行特定义务的实际可能而未履行。（3）不作为行为侵犯了刑法所保护的客体和对象。

4. 危害结果：是指危害行为对犯罪客体造成的法定现实侵害及具体危害的事实。广义的危害结果是指由被告人的危害行为所引起的一切对社会的危害，它包括危害行为的直接结果和间接结果，属于犯罪构成要件的结果和不属于犯罪构成要件的结果。狭义的危害结果是指作为犯罪构成要件的结果，即对直接客体造成的损害。

5. 刑法因果关系：是指危害行为与危害结果之间的因果关系，指犯罪行为引起或者决定某种危害结果发生的内在联系。刑法中的因果关系具有客观性、相对性、时间序列性（顺序性）、条件性、具体性和复杂性。

四　简答题

1. 不作为犯罪之行为人的义务来源具体包括以下几个方面：（1）法律明文规定的义务。（2）职务上或者业务上要求履行的义务。（3）由行为人已经实施的行为所产生的责任，这主要是指行为人由于自己的行为，而使法律所保护的某种利益处于危险状态时，负有防止危害结果发生的义务。（4）法律行为引起的义务。法律行为是指在法律上能够产生一定权利和义务的行为。若一定的法律行为产生了某种积极义务，行为人不履行该义务，以致使刑法所保护的社会关系受到威胁，就可以成立不作为形式的危害行为。

2. 成立不作为，在客观方面应当具备如下三个条件：首先，行为人负有实施某种作为的特定的法律义务，这是构成不作为的前提条件。没有特定法律义务，也就没有不作为的行为形式。其次，行为人有能力履行特定法律义务，这是不作为成立的重要条件。如果行为人不具有履行特定法律义务的可能性，也不可能成立不作为。最后,行为人没有履行作为的特定法律义务,这是不作为成立的关键条件。

3. 从行为人是单以身体动作作用于犯罪对象还是利用一定的工具来实现犯罪意图上看,主要有以下几种实施方式:

(1) 利用自己身体实施的作为,这是作为的常见形式之一。身体活动既可以表现为四肢的活动,也可以表现为五官的活动。(2) 利用物质性工具实施的作为,这也是作为最常见的实施方式。这种作为形式的特点是,人的身体活动和犯罪对象之间有了工具这一介入因素,由工具的某种属性作用于犯罪对象并造成对象的某种改变以侵害或威胁犯罪客体。(3) 利用自然力实施的作为。自然力是指水火雷电等自然现象。(4) 利用动物实施的作为。例如利用毒蛇、恶犬伤害、杀害他人。只要行为人以身体活动驱使动物,就是利用动物实施的作为。(5) 利用他人实施的作为。这是指将他人作工具加以利用而实施的危害行为,其特点在于由他人的身体动作或操纵工具作用于犯罪对象,而他人的活动是由行为人的身体活动引起的,如教唆不满 14 周岁的人杀人,医生令不知情的护士为病人注射毒素等。

五 论述题

1. 刑法中的因果关系,一般是指危害行为与危害结果之间的关系。我国刑法上的因果关系理论的研究主要是以辩证唯物主义因果关系理论为指导的。辩证唯物主义因果关系理论同刑法上因果关系理论是一般与个别、普通与特殊的关系。只有把辩证唯物主义因果关系理论与刑法学因果关系的基本原理有机结合起来,才能科学解决刑法中的因果关系。

以辩证唯物主义因果关系来指导解决刑法因果关系问题的基本方面是:

(1) 因果关系的客观性。因果关系作为客观现象间引起与被引起的关系,它是客观存在的,并不是以人的主观意志为前提。因此,刑事案件中查明因果关系,要求司法工作人员从实际出发,客观地加以判断和认定。在刑法学上通常所说的刑法因果关系,则是指危害行为与危害结果之间的客观联系,并不涉及行为人的主观内容。

(2) 因果关系的相对性。刑法中的因果关系,是要解决行为人对所发生的危害结果应负刑事责任的问题。因此,这里的因果关系是危害行为与危害结果之间的因果关系,这是刑法因果关系的特定性。①作为因果关系中的结果,是指法律所要求的已经造成的有形的、可被具体测量确定的危害结果,只有这样的结果才能被查明和确定，才能作为由危害行为引起的现象来具体把握，才能据此确定因果关系是否存在。②刑法因果关系中的原因，是指危害社会的行为，因此，如果查明某人的行为是正当、合法的行为而不具有危害社会的性质，那么即使其行为与危害结果之间有某种联系，也不能认为是有刑法意义上的因果关系。

（3）因果关系的时间序列性。就是在发生时间上，原因必定在先，结果只能在后，二者的时间顺序不能颠倒。因此在刑事审判中，只能从危害结果发生的危害行为中去寻找原因。如果查明某人的行为是在危害结果发生之后实施的，那就可以肯定，这种行为与这一危害结果之间没有因果关系。当然，关于危害结果出现的危害行为，也不一定就是该结果的原因；在结果之前的行为只有起了引起和决定结果发生的作用，才能证明是结果发生的原因。

（4）因果关系的条件性和具体性。任何刑事案件的因果关系都是具体的，有条件的，一种行为引起什么样的结果，没有一个固定不变的模式。因此，查明因果关系时，一定要从危害行为实施的时间、地点、条件等具体情况出发来考虑。

（5）因果关系的复杂性。①"一果多因"，是指某一危害结果是由多个原因造成的，对于这种情况的刑事案件要分清主要原因和次要原因，主观原因和客观原因等情况。②"一因多果"，是指一个危害行为可以同时引起多种结果的情况，在一个行为引起的多种结果中，要分析主要结果与次要结果，直接结果与间接结果。这对于定罪量刑具有重要意义。

（6）因果关系的必然联系与偶然联系。实践中，因果关系一般表现为两种现象之间内在的、必然的、合乎规律的引起与被引起的联系，但在具体实践中也大量存在着偶然因果关系，即某种行为本身不包含产生某种危害结果的必然性，但在发展过程中，偶然又有其他原因介入，由后来原因合乎规律地引起一种危害结果。偶然因果关系通常对量刑具有一定意义，对定罪与否也有一定影响。

（7）不作为犯罪的因果关系。不作为的犯罪原因，在于它应该阻止而没有阻止事物向危险方向发展，以至于引起危害结果发生。特殊性在于，它以行为人负有特定义务为前提，除此以外，它的因果关系应与作为犯罪一样解决。

（8）刑法因果关系与刑事责任的联系与区别。解决了刑法上的因果关系，只是确立行为人对特定危害结果负有刑事责任的客观基础，但不等于解决了刑事责任问题。要使行为人对自己的行为造成的危害后果负刑事责任，行为人还必须具备主观上的故意与过失，否则不构成犯罪和负刑事责任。

2. 我国刑法中规定的持有型犯罪主要包括违反国家对有关物品的管理规定，非法持有该物品的行为。根据刑法规定，持有型犯罪的行为人只要持有物品即构成犯罪，不要求行为人有其他使用或利用该物品的行为。根据我国刑法规定，持有型犯罪包括以下几种：

（1）非法持有枪支、弹药罪，是指违反枪支、弹药管理规定，非法持有枪支、弹药的行为。其主要特征是：①主体为一般主体；②主观方面为直接故意；③客体为社会公共安全；④客观方面表现为违反枪支管理规定，非法持有枪支、弹药的行为。这里的非法持有是因违反枪支管理规定，不具备配枪资格而持有枪支、弹药。

（2）非法持有国家绝密、机密文件、资料、物品罪，是指非法持有属于国家绝密、机密的文件、资料或其他物品，拒不说明其来源和用途的行为。其主要特征是：①主体是一般主体；②客体是国家的保密工作的正常秩序；③主观方面是故意；④客观方面表现为非法持有属于国家绝密、机密的文件、资料或其他物品，而又拒不说明其来源与用途的行为。这里的非法持有是因行为人未经有关部门允许而持有属于国家绝密、机密的文件、资料或其他物品。

（3）持有假币罪，是指明知是伪造的货币而持有，数额较大的行为。构成特征是：①主体为一般主体；②客体是国家对货币的管理制度；③主观方面表现为故意，即明知是伪造的货币而持有；④客观方面表现为持有数额较大的假币的行为。

（4）非法持有毒品罪，是指明知是毒品而非法持有，数量较大的行为。主要特征：①主体是一般主体；②客体是国家对毒品的管制制度；③主观方面是故意，即明知是毒品而非法持有，不知是毒品而持有的不构成本罪；④客观方面表现为违反国家关于毒品的管理法规，未经有关部门批准而持有数量较大的毒品的行为。

（5）非法持有毒品原植物种子、幼苗罪，是指违反国家有关规定，非法持有未经灭活的罂粟等毒品原植物种子或幼苗，数量较大的行为。主要特征是：①主体是一般主体；②客体是国家对毒品原植物种子、幼苗的管理秩序；③主观方面是故意；④客观方面表现为违反国家有关规定，非法持有未经灭活的毒品原植物种子、幼苗，数量较大的行为。

从上述几种持有型犯罪可见，该类犯罪侵犯的客体都是国家对某类违禁物品的管理制度，其犯罪对象有假币、毒品、枪支等。对这些物品，国家规定了严格的管理制度，只有有资格持有者按照法定程序申请办理，才能合法持有，否则，非法持有即构成犯罪。另外，持有型犯罪中的"持有"行为不是一种单独的行为类型，"持有"是指实际控制、占有、携带、保存或其他方式的拥有，客观上表现为一种持续的状态。

六 案例分析题

张某的行为与于某的死亡之间有刑法上的因果关系。因果关系的有无，只能根据事物之间的客观联系进行判断，而不能以行为人主观上是否认识到为转移。于虽然患有高度血管粥样硬化，并形成夹层动脉瘤的疾病，但却能照常生活、工作；就是由于张的拳击才至于血管内的瘤子破裂，引起大出血，最终导致于心血管堵塞死亡。可见，张未曾认识到自己一拳会至于死亡，但其这一行为在当时的特定条件下符合规律地引起了于死亡这一结果的发生。

第七章　犯罪主体

一　单项选择题

1. 下列哪种犯罪单位可以成为犯罪主体？（　　）

A. 盗窃、抢夺枪支、弹药、爆炸物

B. 伪造货币罪

C. 信用卡诈骗罪

D. 骗取国家出口退税罪

2. 关于特殊主体，下列哪种提法是错误的？（　　）

A. 贪污罪的主体与职务侵占罪的主体各自利用了本人职务上的便利，共同侵吞国有财产的，根据主犯的身份认定犯罪的性质

B. 特殊主体的犯罪意味着没有该特殊主体身份的人不可能构成该罪的实行犯，但是可以构成帮助犯或者教唆犯

C. 组织、领导、参加黑社会性质组织罪的组织者，属于特殊主体的身份

D. 入境发展黑社会组织罪属于特殊主体的犯罪

3. 刑事责任能力是指（　　）。

A. 辨认自己实施的危害社会行为的能力

B. 控制自己实施的危害社会行为的能力

C. 辨认和控制自己实施的危害行为的能力

D. 意识和意志能力

4. 下列关于未成年人犯罪的表述，正确的是（　　）。

A. 15 周岁以下的人犯罪，不负刑事责任

B. 犯罪时不满 18 周岁的人，即使罪行再严重，也不能适用死刑立即执行，但已满 16 周岁的可以判处死刑缓期二年执行

C. 已满 14 周岁不满 16 周岁的人犯罪，仅对刑法明文规定的几种犯罪负刑事

责任

D. 16 周岁是具备全部刑事责任能力的起始年龄，即自 16 周岁始对一切犯罪都要负担全部的刑事责任

5. 根据我国刑法规定，下列关于首要分子的表述哪一项是正确的？（　　）

A. 首要分子只能是组织领导犯罪集团的人

B. 首要分子只能是在聚众犯罪中起组织、策划、指挥作用的犯罪分子

C. 首要分子都是主犯

D. 首要分子既可以是主犯，也可以不是主犯

6. 下列选项中，哪个不属于国家工作人员？（　　）

A. 国家机关中的从事公务的人员

B. 中外合资企业中的工作人员

C. 国有公司中从事公务的人员

D. 国家机关委派到非国有单位从事公务的人员

7. 在以下所列情形中，行为人应当承担刑事责任的是（　　）。

A. 甲在其 16 周岁生日当天，盗窃某银行并窃得人民币 20 万元

B. 15 周岁的乙在南方某市打工，为向吴某索要欠他的工资，伙同 3 名工友将吴某捆绑在自己的宿舍里。后来为防止吴某呼救，乙又用桌布将其嘴堵住，致使其窒息死亡

C. 15 周岁的丙和父亲一起经营一家超市。一次，在工商行政管理人员依法查处假冒、伪劣产品的行动中，丙以暴力抗拒执法，将一名执法人员打成重伤

D. 丁在 15 周岁时加入了某黑社会性质组织。不久，在该组织实施的一次聚众犯罪中，丁参与抢走了某企业的一辆奔驰轿车

8. 下列有关单位犯罪的说法哪一项是错误的？（　　）

A. 信用卡诈骗罪的主体可以是单位，但贷款诈骗罪的主体只能是自然人

B. 行政机关可以成为单位犯罪的主体

C. 不具备法人资格的私营企业不能成为单位犯罪的主体

D. 经企业领导集体研究决定并实施的盗窃电力的行为，可以成立单位犯罪，但不对单位判处罚金，只处罚作出该决定的单位领导和直接实施盗窃行为的责任人员

9. 甲（15 周岁）的下列哪一行为成立犯罪？（　　）

A. 春节期间放鞭炮，导致邻居失火，造成十多万元财产损失

B. 骗取他人数额巨大财物，为抗拒抓捕，当场使用暴力将他人打成重伤

C. 受意图骗取保险金的张某指使，将张某的汽车推到悬崖下毁坏

D. 因偷拿苹果遭摊主喝骂，遂掏出水果刀将其刺成轻伤

10. 关于犯罪主体，下列哪一选项是正确的？（   ）

A. 甲（女，43 岁）吸毒后强制猥亵、侮辱孙某（智障女，19 岁），因强制猥亵、侮辱妇女罪的主体只能是男性，故甲无罪。

B. 乙（15 岁）携带自制火药枪抢夺妇女张某的挎包，因乙未使用该火药枪，故应当构成抢夺罪。

C. 丙（15 岁）在帮助李某扣押被害人王某索取债务时致王某死亡，丙不应当负刑事责任。

D. 丁是司法工作人员，也可构成放纵走私罪。

11. 间歇性精神病人在不能辨认或者不能控制自己行为时，实施严重危害社会行为的（   ）。

A. 应当负刑事责任

B. 不负刑事责任

C. 应当负刑事责任，但可以减轻或者免除处罚

D. 待治疗痊愈后再追究刑事责任

二 多项选择题

1. 下列哪些情形，行为人应当负刑事责任？（   ）

A. 甲（15 岁）参与拐卖妇女的犯罪活动中乘机奸淫被拐卖妇女刘某的

B. 乙（15 岁）参与拐卖妇女的犯罪活动中故意造成被拐卖妇女张某重伤的

C. 丙（15 岁）参与绑架犯罪活动，故意造成人质李某重伤的

D. 丁（15 岁）参与绑架犯罪活动，过失造成人质李某死亡的

2. 下列关于单位犯罪的说法不正确的有（   ）。

A. A 公司在进行合并清算时，故意隐匿一批价值 80 万元重要物资材料，并在资产负债表做虚伪记载的，构成妨害清算罪，只处罚直接负责的主管人员或其他直接责任人员即可。

B. B 单位因为私设小金库而被审计机关发现，在审计机关查账过程中，B 单位领导甲某指示会计乙某将单位的账簿烧毁，从而使审计工作无法进行。甲某、乙某构成故意销毁会计账簿罪，B 单位不构成犯罪。

C. C 厂是用电大户，为了降低成本，经领导层会议讨论决定，由该单位电工

将动力电线私自改装，从而可以无偿使用隔壁 D 单位的电力，先后 1 年多，窃电数额达到 100 多万元，由于盗窃罪未规定单位犯罪，所以该单位不构成犯罪，而领导指示电工窃电也是为了本单位利益，不是出于自己非法获利的目的，所以也不构成犯罪。

D. D 公司为了在招标过程中中标而对发标单位负责人行贿，构成单位行贿罪，只处罚单位即可。

3. 甲某患有精神病，因为琐事与乙某发生争执，乙某转身而去，甲某则随后拿一铁棍朝乙某头部猛击，致乙某死亡。经鉴定，甲某为限制刑事责任能力人，则（　　　）。

　A. 甲某构成故意杀人罪　　　　　B. 甲某构成故意伤害罪（致人死亡）

　C. 对甲某可以从轻或者减轻处罚　　D. 甲某不负刑事责任

4. 已满 14 周岁不满 16 周岁的人对下列哪种犯罪负刑事责任？（　　　）

　A. 故意伤害致人重伤　　　　　　B. 贩卖毒品

　C. 投放危险物质罪　　　　　　　D. 放火

5. 关于单位犯罪下列哪些说法是正确的？（　　　）

　A. 个人为进行违法犯罪活动而设立的公司、企业、事业单位实施犯罪的，不以单位犯罪论处。

　B. 在审理单位故意犯罪案件时，对其直接负责的主管人员和其他直接责任人员，难以区分主犯、从犯的，也可以不区分主犯、从犯，根据各自的责任处罚。

　C. 盗用单位名义实施犯罪，违法所得由实施犯罪的个人私分的，依照刑法有关自然人犯罪的规定定罪处罚。

　D. 在审理单位故意犯罪案件时，对其直接负责的主管人员和其他直接责任人员，可不区分主犯、从犯，按照其在单位犯罪中所起的作用判处刑罚。

6. 下列哪些行为不构成单位犯罪？（　　　）

　A. 甲、乙、丙出资设立一家有限责任公司专门从事走私犯罪活动

　B. 甲、乙、丙出资设立的公司成立后以生产、销售伪劣产品为主要经营活动

　C. 某公司董事长及总经理以公司名义印刷非法出版物，所获收入由他们二人平分

　D. 某公司董事长及总经理组织职工对前来征税的税务工作人员使用暴力，拒不缴纳税款

7. 下列哪些人可以成为脱逃罪的主体？（　　　）

　A. 被判处管制的犯罪分子

B. 依法被关押的罪犯

C. 依法被关押的被告人

D. 依法被关押但尚无充分证据证明有罪的犯罪嫌疑人

8.《刑法》规定，在拐卖妇女、儿童过程中奸淫被拐卖的妇女的，仅定拐卖妇女、儿童罪。15 周岁的甲在拐卖幼女的过程中，强行奸淫幼女。对此，下列哪些选项是错误的？（　　）

A.《刑法》第 17 条第 2 款没有规定 15 周岁的人对拐卖妇女、儿童罪负刑事责任，所以，甲不负刑事责任。

B. 拐卖妇女、儿童罪包含了强奸罪，15 周岁的人应对强奸罪承担刑事责任，所以，对甲应认定为拐卖妇女、儿童罪。

C. 15 周岁的人犯强奸罪的应当负刑事责任，所以，对甲应认定为强奸罪。

D. 拐卖妇女、儿童罪重于强奸罪，既然 15 周岁的人应对强奸罪承担刑事责任，就应对拐卖妇女、儿童罪承担刑事责任，所以，对甲应以拐卖妇女、儿童罪与强奸罪实行并罚。

三　名词解释

1. 犯罪主体　2. 刑事责任年龄　3. 限制刑事责任能力　4. 犯罪主体的特殊身份　5. 单位犯罪

四　简答题

1. 简述我国刑法对刑事责任能力的划分。

2. 简述刑事责任能力中辨认能力与控制能力的含义及其相互关系。

3. 简述自然人犯罪主体的内部结构。

五　论述题

1. 试论对未成年人犯罪案件的处理原则及刑事责任年龄应当把握的问题。

2. 试论述我国刑法中规定的单位犯罪。

六 案例分析题

被告人白某在 14 岁之前盗窃各类财物共计 8000 余元，14 岁生日那天，白某请几位朋友一起吃饭。吃完后回家途中，白某看到一中年女士蔡某手拿一个女士手包，遂拿出随身带的弹簧刀捅了蔡某一刀，趁机抢了手包就跑，手包内有手机一部，银行卡数张及几百元的现金。次日上午，白某路过一修车点，看见一辆摩托车（归殷某所有）未锁，遂上前强行开走摩托车。因驾驶技术不过关，结果在驾驶过程中撞死一人，撞伤三人。当天夜里，白某将摩托车以 1000 元的价格卖给了华某。

问题：试从刑法犯罪主体的角度分析白某的行为是否构成犯罪？为什么？并说明理由。

参考答案

一 单项选择题

1. D 2. C 3. C 4. C 5. D 6. B 7. C 8. D 9. B 10. C 11. B

二 多项选择题

1. ABC 2. BCD 3. AC 4. ABCD 5. ABCD 6. ABCD 7. BCD 8. ABD

三 名词解释

1. 犯罪主体：是指实施危害社会的行为、依法应当负刑事责任的自然人和单位。根据主体的属性，犯罪主体可分为自然人犯罪主体和单位犯罪主体；根据自然人犯罪主体的法律属性，可将自然人犯罪主体分为一般主体与特殊主体。

2. 刑事责任年龄：简称责任年龄，是指法律所规定的行为人对自己所实施的刑法所禁止的危害行为负刑事责任必须达到的年龄。

3. 限制刑事责任能力：又称减轻刑事责任能力、限定刑事责任能力、部分刑事责任能力，是指因年龄、精神状况、生理功能缺陷等原因，而使行为人实施刑法所禁止的危害行为时，虽然具有责任能力，但其辨认或者控制自己行为的能力较完全责任能力有一定程度的减弱、降低的情况。在我国，已满 14 周岁不满 18 周岁的人、又聋又哑的人、盲人和尚未完全丧失辨认或者控制自己行为能力的精神病人为减轻刑事责任能力人。

4. 犯罪主体的特殊身份：是指刑法所规定的影响行为人刑事责任的行为人人身方面特定的资格、地位或者状态。

5. 单位犯罪：是指由公司、企业、事业单位、机关、团体实施的依法应当承担刑事责任的危害社会的行为。它具有两个基本特征：（1）单位犯罪的主体包括公司、企业、事业单位、机关、团体。（2）只有法律明文规定单位可以成为犯罪主体的犯罪，才存在单位犯罪及单位承担刑事责任的问题，而并非一切犯罪都可以由单位构成。

四　简答题

1. 我国刑法将刑事责任能力划分为四种情况：

（1）完全刑事责任能力，简称刑事责任能力或责任能力。凡年满 18 周岁、精神和生理功能健全而智力发展正常的人就具备了完全刑事责任能力。完全责任能力人实施了犯罪行为的，应当依法负全部的刑事责任。

（2）完全无刑事责任能力，简称完全无责任能力或无责任能力，指行为人没有刑法意义上的辨认或者控制自己行为的能力。一是未达责任年龄的幼年人；二是因精神疾病而没有刑法要求的辨认和控制自己行为能力的人。

（3）相对无刑事责任能力，也可称为相对有刑事责任能力，是指行为人仅限于对刑法所明确限定的某些严重犯罪具有刑事责任能力，而对未明确限定的其他危害行为无刑事责任能力的情况。

（4）减轻刑事责任能力，又称限定刑事责任能力、限制刑事责任能力、部分刑事责任能力，介于完全刑事责任能力和完全无刑事责任能力之间，指因年龄、精神状况、生理功能缺陷等原因，而使行为人实施刑法所禁止的危害行为时，虽然具有责任能力，但其辨认或者控制自己行为的能力较完全责任能力有一定程度的减弱、降低的情况。

2. 刑事责任能力的内容，是行为人对自己行为所具备的刑法意义上的辨认能力与控制能力。刑事责任能力中的辨认能力，是指行为人具备对自己的行为在刑法上的意义、性质、后果的分辨认识能力。就是说，行为人有能力认识自己的行为是否为刑法所禁止、所谴责、所制裁；刑事责任能力中的控制能力，是指行为人具备决定自己是否以行为触犯刑法的能力。例如，达到一定年龄而精神正常的人，都有能力认识到自己若实施杀人、放火、强奸、抢劫、盗窃行为是要为刑法所禁止所制裁的，都有能力选择和决定自己是否实施这些触犯刑法的行为。刑事责任能力中的辨认能力与控制能力之间，存在着有机的联系。一方面，辨认能力是刑事责任能力的基础。只有对自己行为在刑法上的意义有认识能力，才谈得上凭借这种认识能力而自觉有效地选择和决定自己是否实施触犯刑法的行为的控制能力。控制能力的具备是以辨认能力的存在为前提条件的，不具备辨认能力的未达刑事责任年龄的幼年人和患严重精神病的人，自然也就没有刑法意义上的控制能力。因而只要确认某人没有辨认能力，他便不具备控制能力，不存在刑事责任能力。另一方面控制能力是刑事责任能力的关键。这表现为，在具有辨认能力的基础上，还需要有控制能力才能具备刑事责任能力，只要具备了控制能力就一定具备辨认能力。还表现在，人虽然有辨认能力，但也可能不具有控制能力而并无刑事责任能力；仅有辨认能力而没有控制能力，就没有了选择和决定自己行为的能力，就不成其为刑事责任能力；控制能力的存在又须以具备辨认能力为前提，因而不可能存在仅有控制能力而没有辨认能力的情况。总之，刑事责任能力的存在，要求辨认能力与控制能力必须齐备，缺一不可。

3. 自然人主体是一个具有犯罪意识，由体力和脑力、知识和经验、感情和意志诸因素组成的有机整体。这是自然人主体的犯罪能力结构，也是其负刑事责任的能力结构。深入分析每个犯罪主体的内部结构，对正确认识主体的犯罪活动以及主体人身危险性进而对正确定罪量刑，具有十分重要的意义。但法律无法对每个犯罪主体的内部结构作出具体的界定，而只能从法律上规定犯罪能力和刑事责任能力的最低标准。这个标准，刑法上一般都是从年龄上和身心健康程度上加以划分，即所谓的刑事责任年龄和刑事责任能力。

（1）刑事责任年龄。刑事责任年龄又称为责任年龄，是指法律规定行为人对自己的犯罪行为负刑事责任必须达到的年龄。行为人只有达到法定刑事责任年龄，才能对自己的犯罪行为负刑事责任。我国刑法对刑事责任年龄的规定如下：①已满16周岁的人犯罪，应当负刑事责任。②已满14周岁不满16周岁的人，犯故意杀人、故意伤害致人重伤或者死亡、强奸、抢劫、贩卖毒品、放火、爆炸、投毒罪应当负刑事责任。③不满14周岁的，一律不负刑事责任。④已满14周岁不满18周岁的人犯罪，应当从轻或减轻处罚。⑤因不满16周岁不处罚的，责令他的家长或者监护人加以管教，在必要的时候，也可以由政府收容教养。

（2）刑事责任能力。刑事责任能力是指一个人认识自己行为的社会性质及其意义并控制和支配自己行为的能力。行为人只有在具有这种辨认和控制自己行为的能力的情况下，有意识地实施危害社会的行为，才能成立犯罪。在我国刑法上，刑事责任能力既是犯罪能力，又是负刑事责任的能力。我国刑法对刑事责任能力问题的规定如下：①精神病人在不能辨认或者不能控制自己行为的时候造成危害结果，经法定程序鉴定确认的，不负刑事责任；但是应当责令他的家属或者监护人严加看管和治疗；在必要的时候，由政府强制治疗。②尚未完全丧失辨认或者控制自己行为能力的精神病人犯罪的，应当负刑事责任，但是可以从轻或者减轻处罚。③间歇性的精神病人在精神正常的时候犯罪，应当负刑事责任。④醉酒的人犯罪，应当负刑事责任。⑤又聋又哑的人或者盲人犯罪，可以从轻、减轻或者免除处罚。

五 论述题

1. 在对未成年人犯罪案件的处理上，我国刑法规定了以下两条重要而特殊的处理原则：

（1）从宽处理的原则。已满14周岁不满18周岁的人犯罪的，应当从轻或者减轻处罚。（2）不适用死刑的原则。刑法典第49条规定：犯罪的时候不满18周岁的人不适用死刑。这里所说的"不适用死刑"是指不允许判处死刑，不仅仅是说"不执行死刑"，也不是说等满18周岁再判决、执行死刑，也包括死刑缓期执行。

根据司法实践情况，切实贯彻刑事责任年龄制度。正确处理未成年人的违法犯罪案件，还应当明确以下三个问题：第一，刑事责任年龄的计算。首先，刑事责任年龄应当是指实足年龄即周岁，实足年龄以月计算，并且按公历的年、月、日计算，行为人在过了周岁生日第二天起，才满该周岁。第二，在处理未成年人案件时，犯罪和处罚的法定年龄界限不能突破。第三，刑事责任年龄应当以"行为时"而非"结果时"的实际年龄为准。

2. 单位犯罪是相对于自然人犯罪而言的一个范畴。《刑法》第30条规定："公司、企业、事业单位、机关、团体实施的危害社会的行为，法律规定为单位犯罪的，应当负刑事责任。"根据这一规定，所谓单位犯罪，是指由公司、企业、事业单位、机关、团体实施的依法应当承担刑事责任的危害社会的行为。单位犯罪的两个基本特征是：

第一，单位犯罪的主体包括公司、企业、事业单位、机关、团体。所谓"公司、企业、事业单位"，根据最高人民法院有关解释，既包括国有、集体所有的公司、企业、事业单位，也包括依法设立的合资经营、合作经营企业和具有法人资格的独资、私营等公司、企业、事业单位。若个人为进行违法犯罪活动而设立的公司、企业、事业单位实施犯罪的，或者公司、企业、事业单位设立后，以实施犯罪为主要活动的，不以单位犯罪论处。盗用单位名义实施犯罪，违法所得由实施犯罪的个人私分的，依照《刑法》有关自然人犯罪的规定定罪处罚。"机关"是指国家各级权力机关、行政机关、司法机关、军事机关。"团体"主要是指人民团体和社会团体。

第二，只有法律明文规定单位可以成为犯罪主体的犯罪，才存在单位犯罪及单位承担刑事责任的问题，而并非一切犯罪都可以由单位构成。规定单位犯罪的"法律"，指的是刑法分则性条文，包括1997年修订后的刑法典分则及其颁行后国家最高立法机关又根据实际需要制定的单行刑法及有关附属刑法规范。从我国刑法典分则的规定来看，单位犯罪广泛存在于危害公共安全罪、破坏社会主义市场经济秩序罪、侵犯公民人身权利与民主权利罪、妨害社会管理秩序罪、危害国防利益罪和贪污贿赂罪等章中。这些单位犯罪多数是故意犯罪，但也有少数属于过失犯罪。

对单位犯罪的处罚，世界各国刑事立法和刑法理论上主要有两种原则：一是双罚制，即单位犯罪的，对单位和单位直接责任人员（代表人、主管人员及其他有关人员）均予以刑罚处罚；二是单罚制，即单位犯罪的，只对单位予以刑罚处罚而对直接责任人员不予处罚，或只对直接责任人员予以刑罚处罚而不处罚单位。

根据我国《刑法》的规定："单位犯罪的，对单位判处罚金，并对其直接负责的主管人员和其他直接责任人员判处刑罚。本法分则和其他法律另有规定的，依照规定。"这是我国刑法关于对单位犯罪处罚原则的规定。根据这一规定，对单位犯罪，一般采取双罚制的原则，即单位犯罪的，对单位判处罚金，同时对单位直接负责的主管人员和其他直接责任人员判处刑罚。但是，当刑法典分则和其他法律（特别刑法）另有规定不采取双罚制而采取单罚制的，则属例外情况。这是因为，单位犯罪的情况具有复杂性，其社会危害程度差别很大，一律采取双罚制的原则，并不能全面准确地体现罪责刑相适应原则和对单位犯罪起到足以警戒的作用。在我国刑法典分则中，有少数几种单位犯罪，采取的即是单罚制，如强迫职工劳动罪，就只处罚用人单位的直接责任人员。

六 案例分析题

（1）白某在 14 岁之前盗窃 8000 余元财物的行为不构成犯罪。刑法第 17 条规定已满 16 周岁的人犯罪，应当负刑事责任。已满 14 周岁不满 16 周岁的人，只有犯故意杀人、故意伤害致人重伤或者死亡、强奸、抢劫、贩卖毒品、放火、爆炸、投毒罪的，才应当负刑事责任。承担刑事责任的法定最低年龄是 14 岁，白某在未满 14 岁时实施的盗窃行为不作为犯罪处理。

（2）白某在 14 岁生日当天持刀抢劫行人手包的行为不构成犯罪。这涉及有关责任年龄计算的问题，应当从过完生日的第二天开始计算，所以白某在过生日当天仍认为是不满 14 岁，其虽然持刀将行人刺伤将包抢走，符合抢劫罪的客观要件，但是未达到负刑事责任的法定年龄，不作为犯罪处理。

（3）白某偷开摩托车，因疏于驾驶而导致撞死撞伤他人的严重后果的行为符合盗窃罪和交通肇事罪的客观要件，其在发生事故后驾车逃逸的行为，属于交通肇事罪的加重情节。白某偷开摩托车，由于驾驶技术不熟练，而导致危险结果的发生，其并不希望或者放任会出现危害公共安全的结果，所以不构成以危险方法危害公共安全罪，应以交通肇事罪论处。但上述两个犯罪不属于刑法明确规定的已满 14 周岁承担刑事责任的八种犯罪的范围之内，因此对白某不作为犯罪处理。

（4）白某偷车卖车属于盗窃行为，两万元是盗窃罪的定罪标准。但盗窃罪也不在刑法明确规定的已满 14 周岁承担刑事责任的八种犯罪的范围之内，不应追究刑事责任。

（5）对于白某上述不构成犯罪的行为，刑法规定：因不满 16 周岁不予刑事处罚的，应当责令他的家长或者监护人加以管教；在必要的时候，也可以由政府收容教养。

第八章 犯罪主观方面

一 单项选择题

1. 犯罪的主观方面是指（　　　）。

A. 犯罪人对自己行为是故意还是过失的心理态度

B. 行为人对危害结果所持的心理态度

C. 行为人对自己行为的社会效果所持的心理态度

D. 犯罪主体对自己的行为及其危害社会的结果所持的心理态度

2. 2004 年 11 月 1 日晚 10 时许，张某、范某、柴某等人到舞厅蹦迪。在蹦迪的过程中，范某突然去摸领舞小姐的腿，舞厅工作人员欲将范某推出舞池，双方发生冲突。张某、柴某等人对舞厅服务员进行殴打，张某掏出匕首对着一服务员猛刺过去，没想到在张某旁边的柴某正用脚去踹该服务员，张某的刀正好捅进柴某的腿内。因伤及动脉，柴某经抢救无效于次日死亡。对于本案应当如何认定？（　　　）

A. 张某的行为构成故意伤害罪（未遂）和过失致人死亡罪，属于想象竞合，从一重罪以过失致人死亡罪处断

B. 张某的行为构成故意伤害罪（未遂）

C. 张某的行为构成过失致人死亡罪

D. 张某的行为构成故意伤害罪（未遂）和过失致人死亡罪，应当数罪并罚

3. 甲想杀死同事乙，多次投毒未成功，某日在单位抽烟随便扔烟头引起火灾，甲在大火中被严重烧伤，乙在大火中丧生，其余同事安全逃生，甲对乙的死亡结果应负何种罪责？（　　　）

A. 间接故意　　　　　　　　　　B. 过失

C. 直接故意　　　　　　　　　　D. 意外事件，不负刑事责任

4. 下列情形中，属于直接故意的犯罪是（　　　）。

A. 甲连砍人 50 刀，也没有杀死对方

B. 乙为打猎物，对他人的死亡不管不顾，最终导致 3 人死亡

C. 丙横穿马路，撞死一老人

D. 丁公司任意排放有毒有害物质，导致 10 人死亡

5. 一日，甲某带邻居 3 岁的男孩乙出去玩，甲想"吓唬"乙一下，就提着他的双脚将其倒悬于一座桥的栏杆外，乙边喊害怕边挣扎，甲手一滑，乙掉入河中，甲急忙去救，乙已溺水而亡，从刑法理论上，甲对乙的死亡结果在主观上所持的心理态度是（　　　）。

A. 间接故意

B. 疏忽大意的过失

C. 过于自信的过失

D. 意外事件

6. 甲某意图扼杀乙某，将其扼晕后，误以为乙某已经死亡，为逃避罪责，遂将乙某抛"尸"河中，结果致使昏迷中的乙被淹死。则甲某的行为构成（　　　）。

A. 故意杀人罪（未遂）和过失致人死亡罪，数罪并罚

B. 过失致人死亡罪

C. 故意杀人罪（既遂）

D. A 和 B

7. 司机甲，由于曾在部队中训练过特技驾驶，对自己的开车技术深信不疑，经常做些"高难动作"，从未失手。一日途经一渡口时，为向朋友炫耀，违反渡口汽车应顺跳板缓行驶上渡船的规定，企图不经跳板直接从岸边"飞车上船"，结果导致汽车上船时造成渡船倾覆，甲的主观过错是（　　　）。

A. 间接故意　　　　　　　　B. 意外事件

C. 疏忽大意的过失　　　　　D. 过于自信的过失

8. 养花专业户李某为防止偷花，在花房周围私拉电网。一日晚，白某偷花不慎触电，经送医院抢救，不治身亡，李某对这种结果的主观心理态度是什么？（　　　）（司考真题）

A. 直接故意　　　　　　　　B. 间接故意

C. 过于自信的过失　　　　　D. 疏忽大意的过失

9. 朱某因婚外恋产生杀害妻子李某之念。某日晨，朱在给李某炸油饼时投放了可以致死的"毒鼠强"。朱某为防止其 6 岁的儿子吃饼中毒，将其子送到幼儿园，并嘱咐其子等他来接。不料李某当日提前下班后将其子接回，并与其子一起

吃油饼。朱某得知后，赶忙回到家中，其妻、子已中毒身亡。关于本案，下列哪一说法是正确的？（　　）（司考真题）

A. 朱某对其妻、子的死亡具有直接故意

B. 朱某对其子的死亡具有间接故意

C. 朱某对其子的死亡具有过失

D. 朱某对其子的死亡属于意外事件

10. 关于期待可能性，下列哪一选项是错误的？（　　）

A. 行为人是否具有故意、过失，与是否具有期待可能性，是两个不同的问题。换言之，具有故意、过失的人，也可能没有期待可能性

B. 行为人犯罪后毁灭自己犯罪的证据的行为之所以不构成犯罪，是因为缺乏期待可能性

C. 在司法实践中，对于因遭受自然灾害外流谋生而重婚的，之所以不以重婚罪论处，是因为缺乏期待可能性

D. 身无分文的乞丐盗窃他人财物得以维持生存的，因为缺乏期待可能性，不应认定为盗窃罪

11. 甲想杀害身材高大的乙，打算先用安眠药使乙昏迷，然后勒乙的脖子，致其窒息死亡。由于甲投放的安眠药较多，乙吞服安眠药后死亡。对此，下列哪一选项是正确的？（　　）

A. 甲的预备行为导致了乙死亡，仅成立故意杀人预备

B. 甲虽已着手实行杀人行为，但所预定的实行行为（勒乙的脖子）并未实施完毕，故只能认定为未实行终了的未遂

C. 甲已着手实行杀人行为，应认定为故意杀人既遂

D. 甲的行为是故意杀人预备与过失致人死亡罪的想象竞合犯，应从一重罪论处

12. 甲在从事生产经营的过程中，不知道某种行为是否违法，于是以书面形式向法院咨询，法院正式书面答复该行为合法。于是，甲实施该行为，但该行为实际上违反刑法。关于本案，下列哪一选项是正确的？（　　）

A. 由于违法性认识不是故意的认识内容，所以，甲仍然构成故意犯罪

B. 甲没有违法性认识的可能性，所以不成立犯罪

C. 甲虽然不成立故意犯罪，但成立过失犯罪

D. 甲既可能成立故意犯罪，也可能成立过失犯罪

二 多项选择题

1. 关于故意下列哪些说法正确?( )

A. 犯罪故意包括认识因素和意志因素

B. 故意认识要素的"明知"包括①对构成要件事实有认识（事实认识）和②危害性认识（或违法性认识）两项内容

C. 传播淫秽物品罪的认识要素包含对物品具有淫秽性质的认识

D. 聚众淫乱罪的认识要素包含对行为具有淫乱性质的认识

2. 下列哪些情形一般认定对结果不成立犯罪故意?( )

A. 凶犯甲枪击警察乙，误中路人丙致死，甲对丙的死亡结果

B. 警察乙枪击凶犯甲，误中路人丙致死，甲对丙的死亡结果

C. 法警甲执行死刑判决，举枪将死刑犯乙击毙，甲对乙的死亡结果

D. 甲遇到便衣警察乙的盘查，误以为遭到打劫，奋起反击，致乙死亡。法院认定甲假想防卫，甲对乙的死亡结果

3. 关于犯罪目的正确说法是( )。

A. 直接故意的心理内容都存在犯罪的目的

B. 目的犯之目的则是一种不为直接故意所包容的目的

C. 对于目的犯而言，特定目的是犯罪构成要件

D. 目的犯有法定的目的犯和非法定的目的犯两种

4. 以下行为人在其主观方面属于间接故意的是( )。

A. 某甲为杀妻在饭中下毒，明知孩子也会吃，由于杀妻心切而导致孩子的死亡

B. 某乙为击中猎物而不顾可能击中一旁的小孩，结果开枪击中小孩

C. 某丙虽见雨天路滑，但自信驾驶技术好，转弯不减速，结果将一行人撞死

D. 某丁开车将一人撞伤昏迷后将其扔到路边的水沟里，而后驾车扬长而去，被害人因得不到及时救助而死亡

5. 关于刑法上认识错误哪些说法正确?( )

A. 法律认识错误原则上不排除罪责，但可以酌情减轻罪责

B. 事实认识错误包括对象错误、客体错误、工具错误、因果关系错误、实际行为性质错误

C. 甲为杀害乙而朝乙射击，却击中了乙身边的丙，致丙受伤，对甲应当按照

故意杀人罪未遂定罪处罚

　　D. 丙某经常毒打儿子，认为"老子教训儿子，天经地义"。丙某的行为是法律上的认识错误

　　6. 不作为犯罪中行为人的罪过形式是（　　　）。

　　A. 可能是过失　　　　　　　　　　B. 不可能是过失

　　C. 只能是故意　　　　　　　　　　D. 可能是故意

　　7. 下列情形中属于对象认识错误的是（　　　）。

　　A. 某甲对准躺在床上的仇人开枪，其实此前仇人已被他人杀死

　　B. 某乙盗割大量正在使用的电缆，误以为构成盗窃罪

　　C. 某丙对准仇家院子里的黑影开枪，结果击中的是挂在院子里的衣服

　　D. 某丁遭遇抢劫，掏出随身的水果刀乱刺，结果将赶来的便衣警察刺伤

　　8. 甲与乙因情生仇。一日黄昏，甲持锄头路过乙家院子，见甲妻正在院内与一男子说话，以为是乙，举锄就打，对方重伤倒地遂发现是乙哥哥。甲心想，打伤乙哥哥也算解恨。关于甲的行为，下列哪些选项是错误的？（　　　）

　　A. 甲的行为属于对象错误，成立过失致人重伤罪

　　B. 甲的行为属于方法错误，成立故意伤害罪

　　C. 根据法定符合说，甲对乙成立故意伤害（未遂）罪，对乙哥哥成立过失致人重伤罪

　　D. 甲的行为不存在任何认识错误，理所当然成立故意伤害罪

　　9. 刘某基于杀害潘某的意思将潘某勒昏，误以为其已死亡，为毁灭证据而将潘某扔下悬崖。事后查明，潘某不是被勒死而是从悬崖坠落致死。关于本案，下列哪些选项是正确的？（　　　）

　　A. 刘某在本案中存在因果关系的认识错误

　　B. 刘某在本案中存在打击错误

　　C. 刘某构成故意杀人罪未遂与过失致人死亡罪

　　D. 刘某构成故意杀人既遂

　　10. 甲欲杀乙，便向乙开枪，但开枪的结果是将乙和丙都打死。关于本案，下列哪些选项是正确的？（　　　）

　　A. 根据具体符合说，甲对乙成立故意杀人既遂，对丙成立过失致人死亡罪

　　B. 根据法定符合说，甲对乙与丙均成立故意杀人既遂

　　C. 不管是根据具体符合说，还是根据法定符合说，甲对乙与丙均成立故意杀人既遂

D. 不管是根据具体符合说，还是根据法定符合说，甲对乙成立故意杀人既遂，对丙成立过失致人死亡罪

三 名词解释

1. 犯罪主观方面 2. 犯罪故意 3. 直接故意 4. 间接故意 5. 过于自信的过失 6. 疏忽大意的过失 7. 意外事件 8. 犯罪目的 9. 犯罪动机 10. 认识错误

四 简答题

1. 简述司法实践中犯罪的间接故意的特征及其表现形式。
2. 简述直接故意和间接故意的区别。
3. 简述过于自信的过失心理与间接故意的区别。

五 论述题

1. 试论述疏忽大意过失中的"应当预见"的判断标准。
2. 论述主观罪过中的意识和意志。

六 案例分析题

张某（25岁，女）与被害人李某系恋爱关系，虽未结婚，但是张某搬住在李某家。一日，二人吵架，李某与其母陈某一同外出，张某往剩菜里放上农药准备自杀，然后在里屋开始写遗书。此时李某回来，进入厨房并吃下剩菜中毒。张某一看，吃下剩余的毒药跑到其父的坟前哭泣。李某的姐姐急忙将李某送入医院抢救，但无效死亡。请以：张某已经预见李某会吃剩下的有毒剩菜和张某没有预见李某会吃剩下的剩菜分析本案的处理。

参考答案

一 单项选择题

1. D 2. B 3. B 4. A 5. C 6. C 7. D 8. B 9. C 10. D 11. C 12. B

二　多项选择题

1. AB　2. BCD　3. ABCD　4. ABD　5. ABCD　6. AD　7. ACD　8. ABCD
9. AD　10. AB

三　名词解释

1. 犯罪主观方面：是指犯罪主体对自己行为及其危害社会的结果所抱的心理态度。它包括罪过（即犯罪的故意或者犯罪的过失）以及犯罪的目的和动机等几种因素。

2. 犯罪故意：犯罪故意是指行为人明知自己的行为会发生危害社会的结果，并且希望或者放任这种结果发生的主观心理态度。

3. 直接故意：是指行为人明知自己的行为必然或者可能发生危害社会的结果，并且希望这种结果发生的心理态度。其特征是：（1）在认识上，行为人明知自己的行为必然或者可能发生危害社会的结果。（2）在意志上，行为人对危害结果的发生持一种希望的心理态度。

4. 间接故意：是指行为人明知自己的行为可能发生危害社会的结果，并且放任这种结果发生的心理态度。其特征是：（1）在认识上，行为人明知自己的行为可能发生危害社会的结果。（2）在意志上，行为人对危害结果的发生持一种放任的心理态度。

5. 过于自信的过失：是指行为人预见到自己的行为可能发生危害社会的结果，但轻信能够避免，以致发生这种结果的心理态度。它具有两个基本特征：（1）在认识因素上，行为人已经预见自己的行为可能发生危害社会的结果。（2）在意志因素上，行为人之所以实施行为，是轻信能够避免危害结果的发生。

6. 疏忽大意的过失：是指行为人应当预见到自己的行为可能发生危害社会的结果，因为疏忽大意而没有预见，以致发生这种结果的心理态度。它有两个基本特征：（1）行为人应当预见到自己的行为可能发生危害社会的结果。（2）行为人由于疏忽大意，而没有预见到自己的行为可能发生危害社会的结果。

7. 意外事件：是指行为虽然在客观上造成了损害结果，但不是出于行为人的故意或者过失，而是由于不能预见的原因所引起的，不认为是犯罪的情况。

8. 犯罪目的：是指犯罪人希望通过实施犯罪行为达到某种结果的心理态度。

9. 犯罪动机：是指刺激犯罪人实施犯罪行为以达到犯罪目的的内心冲动或者起因。

10. 认识错误：是指行为人对自己的行为的刑法性质、后果和有关的事实情况不正确的认识。一般有法律认识错误和事实认识错误两种：法律认识错误，是指行为人对自己的行为在法律上是否构成犯罪、构成何种犯罪或者应当受到什么样的处罚的不正确理解。事实认识错误，是指行为人对自己行为的事实情况的不正确的理解。

四　简答题

1. 犯罪间接故意有如下情形：

（1）行为人为追求某一个犯罪目的而放任另一个危害结果的发生。例如，甲欲毒杀妻子乙，就在妻子盛饭时往妻子碗内投下剧毒药。甲同时还预见到其妻有可能喂饭给孩子吃而祸及孩子，但他因为杀妻心切，就抱着听任孩子也被毒死的心理态度。事实上妻子乙在吃饭时确实喂了孩子几口，结果母子均中毒死亡。此案中，甲明知投毒后其妻必然吃饭而中毒身亡并积极追求这种结果的发生，对其妻构成杀人罪的直接故意无疑；但甲对其孩子死亡发生的心理态度就不同，他预见到的是孩子中毒死亡的可能性而不是必然性，他对孩子死亡结果的发生并不是希望，而是为了达到杀妻的结果而予以有意识的放任，这完全符合间接故意的特征，应构成杀人罪的间接故意。

（2）行为人为追求一个非犯罪的目的而放任某种危害结果的发生。例如，某甲在林中打猎时，发现一个酣睡的猎物，同时又发现猎物附近有一个孩子在玩耍，根据自己的枪法和离猎物的距离，甲明知若开枪不一定能打中猎物，但可能打中小孩。但甲打猎心切，不愿放过这一机会，又看到周围无其他人，遂放任可能打死小孩这种危害结果的发生，仍然向猎物开枪，结果子弹打偏，打死了附近的小孩。此例中，甲明知自己的开枪打猎行为可能打中小孩使其毙命，但为追求打到猎物的目的，仍然开枪打猎，听任打死小孩这种危害结果的发生，具备间接故意的认识因素和其特定的意志因素，因而构成犯罪的间接故意。

（3）突发性不计后果的犯罪，放任严重结果的发生。例如，一些青少年临时起意，动辄行凶，不计后果，捅人一刀即扬长而去并致人死亡的案件就属于这种情况。这种案件里，行为人对用刀扎人必致人伤害是明知的，属于直接故意的范畴；对于其行为致人死亡的结果，他虽然预见到可能性，但持的是放任其发生的态度，却不是希望其发生的态度，对于其行为造成他人死亡的结果而言，其认识特征是明知可能性，其意志因素是放任结果的发生，符合犯罪间接故意的构成。

2. 直接故意与间接故意的相同点是，二者同属犯罪故意的范畴，在认识因素上，二者均明确认识到自己的行为会发生危害社会的结果；在意志因素上，二者均不排斥危害结果的发生。但是它们二者之间又有重要的区别：

（1）在认识因素上，二者认识程度不同，直接故意既可以是明知危害结果必然发生，也可以是明知危害结果可能发生，而间接故意则只能是明知危害结果可能发生。

（2）在意志因素上，直接故意是希望危害结果发生，而间接故意是放任危害结果的发生。

（3）在定罪上，对于直接故意而言，只要行为人在主观上持的是希望的心理，客观上实施了相应的行为，便构成犯罪，危害结果是否发生不影响犯罪的成立；而间接故意只有当行为人放任人危害结果发生时，才构成犯罪。

区分二者的意义在于查明行为人的主观恶性程度，这对于定罪尤其是量刑具有重要意义。

3. 犯罪的过于自信的过失心理与间接故意的心理，在认识因素上都预见到行为可能发生危害社会的结果，在意志因素上都不是希望危害结果的发生，因而二者容易混淆。但它们是性质截然不同的两种罪过形式，在认识因素和意志因素上都有着重要的区别：

第一，认识因素上有所不同。二者虽然都是预见到行为发生危害结果的可能性，但它们对这种可能性是否会转化为现实性，即实际上发生危害结果的主观估计是不同的。间接故意的心理对可能性转化为现实性，并未发生错误的认识和估计，不是认为这种可能性不会转化为现实性，因而在可能性转化为现实性的情况下，行为人的主观与客观是一致的。而过于自信的过失心理则不同，具有这种心理者虽然也预见了危害结果发生的可能性，但在主观上认为，由于他的自身能力、技术、经验和某些外部条件，实施行为时，危害结果发生的可能性不会转化为现实性，在危害结果发生的情况下，其主观和客观是不一致的。

第二，意志因素上有重要区别。过于自信的过失与间接故意虽然都不希望危害结果的发生，但深入考察，二者对危害结果的态度仍是不同的。间接故意的行为人虽不希望结果的发生，但也不排斥、不反对危害结果的发生，因而也就不会凭借什么条件和采取什么措施，去防止危害结果的发生，而是听之任之，有意放任危害结果的发生。过于自信的过失行为的行为人不仅不希望危害结果不要发生，希望避免危害的发生，即排斥、反对危害结果的发生。在预见到自己的行为可能发生危害结果的情况下，行为人仍然相信能够避免危害结果的发生，并因而实施该种行为，他必然是凭借了一定的自认为能够避免危害结果发生的因素，如行为人自身能力方面的技术、经验、知识等因素，他人的行为预防措施以及客观条件或自然力方面的有利因素。

五 论述题

1. 疏忽大意过失中的"应当预见"，是指行为人在行为时负有预见到行为可能发生危害结果的义务并且有能力预见。

首先，对预见义务，主要根据法律的规定和各种规章制度所规定的共同的生活规则，或者来自多年积累形成的习惯法来判断。如根据以上规则，行为人有预见义务，那么应当预见就只剩下预见能力的判断和认定问题。

其次，对于预见能力，则历来有主观说和客观说以及折中说之争。客观说主张以普通人的智能水平为标准，即凡是一般人能够预见的，就应认为应当预见。主观说主张根据行为人本身的智能水平，具体地确定能否预见，即根据行为人本身的主观条件，包括知识程度、智力状况等，如果是有可能预见到所发生的危害结果的，就应认为是应当预见。折中说认为当行为人的注意能力高于一般人的，以一般人的注意能力为标准，低于一般人的以行为人之注意能力为标准。对此，笔者认为，我们应该坚持主观说。但是在采取主观说时，必须注意行为时的客观情况的影响，以克服主观说的缺陷。就是说，要根据行为人的年龄状况、智力发育、文化知识水平、业务技术水平和工作、生活经验等因素决定其实际认识能力，以及行为时的客观环境和条件，来具体分析他在当时的具体情况下，对行为发生这种危害结果能否预见。按照这个标准，一般人在普通条件下能够预见的，行为人可以因为自身认识能力较低或者行为时特殊条件而不能预见；反之，一般人在普通条件下不能预见的，行为人可以因为自身认识能力较高，或者行为人的特殊条件能够预见。因此，既不应无视行为人的实际认识能力，而拿一般人的认识能力来衡量他能否预见，也不宜脱离行为当时的具体条件，而只能按照行为人的实际认识能力和行为当时的具体客观条件，综合分析和判断行为人能否预见。

2. （1）罪过属于心理态度的范畴，具有心理学的内容：它由认识因素与意志因素构成，认识因素与意志因素直接反映行为人的情感态度。认识因素即行为人的意识，意志因素也可称为行为人的意志。罪过又是一个法学概念，具有刑法学的意义：它是犯罪主体对自己实施的危害行为及其危害结果所持的心理态度。主观罪过包括犯罪故意和犯罪过失。认识因素与意志因素是区分两种罪过形式的标准。故意与过失这两种罪过形式的界限，是同时按照两个标准来区分的：一是行为人对自己的危害行为造成危害结果有无认识以及认识程度如何，即认识因素；二是行为人对危害结果的态度如何，即意志因素。

（2）犯罪故意，则是指明知自己的行为会发生危害社会的结果，并且希望或者放任这种结果发生的心理态度。犯罪故意由两个因素构成：一是认识因素，即明知自己的行为会发生危害社会的结果；二是意志因素，即希望或者放任危害结果的发生。二者的有机统一才是犯罪故意。"有机统一"有两个意思：一是任何犯罪的故意都必须同时存在认识因素与意志因素；二是认识因素与意志因素之间具有内在联系，突出地表现在行为人所认识到的结果与所希望或者放任发生的结果必须是同一的，而且意志因素是以认识因素为前提的。如果发生认识错误，就可能影响故意的成立。

我国刑法根据故意的认识因素与意志因素的内容，将故意分为直接故意与间接故意。直接故意，是指明知自己的行为会发生危害社会的结果，并且希望这种结果发生的心理态度。直接故意是认识因素与意志因素的统一。（1）认识因素是明知自己的行为会发生危害社会的结果。不能认为直接故意的认识内容就是认识到结果发生，而应认为认识内容包括明知自己行为的性质、对象、结果与意义。一般情况下，不要求行为人认识到自己行为的违法性。（2）意志因素是希望危害结果的发生。"希望"是指行为人积极追求危害结果发生；发生危害结果是行为人实施危害行为直接追求的目的，除此之外，没有其他任何意图。

间接故意，是指明知自己的行为可能发生危害社会的结果，并且放任这种结果发生的心理态度。间接故意也是认识因素与意志因素的统一。（1）认识因素是明知自己的行为可能发生危害社会的结果。（2）意志因素是放任危害结果发生。"放任"是对危害结果的一种听之任之的态度，即行为人为了追求一定的目的而实施一定行为时，行为人既不是希望危害结果发生，也不是希望危害结果不发生，结果发生与否，都不违背行为人意志。

（3）犯罪过失，则是指应当预见自己的行为可能发生危害社会的结果，因为疏忽大意而没有预见，或者已经预见而轻信能够避免，以致发生这种结果的心理态度。我国刑法根据行为人是否已经预见危害结果，将过失分为疏忽大意的过失与过于自信的过失。

疏忽大意的过失，是指应当预见自己的行为可能发生危害社会的结果，因为疏忽大意而没有预见，以致发生这种结果的心理态度。

疏忽大意的过失是一种无认识的过失，即行为人没有预见自己的行为可能发生危害社会的结果；没有预见的原因并非行为人不能预见，而是在应当预见的前提下由于疏忽大意才没有预见。应当预见但由于疏忽大意而没有预见，就是疏忽大意过失的认识因素。疏忽大意过失的意志因素是反对危害结果发生或希望危害结果不发生，至少可以说是既不希望也不放任危害结果发生。不过，疏忽大意过失的意志因素属于消极因素，没有证据表明行为人希望或放任危害结果发生，就可以确定为疏忽大意的过失。

过于自信的过失，是指已经预见自己的行为可能发生危害社会的结果，但轻信能够避免，以致发生这种结果的心理态度。过于自信的过失是有认识的过失。行为人已经预见自己的行为可能发生危害社会的结果，同时又轻信能够避免危害结果，这就是过于自信过失的认识因素。轻信能够避免又表明行为人既不希望也不放任危害结果的发生，这便是过于自信过失的意志因素。这种意志因素也是不需要司法机关积极证明的因素。

六　案例分析题

从张某已经预见李某会吃剩下的有毒剩菜和张某没有预见李某会吃剩下的剩菜分析本案的处理。

情况一：张某已经预见李某会吃剩下的有毒剩菜，此时李某回来，进入厨房并吃下剩菜中毒。张某一看，吃下剩余的毒药跑到其父的坟前哭泣。

张某事先已经预见到李某可能会吃到剩饭，一般有两种可能性，一是放任的间接故意，二是过于自信的过失。

但是，张某在看见危险确实发生，却没有实施救助义务，反而自己吃下剩余毒药离开，对于张某没有积极救治李某的客观行为，结合前面的已经预知的主观情况，说明张某主观上对于李某的死亡并不反对。张某并不希望李某死亡，但是，其明知李某有可能吃有毒剩饭，却放任李某的死亡，主观上构成间接故意，应按照故意杀人罪处理。

情况二，张某没有预见李某会吃剩下的剩菜，而李某吃下了剩饭，张某一看，吃下剩余的毒药跑到其父的坟前哭泣。

张某没有预见到李某会吃含有毒药的剩饭，说明其并没有杀害李某的主观故意，主观上是反对李某服毒行为的发生，张某将有毒剩饭放在外屋，自己去里屋写遗书，应当没有预见李某食用有毒剩饭的可能性。张某属于疏忽大意的过失。虽然，张某看见李某中毒后没有进行救治，但是由于他先前的主观属于过失，因此，一般不认为他的主观过失转化为间接故意，而是认为他的错误认识，认为李某必然死亡而未尽救治义务。因此，这时张某应定过失致人死亡罪。

第九章　正当行为

一　单项选择题

1. 关于正当防卫，下列说法正确的是（　　）。

A. 只要是具有故意杀人性质的犯罪，均可适用无过当防卫的规定

B. 只要是具有绑架性质的犯罪，均可适用无过当防卫

C. 绑架、非法拘禁、拐卖妇女儿童等侵犯人身自由的犯罪，在其不法侵害继续期间，可实施正当防卫

D. 正当防卫的前提条件之一是发生了不法侵害且该不法侵害达到犯罪的程度

2. 下列选项中行为构成正当防卫的是（　　）。

A. 便衣警察甲带领联防人员夜间巡逻，见一卡车停在路旁，车上无人，遂上去查看，恰逢该车司机乙回来，怀疑有人偷车，即手持棍棒喝令甲下车，甲误以为坏人袭击，即开枪将乙打死

B. 甲、乙、丙同在饭馆喝酒，甲乙因故争吵并扭打起来，两人越打越激烈，最后各抄起一把菜刀要拼命。丙将两人劝开，先在一旁劝说甲，乙突然一刀砍向甲，却砍在丙身上，造成丙重伤

C. 甲的邻居乙是精神病人，一日，甲突然看见乙持刀追逐其年仅 7 岁的儿子，为使儿子免遭不测，甲随手操起一根铁棒，把乙打倒。经查，乙左脚被打致粉碎性骨折

D. 甲骑车不慎撞着行人乙，乙上前对甲拳打脚踢，致甲口鼻流血，然后，扬长而去

3. 甲在偏僻的乡间小路上运输毒品，乙见状上前抢劫，甲为了保护毒品，以暴力进行反抗，致乙重伤。甲的行为属于（　　）。

A. 正当防卫　　　　　　　　　　B. 紧急避险

C. 防卫过当　　　　　　　　　　D. 故意伤害

159

4. 甲在外出时在自己的住宅内安放了防卫装置。某日晚，小偷乙撬门侵入甲的住宅后，被防卫装置击为轻伤。甲的行为是什么性质？（　　）（司考真题）

A. 故意伤害罪　　　　　　　　B. 正当防卫

C. 防卫不适时　　　　　　　　D. 民事侵权行为，不构成犯罪

5. 根据刑法第20条前两款的规定，＿＿＿行为不负刑事责任；但＿＿＿必须符合一定条件，否则就会造成新的不法侵害。误认为存在不法侵害，进行"防卫"的，属于＿＿＿；不法侵害已经结束后，进行"防卫"的，属于＿＿＿。防卫行为明显超过必要限度造成重大损害的，属于＿＿＿；关于＿＿＿的罪过形式，刑法理论上存在争议，但可以肯定的是，＿＿＿不是独立罪名，应根据其符合的犯罪构成确定罪名，对于＿＿＿，应当酌情减轻或者免除处罚。在这段话的空格中：（　　）（司考真题）

A. 2处填写"正当防卫"，5处填写"防卫过当"，1处填写"假想防卫"

B. 2处填写"正当防卫"，4处填写"防卫过当"，2处填写"假想防卫"

C. 3处填写"正当防卫"，5处填写"防卫过当"

D. 3处填写"正当防卫"，4处填写"防卫过当"，1处填写"假想防卫"

6. 张某的次子乙，平时经常因琐事滋事生非，无端打骂张某。一日，乙与其妻发生争吵，张某过来劝说。乙转而辱骂张某并将其踢倒在地，并掏出身上的水果刀欲刺张某，张某起身逃跑，乙随后紧追。张某的长子甲见状，随手从门口拿起扁担朝乙的颈部打了一下，将乙打昏在地上。张某顺手拿起地上的石头转身回来朝乙的头部猛砸数下，致乙死亡。对本案中张某、甲的行为应当如何定性？（　　）（司考真题）

A. 张某的行为构成故意杀人罪，甲的行为属于正当防卫

B. 张某的行为构成故意杀人罪，甲的行为属于防卫过当

C. 张某的行为属于防卫过当，构成故意杀人罪。甲的行为属于正当防卫

D. 张某和甲的行为均构成故意杀人罪

7. 关于排除犯罪的事由，下列哪一选项是正确的？（　　）

A. 对于严重危及人身安全的暴力犯罪以外的不法侵害进行防卫，造成不法侵害人死亡的，均属防卫过当

B. 由于武装叛乱、暴乱罪属于危害国家安全罪，而非危害人身安全犯罪，所以，对于武装叛乱、暴乱犯罪不可能实行特殊正当防卫

C. 放火毁损自己所有的财物但危害公共安全的，不属于排除犯罪的事由

D. 律师在法庭上为了维护被告人的合法权益，不得已泄露他人隐私的，属于紧急避险

8. 关于正当防卫，下列哪一选项是错误的？（　　）

A. 制服不法侵害人后，又对其实施加害行为，成立故意犯罪

B. 抢劫犯使用暴力取得财物后，对抢劫犯立即进行追击的，由于不法侵害尚未结束，属于合法

C. 动物被饲主唆使侵害他人的，其侵害属于不法侵害；但动物对人的自发侵害，不是不法侵害

D. 基于过失而实施的侵害行为，不是不法侵害

9. 甲遭乙追杀，情急之下夺过丙的摩托车骑上就跑，丙被摔骨折。乙开车继续追杀，甲为逃命飞身跳下疾驶的摩托车奔入树林，丙一万元的摩托车被毁。关于甲行为的说法，下列哪一选项是正确的？（　　）

A. 属于正当防卫

B. 属于紧急避险

C. 构成抢夺罪

D. 构成故意伤害罪、故意毁坏财物罪

二　多项选择题

1. 甲在浴室休息因出言不逊被乙打了一耳光，并发生争执，被人劝开。当甲穿鞋正准备离开时，乙用玻璃烟缸砸甲的头部，并与另几个人将欲逃离的甲拖住并扭打在一起。在扭打中甲用随身携带的水果刀朝乙等人挥舞，造成多人被刺伤，其中乙因心脏、肺、肝脏被刺大量失血死亡。甲的行为是（　　）。

A. 正当防卫不负刑事责任

B. 防卫过当负刑事责任

C. 故意伤害致人死亡罪，应当从轻、减轻处罚

D. 过失致人死亡罪，应当减轻、免除处罚

2. 甲遭到乙、丙的非法追杀，在躲避、反击中却损害到无辜的第三人丁的权益，对甲对丁造成的损害，下列说法哪些是正确的？（　　）

A. 可适用正当防卫制度处理

B. 如果符合紧急避险的条件，应当以紧急避险论，不负刑事责任

C. 如果属于紧急避险过当，应当负刑事责任，但依法应当减轻或免除处罚

D. 如果因为事实认识错误，可按照假想防卫的处理原则处理，不认为是故意犯罪，如有过失的，以过失犯罪论处

3. 防卫过当的罪过形式可以是（　　　）。

A. 疏忽大意的过失　　　　　　B. 过于自信的过失

C. 间接故意　　　　　　　　　D. 直接故意

4. 一天，食品厂附近的一户居民家起火。烧毁 30 多间平房后，消防队员才赶到。由于通道狭小，拆掉了两旁的煤棚，消防车才得以通过。此时，食品厂厂长甲认为消防队拆除的通道太窄，火越烧越旺，有可能烧到食品厂的生产车间，于是指挥工人将乙某等 6 户居民的平房拆掉。乙某等人反对。他们说："消防队已拆除通道，火有可能扑灭，能多保一栋就保一栋。"但甲不听劝阻，强行拆除。由于消防队奋力灭火，火势没有蔓延到乙某等 6 户房屋，就被全部扑灭。对甲的行为应如何认定？（　　　）

A. 紧急避险　　　　　　　　　B. 避险过当

C. 假想避险　　　　　　　　　D. 构成故意毁坏财物罪

5. 正当防卫行为必须是为了使合法利益免受不法侵害而实施，下列情况不属于正当防卫的有（　　　）

A. 防卫挑拨　　　　　　　　　B. 互相斗殴

C. 保护非法利益而实施的防卫　　D. 假想防卫

6. 刑法第 20 条第 3 款规定："对正在进行行凶、杀人、抢劫、强奸、绑架以及其他严重危及人身安全的暴力犯罪，采取防卫行为，造成不法侵害人伤亡的，不属于防卫过当，不负刑事责任。"关于刑法对特殊正当防卫的规定，下列哪些理解是错误的？（　　　）

A. 对于正在进行杀人等严重危及人身安全的暴力犯罪，采取防卫行为，没有造成不法侵害人伤亡的，不能称为正当防卫。

B. "其他严重危及人身安全的暴力犯罪"的表述，不仅说明其前面列举的抢劫、强奸、绑架必须达到严重危及人身安全的程度，而且说明只要列举之外的暴力犯罪达到严重危及人身安全的程度，也应适用特殊正当防卫的规定。

C. 由于特殊正当防卫针对的是严重危及人身安全的暴力犯罪，而这种犯罪一旦着手实行便会造成严重后果，所以，应当允许防卫时间适当提前，即严重危及人身安全的暴力犯罪处于预备阶段时，也应允许进行特殊正当防卫。

D. 由于针对严重危及人身安全的暴力犯罪进行防卫时可以杀死不法侵害人，所以，在严重危及人身安全的暴力犯罪结束后，当场杀死不法侵害人的，也属于特殊正当防卫。

三　名词解释

1. 正当行为　2. 正当防卫　3. 假想防卫　4. 防卫挑拨　　5. 特殊防卫权
6. 防卫过当　7. 紧急避险　8. 假想避险　9. 避险禁止

四　简答题

1. 简述防卫过当的概念及主要特征。
2. 简述正当防卫与紧急避险的区别。

五　论述题

试述我国刑法中的正当防卫的起因条件和限度条件。

六　案例分析题

被告人向某，女，25 岁，某省跆拳道冠军。一日，在一荒山脚下遇到李某，李某身强力壮。李某见向某一个女子独行，遂产生歹意。先用语言挑逗向某，要其脱衣服并与之发生关系。见向某不理睬他，遂冲上前去，想抓住向某强行实施非礼行为，没想到向某两下就将李某打倒在地，李某见势不妙，跪地求饶。向某心中怒火未平，继续殴打李某，直到李某昏迷不醒方才罢手，离开现场。

问题：依据刑法理论，评析向某的行为性质。

参考答案

一　单项选择题

1. C　2. C　3. D　4. B　5. B　6. A　7. C　8. D　9. B

二　多项选择题

1. BD　2. BCD　3. ABC　4. CD　5. ABCD　6. ACD

三　名词解释

1. 正当行为：是指客观上造成一定损害结果，形式上符合某些犯罪的客观要件，但实质上既不具备社会危害性，也不具备刑事违法性的行为，例如，正当防卫、紧急避险、依法执行职务、正当冒险行为等。具有如下特征：（1）形式上具备某种犯罪的客观要件；（2）实质上不符合该种犯罪的构成特征，不具备社会危害性，也不具备刑事违法性。

2. 正当防卫：是指为了使国家、公共利益、本人或者他人的人身、财产和其他权利免受正在进行的不法侵害，而对不法侵害者实施的制止其不法侵害且未明显超过必要限度的损害行为。

3. 假想防卫：是指事实上不存在不法侵害，行为人误认为存在不法侵害而对意想中的侵害者进行的防卫。

4. 防卫挑拨：又称挑拨防卫，是指行为人出于侵害目的，以故意挑衅、引诱等方法促使对方进行不法侵害，而后借口防卫加害对方的行为。

5. 特殊防卫权：是指公民在某些特定情况下所实施的正当防卫行为，造成不法侵害人伤亡后果的，不负刑事责任的情形。

6. 防卫过当：是指防卫行为明显超过必要限度造成重大损害应当负刑事责任的行为。它具有两个特征：（1）在客观上有防卫过当行为，并对不法侵害人造成了重大损害。（2）在主观上对其结果具有罪过，表现为间接故意或者过失。

7. 紧急避险：是指为了国家、公共利益、本人或者他人的人身、财产和其他权利免受正在发生的威胁，不得已而采取的损害另一较小合法权益的行为。

8. 避险过当：是指避险行为超过必要限度造成不应有的损害的行为。根据我国刑法的规定，避险过当应当负刑事责任。

9. 避险禁止：是指紧急避险行为人不适用于职务上或业务上有特定责任的人。

四　简答题

1. 防卫过当，指防卫行为明显超过必要限度，对不法侵害人造成重大损害的行为。其基本特征是：首先，在客观上具有防卫过当的行为，并对不法侵害人造成了重大的损害。其次，在主观上对其过当结果具有罪过。至于罪过的形式，有的认为可以是故意（包括直接故意与间接故意），也可以是过失；有的认为只能是间接故意和过失；还有的认为只能是过失。我们认为，在防卫过当的场合，行为人对于其过当行为及其结果，主观上不可能出于直接故意，因为正当防卫的目的与犯罪的目的，在一个人头脑中不可能同时并存。但主观上存在间接故意或过失，则是可能的。

2. 正当防卫和紧急避险同属于正当行为，二者相同点主要有：

（1）目的都是为了保护公共利益、本人或者他人的合法权益。（2）成立的前提都必须是合法权益正在受到侵犯。（3）超过必要限度造成不应有的危害的，都应当负刑事责任。

二者不同点主要如下：

（1）危害的来源不同。在正当防卫的情况下，危害来源只能是人的不法侵害；而在紧急避险的情况下，危险来源不仅可能是人的不法侵害，还可能是自然界力量和动物的侵袭等。

（2）行为针对的对象不同。正当防卫只能对不法侵害者本人实施，紧急避险则可能对第三者实施。

（3）对实施行为的条件要求不同。在正当防卫情况下，即使能够用其他方法避免危害，也可以实施防卫；紧急避险则要求必须在不得已的情况下作为排除危险的唯一方法才能实施。

（4）对损害程度的限度要求不同。正当防卫所引起的损害，允许等于或者大于不法侵害行为可能造成的损害；而紧急避险所造成的损害，则只能小于危险可能造成的损害。

五　论述题

我国刑法规定，为了使国家、公共利益、本人或者他人的人身、财产和其他权利免受正在进行的不法侵害采取的制止不法侵害的行为，对不法侵害人造成损害的，属于正当防卫，不负刑事责任。根据这一规定，所谓正当防卫，就是为了使国家、公共利益、本人或者他人的合法权益免受正在进行的不法侵害，对不法侵害人实施一定限度损害的防卫行为。

根据刑法的有关规定，构成正当防卫必须符合以下相互统一、相互联系的五个条件：

（1）必须为了保护国家、公共利益、本人或他人的人身、财产和其他合法权利免受不法侵害才能实行正当防卫，即防卫的目的必须正当。据此下列情况可排除在正当防卫以外：防卫挑拨、互相斗殴、为了保护非法利益而实行的防卫。这几种情况因为行为人不具备正当的防卫目的，不能成立正当防卫。

（2）必须是对不法侵害行为才能实施正当防卫。所谓不法侵害行为，就是危害社会的行为。包括对国家利益、公共利益、本人或他人的人身和其他权利的侵害。不法侵害行为通常指犯罪行为，但也包括某些一般违法侵害行为。必须注意的是，并不是对任何犯罪行为和一般违法侵害行为都可以实行正当防卫。一般说来，只有对那些带有一定的紧迫性的不法侵害行为才可以实行正当防卫，即那些迫在眉睫的或正在进行的而且往往是带有暴力性、破坏性的，形成防卫紧迫感的侵害。因此对没有紧迫性的犯罪行为不能实行正当防卫。另外，对过失犯罪，在通常情况下不存在正当防卫问题。

（3）必须对正在进行的不法侵害行为才能实行正当防卫。所谓正在进行的不法侵害行为，一是指客观实际存在的侵害，而不是主观想象的或者推测的侵害；二是已经着手实施或者直接面临的侵害，而不是尚未实施或者已经结束了的侵害。所谓想象或推测的侵害，是指不法侵害行为并不存在，只是由于防卫人主观上认为发生了某种不法侵害行为，因而对"侵害"实行了"正当防卫"，这在理论上称假想防卫。这种防卫不能称之为正当防卫。所谓尚未开始的侵害，是指侵害人尚未着手，还不存在侵害的直接威胁。所谓已经结束了的侵害，包括下列三种情况：一是侵害结果已经造成，侵害者也没有实施进一步侵害的明显意图；二是侵害行为已被制止或者侵害者已丧失了继续侵害的能力；三是侵害者自动中止了侵害。上述情况下实行正当防卫的，是防卫不适时，不能构成正当防卫。

（4）必须是针对实施不法侵害的人实行防卫。正当防卫的目的是要排除和制止不法侵害，而不法侵害的行为来自侵害者，只有对不法侵害者本人的人身或财产及其他权益造成某种损害，才能有效地制止不法侵害。即防卫对象只能是不法侵害者本人。

（5）正当防卫不能明显超过必要的限度造成重大损害。根据我国刑法的有关规定，正当防卫不能明显超过必要限度，给不法侵害人造成重大损害，否则就失去了防卫的适当性，从而成为对社会有害的行为，属于防卫过当，应当负刑事责任。

另外，我国刑法规定，对正在进行行凶、杀人、抢劫、强奸、绑架以及其他严重危及人身安全的暴力犯罪，采取防卫行为，造成不法侵害人伤亡的，不属于防卫过当，不负刑事责任。对此规定的防卫限度的判断，应坚持以下两点：第一，从罪行程度上说，这里的"无限防卫权"所针对的对象应该是实行行凶、杀人、抢劫、强奸、绑架等严重暴力犯罪或者是和这些犯罪大致相当的犯罪。第二，从防卫程度上说，对属于上述情况下的防卫行为，应该受到关于正当防卫的必要限度的一般性规定的制约。

关于必要限度的考虑问题，还应当坚持以下几点：

（1）从有利于鼓励和支持公民和不法侵害行为作斗争出发，对于正当防卫没有明显超过必要限度，没有造成重大损害的，即应认为是正当防卫。

（2）从主、客观相统一出发，以防卫行为在客观上是否为制止不法侵害所必须为标准，又不能完全不考虑防卫人在紧迫情况下的主观心理状态。所以对正当防卫的限度不能过于苛求，只要没有造成明显超出必要限度的重大损害，就不能以犯罪论处。

（3）从实际出发，结合案件的时间、地点、环境和双方的体力和智力状况以及手段、强度、后果等因素，进行全面的、实事求是的具体分析。

六 案例分析题

被告人向某的行为在李某求饶之前属于正当防卫，在李某求饶之后，向某继续对李某殴打，属于故意伤人。

（1）向某在面临李某正在进行的不法侵害，采取自卫手段将李某打倒，此行为具备正当防卫的时间性条件，属正当防卫。

（2）李某求饶后，其不法侵害已经终止，这时，向某对李某继续进行殴打已经超越了正当防卫的要求，在向某本身遭受不法侵害的危险已完全排除的情况下，向某的行为属于事后防卫行为，故应当追究向某的刑事责任。

第十章 故意犯罪停止形态

一 单项选择题

1. 下列关于犯罪的未完成形态的诸说法中，正确的是（   ）。

A. 甲某意图到李家行窃。一日夜里，甲潜入李家，躲在柴垛后等待李某关灯睡觉。不料被前来串门的吴某发现，甲某被当场抓获。甲某的行为成立犯罪未遂。

B. 乙某意图强奸韩女，使用暴力脱去韩女的裤子后发现，韩女正处在月经期。乙某遂停止犯罪。乙某的行为成立犯罪中止。

C. 丙某为杀仇人吴某，将其骗至郊外无人之处并对其连砍 18 刀。丙某以为吴某已经死亡，遂离去。一个小时后，丙某想起杀人的刀忘在现场，即返回取刀。到达现场后，发现吴某在挣扎着，见其可怜，便送往医院。经抢救，吴某没有死亡，但造成终身残疾。丙某的行为成立犯罪中止。

D. 丁某意图实施"飞车抢夺"。一日，丁某骑摩托车在马路上寻找作案目标。锁定一挎包的女士后，正要开车上前抢夺，因注意力不集中，被迎面驶来的一辆汽车撞伤。丁某的行为成立犯罪未遂。

2. 甲女与丈夫不和，某日二人争吵，丈夫带女儿离家躲避。甲女一人在家服用大量安眠药，为泄心中愤恨又于次日晨将床上用品点燃，烧毁自家财物价值达8000 余元。幸亏消防队及时赶到补救，未延烧至四邻。甲的行为：（   ）。

A. 故意毁坏财物罪

B. 情节显著轻微危害不大不认为犯罪

C. 防火罪未遂

D. 防火罪既遂

3. 甲深夜潜入乙家行窃，发现留长发穿花布睡衣的乙正在睡觉，意图奸淫，便扑在乙身上强脱其衣。乙惊醒后大声喝问，甲发现乙是男人，慌忙逃跑被抓获。甲的行为：（   ）。

A. 属于强奸预备　　　　　　　　B. 属于强奸未遂

C. 属于强奸中止　　　　　　　　D. 不构成强奸罪

4 甲携带凶器拦路抢劫，黑夜中遇到乙便实施暴力，乙发现是自己的熟人甲，便喊甲的名字，甲一听便住手，还向乙道歉说："对不起，认错人了。"甲的行为属于下列哪一种情形？（　　）（司考真题）

A. 实行终了的犯罪未遂　　　　　B. 预备阶段的犯罪中止

C. 未实行终了的犯罪未遂　　　　D. 实行阶段的犯罪中止

5. 药店营业员李某与王某有仇。某日王某之妻到药店买药为王某治病，李某将一包砒霜混在药中交给王妻。后李某后悔，于第二天到王家欲取回砒霜，而王某谎称已服完。李某见王某没有什么异常，就没有将真相告诉王某。几天后，王某因服用李某提供的砒霜而死亡。李某的行为属于（　　）。（司考真题）

A. 犯罪中止　　B. 犯罪既遂　　C. 犯罪未遂　　D. 犯罪预备

6. 下列案例中哪一项成立犯罪未遂？（　　）

A. 甲对胡某实施诈骗行为，被胡某识破骗局。但胡某觉得甲穷困潦倒，实在可怜，就给其 3000 元钱，甲得款后离开现场。

B. 乙为了杀死刘某，持枪尾随刘某，行至偏僻处时，乙向刘某开了一枪，没有打中；在还可以继续开枪的情况下，乙害怕受刑罚处罚，没有继续开枪。

C. 丙绑架赵某，并要求其亲属交付 100 万元。在提出勒索要求后，丙害怕受刑罚处罚，将赵某释放。

D. 丁抓住妇女李某的手腕，欲绑架李某然后出卖。李为脱身，便假装说："我有性病，不会有人要。"丁信以为真，于是垂头丧气地离开现场。

7. 甲与一女子有染，其妻乙生怨。某日，乙将毒药拌入菜中意图杀甲。因久等未归且又惧怕法律制裁，乙遂打消杀人恶念，将菜倒掉。关于乙的行为，下列哪一选项是正确的？（　　）

A. 犯罪预备　　　　　　　　　　B. 犯罪预备阶段的犯罪中止

C. 犯罪未遂　　　　　　　　　　D. 犯罪实行阶段的犯罪中止

8. 甲乘在路上行走的妇女乙不注意之际，将乙价值 12000 元的项链一把抓走，然后逃跑。跑了 50 米以后，甲以为乙的项链根本不值钱，就转身回来，跑到乙跟前，打了乙两耳光，并说："出来混，也不知道戴条好项链"，然后将项链扔给乙。对甲的行为，应当如何定性？（　　）

A. 抢夺罪（未遂）　　　　　　　B. 抢夺罪（中止）

C. 抢夺罪（既遂）　　　　　　　D. 抢夺罪（转化型抢劫）

9. 甲因父仇欲重伤乙，将乙推倒在地举刀便砍，乙慌忙抵挡喊着说："是丙逼我把你家老汉推下粪池的，不信去问丁。"甲信以为真，遂松开乙，乙趁机逃走。关于本案，下列哪一选项是正确的？（　　　）

A. 甲不成立故意伤害罪　　　　　B. 甲成立故意伤害罪中止

C. 甲的行为具有正当性　　　　　D. 甲成立故意伤害罪未遂（不能犯）

二　多项选择题

1. 下列关于犯罪预备的说法哪些是正确的？（　　　）

A. 犯罪预备既可以是为了自己实行犯罪而预备，也可以是为了他人实行犯罪而预备

B. 实施预备行为后由于行为人意志之外的原因而未着手实行的，属于犯罪预备

C. 犯罪预备阶段的行为既可能成立犯罪中止，也可能成立犯罪预备

D. 对于预备阶段的中止犯，除了适用中止犯的规定减免刑罚之外，还应同时适用预备犯的减免规定

2. 甲教唆乙去杀丙，乙同意并做好准备后，甲悔悟，并劝说乙放弃杀丙的计划，乙不听，仍去杀死了丙。甲的教唆行为不属于（　　　）。

A. 犯罪既遂　　　B. 犯罪未遂　　　C. 犯罪中止　　　D. 犯罪预备

3. 犯罪中止可以发生在：（　　　）。

A. 犯罪的预备阶段　　　　　　　B. 犯罪的实行阶段

C. 犯罪行为尚未实行完毕的情况下　D. 犯罪行为已经实行完毕的情况下

4 关于犯罪中止，下列哪些说法正确？（　　　）

A. 自动性是中止犯与未遂犯、预备犯区别的根本标志

B. 自动性不以具有悔过之心为必要

C. 对于中止犯，没有造成损害的，应当免除处罚；造成损害的，应当减轻处罚

D. 中止犯也是法定量刑情节之一

5. 根据犯罪主观要件、犯罪形态的理论分析，下列关于犯罪中止的表述哪些是错误的？（　　　）（司法真题）

A. 甲为杀人而与李某商量并委托购买毒药，李某果然为其买来了剧毒药品。但10天后甲放弃了杀人意图，将毒药抛入河中。甲成立犯罪中止，而李某不应成

立犯罪中止。

B. 乙基于杀人的意图对他人实施暴力，见被害人流血不止而心生怜悯，将其送到医院，被害人经治疗后仍鉴定为重伤。乙不是犯罪中止。

C. 丙对仇人王某猛砍 20 刀后离开现场。2 小时后，丙为寻找、销毁犯罪工具回到现场，见王某仍然没有死亡，但极其可怜，即将其送到医院治疗。丙的行为属于犯罪中止。

D. 丁为了杀害李四而对其投毒，李四服毒后极端痛苦，于是丁将李四送往医院抢救脱险。经查明，毒物只达到致死量的 50%，即使不送到医院，李四也不会死。丁将被害人送到医院的行为和被害人的没有死亡之间，并无因果关系。所以丁不能成立犯罪中止。

6. 甲、乙预谋修车后以假币骗付。某日，甲、乙在某汽修厂修车后应付款 4850 元，按照预谋甲将 4900 元假币递给乙清点后交给修理厂职工丙，乙说："修得不错，零钱不用找了"，甲、乙随即上车。丙发现假币有假大叫"别走"，甲迅速启动驶向厂门，丙扑向甲车前风挡，抓住雨刮器。乙对甲说："太危险，快停车"，甲仍然加速，致丙摔成重伤。关于致丙重伤的行为，下列选项错误的是（　　）。

A. 乙明确叫甲停车，可以成立犯罪中止

B. 甲、乙构成故意伤害的共同犯罪

C. 甲的行为超出了共同犯罪故意，对于丙的重伤后果，乙不应当负责

D. 乙没有实施共同伤害行为，不构成犯罪

7. 甲欲枪杀仇人乙，但早有防备的乙当天穿着防弹背心，甲的子弹刚好打在防弹背心上，乙毫发无损。甲见状一边逃离现场，一边气呼呼地大声说："我就不信你天天穿防弹背心，看我改天不收拾你！"关于本案，下列哪些选项是正确的？（　　）

A. 甲构成故意杀人中止

B. 甲构成故意杀人未遂

C. 甲的行为具有导致乙死亡的危险，应当成为犯罪

D. 甲不构成犯罪

8. 甲为了替乙说情，送给正在审理乙涉嫌非法拘禁一案的合议庭审判员丙 5 万元，在审判委员会上，丙试图为乙开脱罪责，但未能得逞，于是丙将收受的 5 万元返还给甲。甲经过思想斗争，到司法机关主动交代了自己向丙行贿的行为。关于本案的处理，下列哪些说法是正确的？（　　）

A. 对甲的行为应以行贿罪论处

B. 对丙的行为应当认定为受贿中止

C. 对甲应当适用刑法总则关于自首的处罚规定

D. 对甲可以减轻处罚或免除处罚

三　名词解释

1. 故意犯罪停止形态　2. 犯罪既遂　3. 结果犯　4. 举动犯 5. 犯罪预备　6. 犯罪未遂　7. 实行终了的未遂　8. 能犯未遂　9. 不能犯未遂　10. 犯罪中止

四　简答题

1. 简述犯罪既遂形态的类型。
2. 简述犯罪未遂的特征与处罚原则。

五　论述题

1. 试述犯罪预备形态的概念和特征。（考研真题）
2. 论述自动放弃可能重复的侵害行为的性质。

六　案例分析题

甲某深夜潜入本单位财务室，意图盗窃保险柜中的财物。甲用尽了各种方法，也未能将保险柜打开，感到十分沮丧。正要离开时，恰逢保安员巡逻至此。保安员发现财务室的门虚掩，即进去查看，与甲某撞个正着。甲某用撬棍将保安员打昏后逃走。回到家中后，甲某恐保安员醒来以后认出自己，就拿了一把匕首，欲返回单位将保安员杀死灭口。刚刚来到大门口，即被接到报案赶来的公安人员抓获。

（1）甲某的盗窃未遂属于何种类？

（2）对甲某应当如何定罪处罚？

参考答案

一 单项选择题

1. B　2. D　3. B　4. D　5. B　6. A　7. B　8. C　9. B

二 多项选择题

1. ABC　2. BCD　3. ABCD　4. ABCD　5. BCD　6. AB　7. BC　8. AB

三 名词解释

1. 故意犯罪停止形态：是指故意犯罪在其产生、发展和完成犯罪的过程及阶段中，因主客观原因而停止下来的各种犯罪形态。包括两种类型：一是犯罪完成形态，即犯罪既遂形态；二是犯罪未完成形态，即犯罪预备、犯罪未遂和犯罪中止。

2. 犯罪既遂：是指行为人所故意实施的行为已经具备了某种犯罪构成的全部要件。它具有两个特征：（1）主观上，行为人特定的犯罪意图已经借助犯罪行为的实施全部展开或得到实现。（2）客观上，行为人的犯罪行为已经在主客观犯罪意图和意志的支配下达到法定的终点，即完成犯罪的状态。

3. 结果犯：是指不仅要有犯罪构成客观要件的行为，而且必须发生法定的犯罪结果，才构成既遂的犯罪，即以法定的犯罪结果的发生与否作为犯罪既遂与未遂区别标志的犯罪。

4. 举动犯：也称即时犯，是指按照法律规定，行为人一着手犯罪实行行为即告完成和完全符合构成要件，从而构成既遂的犯罪。

5. 犯罪预备：是故意犯罪过程中未完成犯罪的一种停止形态，是指行为人为实施犯罪而开始创造条件，由于行为人意志以外的原因而未能着手犯罪实行行为的犯罪停止形态。

6. 犯罪未遂：是指行为人已经着手实行具体犯罪构成的实行行为，由于其意志以外的原因而未能完成犯罪的一种停止形态。其特征是：（1）行为人已经着手实行犯罪。（2）犯罪未完成而停止下来。（3）犯罪停止在未完成形态是犯罪分子意志以外的原因所致。

7. 实行终了的未遂：是指犯罪分子将其认为完成犯罪所必要的全部行为都实行完了，由于意志以外的原因，而使犯罪没有得逞的情况。

8. 能犯未遂：是指犯罪行为有实际可能达到既遂，但由于行为人意志以外的原因未能达到既遂而停止下来的情况。

9. 不能犯未遂：是指因犯罪人对有关犯罪事实认识错误而使犯罪行为不可能达到既遂的情况。不能犯既遂又可分为工具不能犯未遂和对象不能犯未遂。

10. 犯罪中止：是指在犯罪过程中，行为人自动停止犯罪或者自动有效地防止犯罪结果的发生，而未完成犯罪的一种犯罪停止形态。根据不同的标准可以分为未实行终了的中止和实行终了的中止，消极中止和积极中止。

四　简答题

1. 根据刑法分则对各种直接故意犯罪构成要件的不同规定，犯罪既遂主要有以下四种不同的类型：

（1）结果犯，即不仅要实施犯罪构成客观要件的行为，而且必须发生法定的犯罪结果，才构成既遂的犯罪。即以法定的犯罪结果的发生与否作为犯罪既遂与未遂区别标志的犯罪。所谓法定的犯罪结果，是专指犯罪行为通过对犯罪对象的作用而给犯罪客体造成的有形的物质性的、可以具体确定的损害结果。这类犯罪在我国刑法中为数很多，例如故意杀人罪、故意伤害罪、抢劫罪，等等。

（2）行为犯，即以法定的犯罪行为的完成作为既遂标志的犯罪。这类犯罪的既遂并不要求造成物质性的和有形的犯罪结果，而是以行为完成为标志，但是这些行为不是一着手即告完成的，按照法律的要求，这种行为要有一个实行的过程，要达到一定程度，才能视为行为的完成。因此，在着手实行犯罪的情况下，如果达到了法律要求的程度就是完成了犯罪行为，就应视为犯罪的完成即既遂的构成；如果因犯罪人意志以外的原因未能达到法律要求的程度，未能完成犯罪行为，就应认定为未完成犯罪而构成犯罪未遂。例如强奸罪、脱逃罪奸淫幼女罪、投敌叛变罪等。

（3）危险犯，是以行为人实施的危害行为造成法律规定的发生某种危害结果的危险状态作为既遂标志的犯罪。如放火罪，只要放火行为足以危害到公共安全即可构成犯罪既遂，而不要求发生实际危害结果。

（4）举动犯，即即时犯，是指按照法律规定，行为人一着手犯罪实行行为犯罪即告完成，从而构成既遂的犯罪。从犯罪构成性质上分析，举动犯大致包括两种构成情况：一是原本为预备性质的犯罪构成。如参加恐怖组织罪、参加黑社会性质组织罪等。这些犯罪中的实行行为从法理上讲原本是预备性质的行为，是为实行犯罪创造便利条件的预备行为，但由于这些预备性质的行为所涉及的犯罪性质严重，一旦进一步着手实行危害就很大，为有力地打击和防范这些犯罪，法律把这些预备性质的行为提升为这些犯罪构成中的实行行为，并且规定这些犯罪为举动犯，着手实行即构成既遂。二是教唆煽动性质的犯罪构成，如煽动民族仇恨、民族歧视罪、传授犯罪方法罪等。这些犯罪的实行行为都是教唆性、煽动性的行为，针对多人实施，旨在激起多人产生和实行犯罪意图。因而这些犯罪的危害很大、危害范围也较广，而且即使实施完毕也不一定发生或不一定立即产生可以具体确定的有形的实际危害结果，考虑到这些犯罪严重的社会危害性及其犯罪行为的特殊性质，法律把它们规定为举动犯，即只要行为人着手实行犯罪，就具备了犯罪构成的全部要件而构成既遂。

2. 所谓犯罪未遂是指已经着手实行犯罪，由于犯罪分子意志以外的原因而未得逞的行为形态。犯罪未遂具有如下主要特征：

（1）行为人已经着手实行犯罪，这是犯罪未遂区别于犯罪预备的根本标志。

（2）犯罪未得逞，指行为人在着手实行犯罪以后，没有达到既遂状态而停顿下来，这一特征是犯罪未遂区别于犯罪中止形态的根本标志。

我国《刑法》第 23 条第 2 款规定了犯罪未遂的处罚原则："对于未遂犯，可以比照既遂犯从轻或者减轻处罚。"这里需要强调两点：（1）在犯罪未遂的处罚原则上，我国采用的是"得减主义"，即对未遂犯既可以比照既遂犯从轻、减轻处罚，也可以同罚，具体情况由审判机关酌定。（2）由于犯罪未遂的社会危害性明显地大于犯罪预备和犯罪中止，在我国刑法关于未遂犯的从宽处罚情节的规定中，只有从轻处罚和减轻处罚两种，而没有免除处罚。

（3）犯罪停止在未完成形态是犯罪分子意志以外的原因所致。这是犯罪未遂形态与着手犯罪后的犯罪中止区别的关键。

五 论述题

1. 刑法第 22 条第 1 款规定："为了犯罪，准备工具、创造条件的，是犯罪预备"，揭示了犯罪预备行为的主观和客观的特征，但并非对犯罪预备形态所下的定义。根据我国刑法的规定和有关的刑法理论，犯罪预备作为故意犯罪的一种停止形态，是指行为人已经实施犯罪的预备行为，由于行为人意志以外的原因而未能着手实施犯罪的犯罪停止形态。犯罪预备具有下列特征：

（1）行为人已经实施犯罪预备行为，即必须实施了我国刑法所规定的为了犯罪准备工具、制造条件的行为。犯罪预备行为是着手实施犯罪前的行为，如果行为人已经着手实施犯罪构成要件的行为，则不属于犯罪预备行为。犯罪预备行为又不同于犯意表示。只有犯意表示，没有为实施犯罪准备工具、制造条件的，不能成立犯罪预备行为。

（2）犯罪预备行为必须在着手实行犯罪前停顿下来。所谓着手实行犯罪，是指开始实施特定犯罪构成要件客观方面的行为。犯罪行为必须在犯罪预备过程中、着手实行犯罪以前停顿下来，才能构成犯罪预备。如果已经进入着手实行犯罪阶段而由于行为人意志以外的原因停止下来的，则成立犯罪未遂。

（3）犯罪预备行为停顿在犯罪预备阶段必须是由于行为人意志以外的原因。所谓行为人意志以外的原因，是指不受行为人意志控制的足以制止行为人犯罪意图、迫使其不得不停止犯罪预备行为，不再继续实行犯罪的各种主客观因素。这是犯罪预备形态区别于犯罪预备阶段的犯罪中止的基本特征。

2. 自动放弃重复侵害行为，是指行为人实施了足以造成既遂危害结果的第一次侵害行为，由于其意志以外的原因而发生既遂的危害结果，在有当时继续重复实施侵害行为实际可能时，行为人自动放弃了实施重复侵害行为，因而使既遂的危害结果没有发生的情况。对自动放弃重复侵害行为的性质，传统观点认为是犯罪未遂，近年来逐渐倾向于主张是犯罪中止。我们认为，自动放弃重复侵害行为是犯罪中止而不是犯罪未遂，主要理由是：（1）行为人对可能重复的侵害行为的放弃，是发生在犯罪实行未了的过程中，而不是在犯罪行为已被迫停止的未遂形态。犯罪行为是否实行终了，不应是指犯罪活动中的某个具体行为或动作，应是指某种罪的犯罪构成完备所要求的整个犯罪活动；行为是否实行终了的标准，不但要看行为人客观上是否实施了足以造成犯罪结果的犯罪行为，还要看犯罪人自认为完成犯罪所必要的行为是否都实行完了。在放弃重复侵害行为案件里，如行为人枪杀被害人，第一枪未击中而仍可能继续射杀，行为人主观上也明确认识到了这种情况。这种主客观情况的结合完全可以证明，其犯罪行为和整个犯罪活动都尚未终了，存在着中止犯罪所需要的时空条件。（2）行为人对可能重复的侵害行为的放弃是自动的而不是被迫的。仍以用枪杀人的案件为例，行为人意志以外的原因仅仅导致第一枪未能射中而不是阻止了整个犯罪活动的继续进行，行为人在整个犯罪行为尚未终了，在客观上可以继续犯罪而且主观上对继续犯罪有控制力、有认识的情况下，出于本意放弃了本来可以继续实施的犯罪行为，从而表现出他放弃犯罪的自动性。（3）由于行为人对可能重复的侵害行为自动而彻底的放弃，使犯罪结果没有发生，犯罪未达既遂形态。

总之，自动放弃重复侵害行为一方面具备了犯罪中止的全部条件，另一方面不符合犯罪未遂的条件，因而它不是实行终了的犯罪未遂，而是未实行终了情况下的犯罪中止。同时，将自动放弃重复侵害行为定性为犯罪中止，也是切实贯彻罪刑相适应原则及惩办与宽大相结合刑事政策的需要。

六　案例分析题

（1）甲某的盗窃未遂属于未实施终了的未遂和不能犯的未遂。犯罪未遂的种类有：①根据犯罪实行终了与否为标准，可以分为实施终了的未遂和未实施终了的未遂。甲某意图盗窃保险柜中的财物，并且用尽了各种方法，但由于主观意志以外的原因而未实行完毕盗窃犯罪所必要的全部行为（如打开保险柜），所以甲某的行为属于未实施终了的未遂。

②根据实际上能否构成犯罪既遂为标准，分为能犯的未遂和不能犯的未遂。甲某在犯罪现场携带有撬棍，用尽各种方法企图打开保险柜，从题意来看，主要可能是甲某的犯罪工具不对或因犯罪经验不足而导致犯罪手段不正确，从而致使犯罪未遂。因此，甲某的行为没有达到既遂的实际可能，其行为属于不能犯未遂。

（2）甲某盗窃未遂后打昏保安员的行为应定抢劫罪（未遂），可以比照抢劫既遂犯从轻或减轻处罚。甲某返回现场并企图杀人灭口的行为，应定故意杀人罪（预备），可以比照杀人既遂从轻、减轻处罚或免除处罚。再将甲某抢劫罪（未遂）确定的刑罚和故意杀人罪（预备）确定的刑罚按判决宣告前犯数罪的数罪并罚的原则，确定执行的刑罚。

①甲某盗窃未遂后打昏保安员的行为应为盗窃罪转化为抢劫罪的情况。因为甲某在实施了盗窃行为后，当场使用暴力或以暴力相威胁抗拒抓捕，符合刑法第269条关于犯盗窃、诈骗、抢夺罪转化为抢劫罪的特别规定。

②判断着手的标准一般是着手实行的行为对于犯罪直接客体有直接侵害性，可以直接造成危害结果的发生，能够比较明显地反映出行为人的犯罪意图。甲某返回作案现场欲将保安员杀死灭口的行为，尚未构成杀人行为的着手，只是制造犯罪条件的行为，还未着手实施杀人罪的实行行为，因此是犯罪预备。

第十一章 共同犯罪

一 单项选择题

1. 对于一般主犯（   ）。

A. 应当按照其参与的或者组织、指挥的全部犯罪处罚

B. 应当按照其参与的全部犯罪处罚

C. 应当按照其实行的全部犯罪处罚

D. 应当按照其组织、指挥的全部犯罪处罚

2. 下列哪些行为人适用教唆犯规定定罪？（   ）

A. 监管人员甲指使在押犯罪人乙殴打丙

B. 在押犯罪人甲指使在押犯罪人乙殴打丙

C. 甲指使15岁的乙为其贩卖毒品

D. 甲收买军警人员武装叛乱

3. 下列关于共同犯罪的说法正确的是（   ）。

A. 甲将自己配置的猎枪借给乙使用三天，但在次日，甲便向乙索要猎枪，乙问为什么提前索要猎枪，甲说需要用猎枪杀丙，于是乙将猎枪还给了甲，甲随后杀死丙，乙对于甲的杀人行为构成共犯。

B. 甲乙二人共同以伤害的故意对丙施加暴行，结果甲的行为引起丙的死亡，乙与甲构成故意伤害致人死亡的共犯。

C. 某会计审计事务所的审计师甲私下得到乙馈赠的5万元现金后，明知乙的500万元注册资金没有到位，仍然给乙出具公司注册资金500万元的验资报告，甲构成乙虚报注册资本罪的共犯。

D. 甲邀约乙为自己的盗窃放风，乙同意，某日晚，乙按约定为甲的盗窃放风，但甲进入丙家后立刻实施了抢劫行为，乙与甲构成故意抢劫罪的共犯。

4. 关于教唆犯的处罚，下列说法不正确的有（   ）。

A. 教唆不满 18 周岁的人犯罪，应当从重处罚

B. 教唆不满 14 周岁的人犯罪，应当加重处罚

C. 被教唆的人没有犯被教唆的罪，可以从轻或者减轻处罚

D. 既可能按照主犯处罚，也可能按照从犯处罚

5. 甲因遭丈夫乙虐待被迫离家出走。甲的女儿丙（1988 年 5 月 3 日出生）在 2002 年 5 月 1 日前来看望，甲教唆丙用家中的老鼠药拌入饭中毒死乙。丙于同年 5 月 6 日回到家中，在其父亲乙的饭中拌入灭鼠药，将乙毒死。甲的行为（   ）。

A. 构成故意杀人罪　　　　　　B. 构成传授犯罪方法罪

C. 是故意杀人罪的教唆犯　　　D. 是传授犯罪方法罪的教唆犯

6. 甲乙共同盗窃，乙在现场望风，甲窃取丙的现金 3000 元。丙发现后立即追赶甲和乙，甲逃脱，乙被丙抓住后对丙使用暴力。致丙轻伤。甲与乙的行为构成何罪？（   ）

A. 甲与乙只构成盗窃罪

B. 甲与乙均构成抢劫罪

C. 甲构成盗窃罪、乙构成故意伤害罪

D. 甲构成盗窃罪、乙构成抢劫罪

7. 根据我国刑法规定，下列关于首要分子的表述哪一项是正确的？（   ）

A. 首要分子只能是组织领导犯罪集团的人

B. 首要分子只能是在聚众犯罪中起组织、策划、指挥作用的犯罪分子

C. 首要分子都是主犯

D. 首要分子既可以是主犯，也可以不是主犯

8. 关于实行犯的说法，下列哪一选项是正确的？（   ）

A. 按照我国《刑法》总则的规定，有的教唆犯也是实行犯

B. 在共同犯罪中，实行犯就是在犯罪中起主要作用的犯罪分子

C. 在对简单共同犯罪中的各实行犯进行处罚时，要遵循"部分实行全部责任"的原则

D. 间接正犯是共同犯罪中的一种特殊的类型的实行犯

9. 关于共犯，下列哪一选项是正确的？（   ）

A. 为他人组织卖淫提高帮助的，以组织卖淫罪的帮助犯论处

B. 以出卖为目的，为拐卖妇女的犯罪分子接送中转被拐卖的妇女的，以拐卖妇女罪的帮助犯论处

C. 应走私罪犯的要求，为其提供资金、账号的，以走私罪的共犯论处

D. 为他人偷越国（边）境提供伪造的护照的，以偷越国（边）境罪的共犯论处

二　多项选择题

1. 下列犯罪集团中，属于特殊的犯罪集团的有（　　　）。

A. 恐怖活动组织　　　　　　　　B. 黑社会性质组织

C. 邪教组织　　　　　　　　　　D. 国际贩毒组织

2. 下列有关主犯、从犯、胁从犯的说法，哪些是错误的？（　　　）

A. 胁从犯是指被胁迫、被诱骗参加犯罪的人

B. 首要分子不一定是主犯

C. 在共同犯罪中不可能只有从犯而没有主犯

D. 对于从犯，应当比照主犯从轻、减轻或者免除处罚

3. 甲、乙二人系某厂锅炉工。一天，甲的朋友多次打电话催其赴约，但离交班时间还有 15 分钟。甲心想，乙一直以来都是提前 15 分钟左右来接班，今天也快来了。于是，在乙到来之前，甲就离开了岗位。恰巧乙这天也有要事。乙心想，平时都是我去后甲才离开，今天迟去 15 分钟左右，甲不会有什么意见的。于是，乙过了正常交接班时间 15 分钟左右才赶到岗位。结果，由于无人看管，致使锅炉发生爆炸，损失惨重。甲、乙的行为（　　　）

A. 属共同犯罪　　　　　　　　　B. 属共同过失犯罪

C. 各自构成故意犯罪　　　　　　D. 应按照甲、乙所犯的罪分别处罚

4. 下列哪些情形成立共同犯罪？（　　　）

A. 甲与乙共谋共同杀丙，但届时乙因为生病而没有前往犯罪地点，由甲一人杀死丙。

B. 甲在境外购买了毒品，乙在境外购买了大量淫秽物品，然后，二人共谋共雇一条走私船回到内地，后被海关查获。

C. 甲发现某商店失火后，便立即叫乙："现在是趁火打劫的好时机，我们一起去吧！"乙便和甲一起跑到失火地点，窃取了商品后各自回到自己家中。

D. 医生甲故意将药量加大 10 倍，护士乙发现后请医生改正，医生说："那个家伙（指患者）太坏了，他死了由我负责。"乙没有吭声，便按甲开的处方给患者用药，导致患者死亡。

5. 甲请乙为其在丙家盗窃时望风，乙同意，某日晚，甲乙按约定前往丙家，乙在门外望风，甲进入丙家后，见丙一人在家，便对丙实施暴力，抢劫了丙的 1 万

元现金。对本案应如何认定？（　　　）

　　A. 甲乙构成抢劫罪的共犯　　　　　　B. 甲乙在盗窃罪范围内构成共犯

　　C. 甲与乙都成立抢劫罪　　　　　　　D. 甲成立抢劫罪、乙成立盗窃罪

　　6. 某国有银行行长甲指使负责贷款业务的科长乙向申请贷款的丙单位索要财物。乙将索要所获 15 万元中的 9 万元交给甲，其余 6 万元自己留下。后来，甲、乙均明知丙单位不具备贷款条件，仍然向丙单位贷款 1000 万元，使银行遭受 800 万元损失。对于本案，下列哪些选项是正确的？（　　　）

　　A. 甲的受贿数额是 9 万元

　　B. 乙的受贿数额是 15 万元

　　C. 甲、乙均构成违法发放贷款罪

　　D. 对于甲、乙的违法发放贷款罪和受贿罪，应当数罪并罚

　　7. 甲、乙共谋伤害丙，进而共同对丙实施伤害行为，导致丙身受一处重伤，但不能查明该重伤由谁的行为引起。对此，下列哪些说法是错误的？（　　　）

　　A. 由于证据不足，甲、乙均无罪

　　B. 由于证据不足，甲、乙成立故意伤害（轻伤）罪的共犯，但都不对丙的重伤负责

　　C. 由于证据不足，认定甲、乙成立过失致人重伤罪较为合适

　　D. 甲、乙成立故意伤害（重伤）罪的共犯

　　8. 下列哪些说法是错误的？（　　　）

　　A. 只要有人构成受贿罪，就有人构成行贿罪

　　B. 只要是聚众犯罪，就有 3 人以上应当承担刑事责任

　　C. 只要是故意唆使他人犯罪的，就属于教唆犯

　　D. 只要实施的是帮助行为，就属于从犯

　　9. 下列帮助、教唆行为中，能独立构成犯罪，不按共犯处理的有哪些？（　　　）

　　A. 协助他人实施组织卖淫犯罪

　　B. 煽动他人颠覆国家政权

　　C. 有查禁犯罪活动职责的国家机关工作人员，向犯罪分子通风报信、提供便利，帮助犯罪分子逃避处罚

　　D. 帮助当事人毁灭、伪造证据，情节严重

　　10. 关于黑社会性质组织犯罪的认定问题，下列说法哪些是正确的？（　　　）

　　A. 黑社会性质组织是犯罪集团，具有犯罪集团的一般属性

B. 黑社会性质组织所从事的危害行为，既包括犯罪行为，又包括违法行为

C. 组织、领导、参加黑社会性质组织罪，既包括组织、领导、参加黑社会性质组织的行为，又包括在该黑社会性质组织统一策划、指挥下从事的其他犯罪行为

D. 具有国家工作人员的非法保护，是认定黑社会性质组织的必要条件

三 名词解释

1. 共同犯罪　2. 同时犯　3. 任意的共同犯罪　4. 简单的共同犯罪　5. 复杂的共同犯罪　6. 犯罪集团　7. 主犯　8. 从犯　9. 首要分子　10. 间接正犯

四 简答题

1. 简述犯罪集团的特征。
2. 简述构成共同犯罪必须具备的条件。
3. 简述共同犯罪人的种类及其刑事责任。

五 论述题

论述主犯的类型、认定及处罚原则。

六 案例分析题

甲（27岁）、乙（15岁）经过预谋，于2002年4月16日下午伺机行窃。当见到被害人李某（女）在摊位上买菜时，乙示意甲掩护，甲即站在李某跟前假装买菜，乙从李某的裤兜里窃取了200元钱，然后迅速离去。当李某发现被窃时，就将站在身后的甲抓住。甲为了逃脱，就掏出尖刀朝李某连刺数刀，将李某刺伤。甲逃到他的朋友丙家躲藏。丙知道甲犯罪事实之后，就将甲送往外地隐藏。在甲躲藏期间，丙三次前去看望，并资助他500元的生活费用。

（1）甲与乙是否构成共同犯罪？为什么？

（2）丙与甲是否构成共同犯罪？为什么？

（3）甲、丙构成什么罪？请说明理由。

参考答案

一　单项选择题

1. A　2. D　3. B　4. B　5. A　6. D　7. D　8. C　9. C

二　多项选择题

1. ABC　2. AD　3. BD　4. ACD　5. BD　6. BCD　7. ABC　8. ABCD　9. ABCD
10. AB

三　名词解释

1. 共同犯罪：是指二人以上共同故意犯罪。构成共同犯罪，必须具备下列条件：（1）共同犯罪的主体要件是二人以上，有刑事责任能力的自然人或者两个以上的单位或者有刑事责任能力的自然人与单位才能成为共同犯罪的主体。（2）共同犯罪的客观要件是各犯罪人必须具有共同的犯罪行为。（3）共同犯罪的主观方面是共同犯罪人必须具有共同的犯罪故意。

2. 同时犯：是指二人以上没有共同的犯罪故意而同时在同一场合所实行同一性质的犯罪。同时犯不是共同犯罪。

3. 任意的共同犯罪：是指刑法分则规定的一个人单独可能实施的犯罪，由二人以上共同实施而形成的共同犯罪。

4. 简单的共同犯罪：是指二人以上共同故意实行某一具体犯罪客观要件的行为。它具有以下两个特征：（1）从犯罪的客观方面看，各共同犯罪人必须共同实行犯罪；（2）从犯罪的主观方面看，各共同犯罪人必须具有共同实行犯罪的故意。

5. 复杂的共同犯罪：是指各共同犯罪人之间存在一种分工的共同犯罪。

6. 犯罪集团：是指三人以上为共同实施犯罪而组成的较为固定的犯罪组织。要成立犯罪集团须具备以下条件：（1）由三人以上组成；（2）为共同实施犯罪而组成；（3）是较为固定的犯罪组织。

7. 主犯：是指组织、领导犯罪集团进行犯罪活动或者在共同犯罪中起主要作用的犯罪分子。主犯分为三种：（1）在犯罪集团中起组织、策划、指挥作用的犯罪分子；（2）在聚众闹事中起组织、策划、指挥作用的犯罪分子；（3）其他在共同犯罪中起主要作用的犯罪分子。

8. 从犯：是指在共同犯罪中起次要作用或者辅助作用的犯罪分子。

9. 首要分子：是指在犯罪集团或者聚众犯罪中起组织、策划、指挥作用的犯罪分子。首要分子包括两种：（1）在犯罪集团中起组织、策划、指挥作用的犯罪分子；（2）在聚众犯罪中起组织、策划、指挥作用的犯罪分子。

10. 间接正犯：是指利用合法行为人、无责任能力人或无犯罪故意者来实行自己的犯罪的情况。

四 简答题

1. 犯罪集团是指三人以上为共同实施犯罪而组成的较为固定的犯罪组织，其成立必须具有以下条件：（1）由三人以上组成。所谓三人以上包括三人在内，这是在人数上犯罪集团成立的条件。（2）为共同实施犯罪而组成。犯罪集团总是以实施某一种或者几种犯罪为目的而组成的，否则便不成其为犯罪集团。（3）是较为固定的犯罪组织。所谓犯罪组织，指以犯罪为目的而建立起来的较为固定的集体。犯罪集团的性质不同，组织的严密程度大不一样。（4）有一定的组织性。所谓组织性，主要是成员比较固定，且内部存在着领导与被领导的关系。组织性是犯罪集团最本质的特征。

2. 共同犯罪，是指二人以上的共同故意犯罪。构成共同犯罪，必须具备：（1）主体条件。共同犯罪的主体必须是二人以上，具体来讲，包括：其一，两个以上的自然人所构成的共同犯罪。在这种共同犯罪中，要求各犯罪人都必须具有刑事责任能力。其二，两个以上的单位所构成的共同犯罪。其三，有责任能力的自然人与单位所构成的共同犯罪。（2）客观要件。共同犯罪的客观要件，是指各犯罪人必须具有共同的犯罪行为。所谓共同犯罪行为，是指各犯罪人为追求同一危害社会的结果、完成同一犯罪而实施的相互联系、彼此配合的犯罪行为。这种共同行为表现为：其一，共同作为、共同不作为、作为和不作为的结合。其二，共同直接实行犯罪。其三，存在分工的共同犯罪行为。（3）主观要件。共同犯罪的主观要件，是指各共同犯罪人必须有共同的犯罪故意。所谓共同的犯罪故意，是指各共同犯罪人通过意思联络，认识到他们的共同犯罪行为会发生危害社会的结果，并决意参加共同犯罪，希望或放任这种结果发生的心理状态。其特征是：其一，共同犯罪的认识因素，包括：一是认识到不是自己一个人单独实施犯罪，而是与他人互相配合共同实施犯罪；二是不仅认识到自己的行为会产生某种危害结果，而且也认识到其他共同犯罪人的行为也会引起某种危害结果；三是各共同犯罪人都会预见到共同犯罪行为与共同犯罪结果之间的因果关系。其二，共同犯罪的意志因素，一般表现为共同直接故意，即共同希望危害结果的发生；在个别情况下，也可以表现为有的出于希望，有的则是放任。

3. 共同犯罪人分为主犯、从犯、胁从犯和教唆犯。主犯是指组织、领导犯罪集团减刑犯罪活动或者在共同犯罪中起主要作用的犯罪分子。对组织、领导犯罪集团的首要分子按照集团所犯的全部罪行处罚；对其他主犯，应当按照其参与的或者组织、指挥的全部犯罪处罚。从犯是指在共同犯罪中起次要或者辅助作用的犯罪分子。对于从犯，应当从轻、减轻或者免除处罚。胁从犯是指被胁迫参加犯罪的犯罪分子。对于胁从犯，应当按照他的犯罪情节减轻处罚或者免除处罚。教唆犯是指唆使他人犯罪的犯罪分子。对于教唆犯，应当按照他在共同犯罪中所起的作用处罚。教唆不满18周岁的未成年人犯罪的，应当从重处罚。被教唆的人没有犯被教唆的罪的，对于教唆犯，可以从轻或者减轻处罚。

五　论述题

刑法第26条第1款规定，主犯是指组织、领导犯罪集团进行犯罪活动或者在共同犯罪中起主要作用的犯罪分子。据此，主犯包括两种犯罪分子：

（1）组织、领导犯罪集团进行犯罪活动的犯罪分子，即犯罪集团的首要分子。这种主犯以犯罪集团的存在为前提条件，犯罪集团不存在，就不可能有这种主犯。并且，这种主犯必须是组织、领导犯罪集团进行犯罪活动的犯罪分子。组织、领导犯罪集团进行犯罪活动通常表现为：纠集、串联他人建立犯罪集团，网罗犯罪集团成员，制定犯罪活动计划，出谋划策、作出决定、召集犯罪会议，布置犯罪任务，指挥集团成员进行具体的犯罪活动等。

（2）在共同犯罪中起主要作用的犯罪分子。相对于犯罪集团的首要分子，又称其他主犯或首要分子以外的主犯。具体包括：①犯罪集团的骨干分子。这类犯罪人虽然在犯罪集团中不起组织、指挥作用，但是积极参与犯罪集团的犯罪活动，是犯罪集团的得力成员，因而属于主犯。②某些聚众犯罪中的首要分子及其骨干成员和某些聚众犯罪中的首要分子。我国刑法规定的聚众犯罪有三种：第一种是参与违法活动的人均构成犯罪的聚众犯罪，如刑法第317条规定的组织越狱罪和聚众劫狱罪。第二种是聚众进行违法活动的首要分子和积极参加者构成犯罪，而一般参与者不构成犯罪的聚众犯罪，如刑法第298条规定的聚众扰乱社会秩序罪、第292条规定的聚众斗殴罪。第三种是只有聚众进行违法活动的首要分子才能构成犯罪，而其他参与者不构成犯罪的聚众犯罪，如刑法第291条规定的聚众扰乱公共场所秩序、交通秩序罪。上述第一种聚众犯罪中起组织、指挥作用的首要分子，以及虽然不是起组织、指挥作用但在聚众犯罪活动中起重要作用的犯罪分子为主犯。上述第二种聚众犯罪中起组织、指挥作用的首要分子也属于主犯。第三种聚众犯罪中的首要分子是犯罪成立的必要条件，不存在着成立主犯的问题。③集团犯罪和聚众犯罪以外的一般共同犯罪中起主要作用的犯罪分子。这主要是在一般共同犯罪中起主要作用的实行犯。

主犯的认定，除犯罪集团和某些聚众犯罪的首要分子应着眼于犯罪人是否在犯罪集团或聚众犯罪中起组织、指挥作用外，其他主犯的认定，应综合考察以下几个方面的情况：（1）实行犯罪前犯罪人的表现，如是否主动约他人犯罪，是否出谋划策等。（2）实行犯罪过程中犯罪人的表现，是积极主动地实施犯罪活动还是消极被动地参与实行犯罪。其行为是犯罪结果发生的主要原因还是次要原因等。（3）犯罪完成后犯罪人的表现，如是否控制、支配赃款、赃物，是否组织、指挥逃跑。布置反侦查活动等。然而，共同犯罪中的主犯可能只有一人，也可能有几个，这要根据案件的具体情况加以确定。

关于主犯的刑事责任原则，关于首要分子的刑事责任，刑法第26条第3款规定，对组织、领导犯罪集团的首要分子，按照集团所犯的全部罪行处罚。关于首要分子以外的主犯的刑事责任，刑法第26条第4款规定，对于犯罪集团首要分子以外的主犯。应当按照其所参与的或者组织、指挥的全部犯罪处罚。所谓参与，包括参与预备、参与实行以及参与分赃等。

需要指出，刑法分则对有些必要共同犯罪的主犯已经规定了具体的法定刑，对于这种主犯，直接按刑法分则的有关规定处罚即可。

六 案例分析题

（1）甲与乙不构成共同犯罪。

共同犯罪是指二人以上共同故意犯罪。共同犯罪的主体条件是：共同犯罪的主体，必须是二人以上达到了刑事责任年龄、具有刑事责任能力的人；而已满14周岁不满16周岁的人，只对8种犯罪负刑事责任，故两个已满14周岁不满16周岁的人，或者一个已满16周岁与一个已满14周岁不满16周岁的人，共同实施该 8 种犯罪之外的行为的，不成立共同犯罪。本案中乙仅 15 岁，不具备承担盗窃罪的刑事责任年龄，同时乙又无抢劫的故意和行为，不符合共同犯罪的构成要件。

（2）丙与甲也不构成共同犯罪。

共同犯罪的成立必须是二人以上的行为人具有共同犯罪的故意。所谓共同犯罪故意，是指各共犯人通过犯意联系，明知自己与他人配合共同实施犯罪会造成某种危害结果，并且希望或者放任这种危害结果发生的心理态度。本案中丙与甲事先并无同谋，不符合共同犯罪的主观构成要件，因此，不构成共同犯罪。

（3）甲构成抢劫罪，丙构成窝藏罪。本案中甲实施犯罪行为后，逃到他的朋友丙家躲藏。丙知道甲的犯罪事实之后，就将甲送往外地隐藏。在甲躲藏期间，丙 3 次前去看望，并资助他 500 元生活费用，完全符合刑法第 310 条规定。

第十二章　罪数形态

一　单项选择题

1. 根据我国刑法规定，适用数罪并罚的情况有（　　　）。

A. 犯罪行为在一定时间内处于继续状态的犯罪

B. 出于数个故意，多次实施犯罪行为，触犯不同罪名的犯罪

C. 以一个故意或过失，实施一个犯罪行为，同时触犯数个罪名的犯罪

D. 以某个犯罪为目的，而其方法行为或结果行为又触犯其他罪名的犯罪

2. 甲因买六合彩而欠债累累，一日，甲将当地正在使用的电缆割断后偷卖掉，以偿还部分欠债。甲的行为属于哪种犯罪现象？（　　　）

A. 结合犯　　　　　　　　　　　B. 吸收犯

C. 想象竞合犯　　　　　　　　　D. 牵连犯

3. 关于牵连犯，下列哪种说法不正确？（　　　）

A. 刑法理论一般认为对牵连犯一般不实行数罪并罚，而是择一重罪处罚或者择一重罪从重处罚的

B. 牵连犯是在目的行为或者原因行为触犯了一个罪名的情况下，手段行为或者结果行为又触犯了另一罪名

C. 刑法分则也有规定对牵连犯不实行数罪并罚，而是择一重罪处罚或者择一重罪从重处罚的

D 牵连犯是实际的一罪，所以不实行数罪并罚

4. 处于一个故意或者过失，实施一个犯罪行为，触犯数个罪名，这种行为在刑法上称为（　　　）。

A. 吸收犯　　　　　　　　　　　B. 牵连犯

C. 想象竞合犯　　　　　　　　　D. 惯犯

5. 甲某向乙某索要欠款，乙某暂无还债能力，甲某便将乙某关押数日。甲某

的行为是（　　）。

    A. 继续犯   B. 连续犯   C. 牵连犯   D. 状态犯

6. 无业人员甲通过伪造国家机关公文，骗取某县工商局副局长的职位。在该局处级干部竞争上岗时，甲向干部乙声称："如果不给我 2 万元，你这次绝对没有机会。"乙为获得岗位，只好送甲 2 万元。关于对甲的行为的处理意见，下列哪一选项是正确的？（　　）

    A. 甲触犯的伪造国家机关公文罪与招摇撞骗罪之间具有牵连关系，应从一重罪论处

    B. 对甲的行为以伪造国家机关公文罪与敲诈勒索罪实行并罚

    C. 对甲的行为以伪造国家机关公文罪与受贿罪实行并罚

    D. 甲触犯的伪造国家机关公文罪与受贿罪之间具有牵连关系，应从一重罪论处

7. 关于罪数的说法，下列哪一选项是错误的？（　　）

    A. 甲在车站行窃时盗得一提包，回家一看才发现提包内仅有一支手枪。因为担心被人发现，甲便将手枪藏在浴缸下。甲非法持有枪支的行为，不属于不可罚的事后行为

    B. 乙抢夺他人手机，并将该手机变卖，乙的行为构成抢夺罪和掩饰、隐瞒犯罪所得罪，应当数罪并罚

    C. 丙非法行医 3 年多，导致 1 人死亡、1 人身体残疾。丙的行为既是职业犯，也是结果加重犯

    D. 丁在绑架过程中，因被害人反抗而将其杀死，对丁不应当以绑架罪和故意杀人罪实行并罚

8. 甲欠乙 10 万元久拖不还，乙向法院起诉并胜诉后，甲在履行期限内仍不归还。于是，乙向法院申请强制执行。当法院的执行人员持强制执行裁定书到甲家执行时，甲率领家人手持棍棒在门口守候，并将试图进入室内的执行人员打成重伤。甲的行为构成何罪？（　　）

    A. 拒不执行判决、裁定罪   B. 聚众扰乱社会秩序罪

    C. 妨害公务罪   D. 故意伤害罪

9. 某国间谍戴某，结识了我某国家机关机要员黄某。戴某谎称来华投资建厂需了解政策动向，让黄某借工作之便为其搞到密级为"机密"的《内参报告》四份。戴某拿到文件后送给黄某一部手机，并为其子前往某国留学提供了六万元资金。对黄某的行为如何定罪处罚？（　　）

A. 资助危害国家安全犯罪活动罪、非法获取国家秘密罪，数罪并罚

B. 为境外窃取、刺探、收买、非法提供国家秘密、情报罪与受贿罪，数罪并罚

C. 非法获取国家秘密罪、受贿罪，数罪并罚

D. 故意泄露国家秘密罪、受贿罪，从一重罪处断

10. 赵某多次临摹某著名国画大师的一幅名画，然后署上该国画大师姓名并加盖伪造印鉴，谎称真迹售得收入六万元。对赵某的行为如何定罪处罚？（　　）

A. 按诈骗罪和侵犯著作权罪，数罪并罚

B. 按侵犯著作权罪处罚

C. 按生产、销售伪劣产品罪处罚

D. 按非法经营罪处罚

11. 甲长期以赌博所得为主要生活来源。某日，甲在抢劫赌徒乙的赌资得逞后，为防止乙日后报案，将其杀死。对甲的处理，下列哪一选项是正确的？（　　）

A. 应以故意杀人罪、抢劫罪并罚

B. 应以抢劫罪从重处罚

C. 应以赌博罪、抢劫罪并罚

D. 应以赌博罪、抢劫罪、故意杀人罪并罚

12. 甲对乙使用暴力，欲将其打残。乙慌忙掏出手机准备报警，甲一把夺过手机装进裤袋并将乙打成重伤。甲在离开现场五公里后，把乙价值7000元的手机扔进水沟。甲的行为构成何罪？（　　）

A. 故意伤害罪、盗窃罪　　　　B. 故意伤害罪、抢劫罪

C. 故意伤害罪、抢夺罪　　　　D. 故意伤害罪、故意毁坏财物罪

二　多项选择题

1. 下列情况属于结果加重犯的有（　　）。

A. 非法拘禁致人重伤、死亡的

B. 抢劫致人重伤、死亡的

C. 盗窃他人财物引起被害人自杀的

D. 暴力抗拒缉私致检查人员重伤、死亡的

2. 法条竞合犯与想象竞合犯的不同特征是（　　）。

A. 实施一个犯罪行为

B. 符合数个法条所规定的犯罪构成要件

C. 犯罪构成要件之间存在逻辑上的从属或者交叉关系

D. 造成数个结果或侵害数个客体

3. 关于吸收犯，下列哪种说法是正确的？（　　　）

A. 吸收犯必须是数个独立的行为符合数个犯罪构成的行为

B. 吸收犯的数行为必须存在吸收关系，即前行为是后行为所经的发展阶段，后行为是前行为的当然结果

C. 伪造货币后又出售或者运输伪造的货币，属于吸收犯

D. 使用迫害的手段盗窃数额较大财物，又毁坏大量财物的，属于吸收犯

4. 下列哪些情形应当择一重罪处罚？（　　　）

A. 甲因为接受乙的 3 万元贿赂，而挪用公款 100 元给乙使用

B. 乙的行为同时触犯招摇撞骗罪和诈骗罪

C. 某市政法委书记丙与被执行人张某串通，滥用职权妨害判决执行，导致对方当事人蒙受 1000 万元的损失，并因此而收受张某给的 10 万元

D. 丁使用破坏手段盗窃数额较大财物

5. 下列哪些情形不实行数罪并罚？（　　　）

A. 在运送他人偷越（国）边境过程中以暴力、威胁方法抗拒检查的

B. 在走私过程中以暴力、威胁方法抗拒缉私的

C. 司法工作人员因收受贿赂而枉法裁判的

D. 同一行为人既向国家工作人员行贿，又向国家机关行贿的

6. 甲欲开枪杀乙，射击的结果却是导致乙重伤，同时导致乙身边的丙死亡。关于本案，下列哪些说法是错误的？（　　　）

A. 认定甲的行为成立一个故意杀人罪即可

B. 认定甲的行为成立一个故意杀人未遂和一个过失致人死亡罪

C. 认定甲的行为成立一个故意杀人罪和一个过失致人重伤罪

D. 认定甲的行为成立一个故意杀人罪和一个故意杀人未遂，实行并罚

7. 陈某在街上趁刘某不备，将其手机（价值 2590 元）夺走。随后陈某反复使用该手机拨打国际长途电话，致使刘某损失话费 5200 元。一周后，陈某将该手机丢弃在某邮局门口，引起保安人员的怀疑，经询问案发。下列有关此案的说法中，哪些是不正确的？（　　　）

A. 对陈某的行为以抢夺罪从重处罚即可

B. 对陈某的行为以盗窃罪从重处罚即可

C. 对陈某的行为以抢夺罪与盗窃罪实行数罪并罚

D. 对陈某的行为以抢夺罪与故意毁坏财物罪实行数罪并罚

8. 关于罪数的认定,下列哪些选项是正确的?(　　　)

A. 甲使用暴力强迫赵某与自己进行商品交易,造成赵某重伤。对甲的行为应以故意伤害罪与强迫交易罪实行并罚。

B. 乙借用李某的摩托车后藏匿不想归还。李某要求归还时,乙谎称摩托车被盗。乙欺骗李某的行为不单独构成诈骗罪。

C. 丙为杀人而盗窃枪支,未及实施杀人行为而被抓获,丙的行为构成故意杀人(预备)罪与盗窃枪支罪的想象竞合犯。

D. 丁盗窃信用卡并使用的行为,属于盗窃罪与信用卡诈骗罪的吸收犯。

三　名词解释

1. 异种数罪　2. 想象竞合犯　3. 结果加重犯　4. 吸收犯　5. 继续犯　6. 法规竞合　7. 惯犯　8. 集合犯　9. 连续犯　10. 牵连犯

四　简答题

1. 阐明刑法理论中关于区分一罪与数罪的标准有哪几种主要学说并作法理评析。

2. 简述牵连犯的构成特征。

3. 简述我国刑法中的数罪并罚原则。

五　论述题

1. 试论想象竞合与法条竞合的异同。

2. 论述"处断的一罪"。

六　案例分析题

李某素知张家有钱,且每天白天只有一小保姆看家,于是便有了抢劫的想法。

为了使抢劫顺利，李某先盗窃军用手枪一支，子弹五发。某日，李某带枪来到张家。时逢小保姆外出买菜，李某撬门入室，发现室内无人，于是窃得现金及其他财物总价值一万余元。正准备逃离时，小保姆回来。李某便开枪致小保姆重伤后，逃离现场。

问题：李某的行为属于什么罪数形态，对其应该如何处断？

参考答案

一　单项选择题

1. B　2. C　3. D　4. C　5. A　6. C　7. B　8. D　9. B　10. B　11. D　12. D

二　多项选择题

1. AB　2. CD　3. ABC　4. BC　5. AC　6. BCD　7. ABD　8. BC

三　名词解释

1. 异种数罪：是指行为人出于数个不同的犯意，实施数个性质不同的行为，触犯数个不同罪名的独立数罪，对于这种数罪应当并罚。

2. 想象竞合犯：是指实施了一行为而触犯数个罪名的犯罪形态。其特征有：（1）行为人只实施了一个行为；（2）一行为触犯数罪名。

3. 结果加重犯：亦称加重结果犯，是指实施基本犯罪构成要件的行为，由于发生了法律规定的基本犯罪构成要件结果以外的加重结果，刑法对其规定了加重法定刑的犯罪形态。

4. 吸收犯：是指数个犯罪行为，其中一个犯罪行为吸收其他的犯罪行为，仅成立吸收的犯罪行为一个罪名的犯罪形态。

5. 继续犯：是指作用于同一对象的一个犯罪行为从着手实行到行为终了犯罪行为与不法状态在一定时间内同时处于继续状态的犯罪。

6. 法规竞合：或称法条竞合，是指行为人实施一个犯罪行为同时触犯数个在犯罪构成上具有包容关系的刑法规范，只适用其中一个刑法规范的情况。

7. 惯犯：是以某种犯罪为常业，或以犯罪所得为主要生活来源或腐化生活来源，或者犯罪已成习性，在较长时间内反复多次实施同种犯罪行为，刑法明文规定对其以一罪论处的犯罪形态。

8. 集合犯：是指行为人以实施不定次数的同种犯罪行为为目的，虽然实施了数个同种犯罪行为，刑法规定还是作为一罪论处的犯罪形态。

9. 连续犯：是指基本同一或者概括的犯罪故意，连续实施性质相同的独立成罪的数个行为，触犯同一罪名的犯罪形态。

10. 牵连犯：是指以实施某一犯罪为目的，其方法行为或结果行为又触犯其他罪名的犯罪形态。

四 简答题

1. 在刑法中行为的罪数直接关系到定罪，但要正确认定行为的罪数，首先必须明确区分一罪与数罪的标准，对此刑法理论上有不同的学说。（1）行为说认为，应以行为的数量作为认定罪数的标准；（2）法益说或结果说认为，应以行为所侵犯的法益数量或结果的数量作为认定罪数的标准；（3）主观说或犯意说认为，应以行为人主观上的故意与过失的数量为标准认定行为的罪数；（4）犯罪构成标准说认为，应以犯罪构成为标准来认定行为的罪数。

2. 牵连犯是指以实施某一犯罪为目的，其方法行为或结果行为又触犯其他罪名的犯罪形态。其构成特征是：

（1）牵连犯是以实施一个犯罪为目的。这是牵连犯的本罪。牵连犯是为了实施某一犯罪，其方法行为或结果行为又构成另一独立的犯罪，这是牵连犯的他罪。牵连犯的本罪是一个犯罪，他罪是围绕本罪而成立的。

（2）牵连犯必须具有两个以上的行为。牵连犯的数个行为表现为两种情况；一是目的行为与方法行为，二是原因行为与结果行为。目的行为、原因行为是就本罪而言的，当与方法行为相对应的时候，称目的行为，当与结果行为相对应时，称原因行为。

（3）牵连犯的数个行为之间必须具有牵连关系。认定本罪与方法行为或结果行为的牵连关系，应当从主客观两方面考查，即行为人在主观上具有牵连的意思，在客观上具有通常的方法或结果关系。

（4）牵连犯的数个行为必须触犯不同的罪名。这就是牵连犯以实施某一犯罪为目的，其方法行为或结果行为又触犯了其他罪名。一是实施一种犯罪，其犯罪所采用的方法行为又触犯了其他罪名，二是实施一种犯罪，其犯罪的结果行为又触犯了其他罪名。

3. 数罪并罚，是对一行为人所犯数罪合并处罚的制度。我国刑法中的数罪并罚是指人民法院对一行为人在法定时间界限内所犯数罪分别定罪量刑后按照法定的并罚原则及刑期计算方法决定其应执行的刑罚的制度。

数罪并罚的原则，是指对一人所犯数罪合并处罚应依据的规则。各国所采用的数罪并罚原则主要可归纳为四种：（1）并科原则；（2）吸收原则；（3）限制加重原则；（4）折中原则。

按照我国《刑法》第 69 条的规定，我国确立了以限制加重原则为主，以吸收原则和并科原则为补充的折中原则。我国刑法数罪并罚，具体适用范围及其基本适用规则如下：

（1）判决宣告的数个主刑中有数个死刑或最重刑为死刑的，采用吸收原则，仅应决定执行一个死刑，而不得决定执行两个以上的死刑或其他主刑。

（2）判决宣告的数个主刑中有数个无期徒刑或最重刑为无期徒刑的，采用吸收原则，只应决定执行一个无期徒刑，而不得决定执行两个以上的无期徒刑，或者将两个以上的无期徒刑合并升格执行死刑，或者决定执行其他主刑。

（3）判决宣告的数个主刑为有期自由刑即有期徒刑、拘役、管制的，采取限制加重原则合并处罚。根据我国《刑法》第 69 条规定，具体的限制加重规则为：判决宣告的数个主刑均为有期徒刑的，应当在总和刑期以下，数刑中最高刑期以上，酌情决定执行的刑期，但是最高不能超过 20 年。判决宣告的数个主刑均为拘役的，应当在总和刑期以下，数刑中最高刑期以上酌情决定执行的刑期，但是最高不能超过 1 年。判决宣告的数个主刑为管制的，应当在总和刑期以下，数刑中最高刑期以上，酌情决定执行的刑期，但是最高不能超过 3 年。

（4）数罪中有判处附加刑的，采用并科原则，附加刑仍须执行。

五　论述题

1. 想象竞合，是指一个行为触犯数个罪名的犯罪形态。法条竞合，指行为人实施一个犯罪行为同时触犯数个在犯罪构成上具有包容关系的刑法规范只适用其中一个刑法规范情形。

想象竞合与法条竞合具有以下共同特征：其一，两者都是行为人实施了一个犯罪行为；其二，行为人所实施的一个犯罪行为都触犯了规定不同罪名的数个法条；其三，两者的法律本质都是一罪，而非数罪，法条竞合是单纯一罪，想象竞合犯是实质上的一罪；其四，对于想象竞合犯和法条竞合，最终都是适用一个法条并且按照一罪予以处罚。

想象竞合与法条竞合的根本差别在于：当一个犯罪行为同时触犯的数个法条之间存在重合或交叉关系时，是法条竞合而非想象竞合；当一个犯罪行为同时触犯的数个法条之间不存在重合或交叉关系时，是想象竞合而非法条竞合。

二者的具体差别在于：（1）想象竞合是犯罪行为或犯罪行为所触犯的不同罪名的竞合，属于罪数形态；法条竞合是法律条文的竞合，属于法条形态。（2）想象竞合所触的规定不同种罪名的数个法条之间，不存在重合或交叉关系；法条竞合所涉及的规定不同种罪名的数个法条之间，必然存在重合或交叉关系。（3）想象竞合中，规定不同种罪名的数个法条发生关联，是以行为人实施特定的犯罪行为为前提；法条竞合所涉及的规定不同种罪名的数个法条之间的重合或交叉关系，并不以犯罪行为的实际发生为转移。（4）想象竞合是由于行为人实施了犯罪行为而触犯规定不同种罪名的数个法条，所以，数个法条均应适用于导致不同罪名竞合的犯罪行为，且应在比较数个罪名法定刑的轻重后择一重者处断之（但所触犯的轻罪仍然成立，其法条仍应引用）；法条竞合所涉及的规定不同种罪名的数个法条之间存在重合或交叉关系并不以犯罪行为的发生为前提，故在数个法条中只能选择适用一个法条而排斥其他相竞合的法条的适用。（5）想象竞合是在数个不同的具体罪过支配下，实施一个危害行为；法条竞合是在一个具体罪过的支配下，实施一个危害行为。（6）想象竞合所实施的犯罪行为，同时直接作用于体现不同直接客体的数个犯罪对象；法条竞合的犯罪行为，仅直接作用于体现一个直接客体的单一犯罪对象。

2. 罪数理论研究的主要问题，是行为人的行为在什么条件下成立一罪，在什么条件下成立数罪。而处断的一罪，是指行为虽然符合数个犯罪的构成要件或者几次符合同一犯罪的构成要件，但只认为是一罪的情况。一般认为，处断的一罪包括连续犯、牵连犯与吸收犯。

（1）连续犯。连续犯是指行为人基于同一的或者概括的故意，连续实施数个独立的犯罪行为，触犯同一罪名的情况，具有以下特征：①必须是行为人基于同一的或者概括的犯罪故意。②必须是行为人连续实施数个独立的犯罪行为。③数个独立的犯罪行为必须触犯同一罪名。

（2）吸收犯。吸收犯是指数个犯罪行为被其中一个犯罪行为所吸收，仅成立吸收行为一个罪名的情况，具有以下特征：①行为人实施了数个独立的犯罪行为，单一的行为不可能成立吸收犯；②数个独立的犯罪行为，必须触犯不同的罪名，数行为触犯同一罪名时不成立吸收犯；③数行为之间具有吸收关系，表现为数行为属于实施某种犯罪的同一过程，前行为是后行为的所经阶段，后行为是前行为发展的自然结局。吸收关系主要表现为重行为吸收轻行为，行为的轻重不取决于行为的先后，而取决于行为的性质和法定刑。

（3）牵连犯。牵连犯是指以实施某一犯罪为目的，但其方法行为或结果行为又触犯其他罪名的情况，具有以下特征：①必须出于一个犯罪目的。根据这一特征，过失犯罪与间接故意犯罪不能成立牵连犯，具有两个以上犯罪目的时，也不能成立牵连犯；②必须实施了两个以上独立的行为，其中有一个是目的行为，其他的是方法行为或结果行为，方法行为或结果行为都是符合犯罪构成要件的行为，能独立成罪；方法行为或结果行为又是围绕目的行为而实施的；③必须是数行为之间具有牵连关系。具体表现为方法行为与目的行为是手段与目的的关系，目的行为与结果行为是原因与结果的关系。我国没有明文规定牵连犯及其处理方法，一般认为，在刑法没有特别规定的情况下，对牵连犯应从一重罪从重处罚。如果刑法特别规定以数罪论处，则对牵连犯实行数罪并罚；如果刑法特别规定从一重处断，就应从一重处断。

六　案例分析题

李某的行为属于罪数形态中的牵连犯。所谓牵连犯，是指行为人实施某种犯罪（即本罪），而方法行为或结果行为又触犯其他罪名（即他罪）的犯罪形态。李某基于一个最终的犯罪目的，即抢劫，实施了盗窃枪支、弹药和抢劫两个相对独立的危害行为，这两个行为之间有手段与目的的牵连关系，分别触犯了盗窃枪支、弹药罪和抢劫罪两个不同的罪名。可见，李某的行为符合牵连犯的构成特征。

对牵连犯的处断原则是：凡刑法分则条款对特定犯罪的牵连犯明确规定了相应处断原则的，应严格遵循；除此之外，对于其他牵连犯，应当适用从一重处断原则定罪处刑，不实行数罪并罚。

第十三章　刑事责任

一　单项选择题

1. 应当负刑事责任的时间开始于（　　　）。

A. 犯罪成立之日
B. 追诉时效届满之日
C. 有罪判决生效之日
D. 刑罚执行完毕之日

2. A 国商人汤姆劫持 B 国民用航空器，欲前往 C 国，但 C 国拒绝其降落，后无奈迫降中国。对汤姆的刑事责任问题的处理，下列哪一选项是正确的？（　　　）（司考真题）

A. 依据保护管辖原则，适用中国法律追究其刑事责任
B. 通过外交途径解决
C. 依照普遍管辖权原则，适用中国法律追究其刑事责任
D. 依据属地管辖原则，适用中国法律追究其刑事责任

二　多项选择题

1. 关于依法不追究刑事责任的情形，下列哪些选项是正确的？（　　　）（司考真题）

A. 犯罪嫌疑人甲和被害人乙在审查起诉阶段就赔偿达成协议，被害人乙要求不追究甲刑事责任
B. 甲侵占案，被害人乙没有起诉
C. 高某犯罪情节轻微，对社会危害不大
D. 犯罪嫌疑人白某在被抓获前自杀身亡

2. 关于刑事责任的追究，下列哪些选项是正确的？（　　　）（司考真题）

A. 甲非法从事资金支付结算业务，构成非法吸收公众存款罪。

B. 乙采取欺骗手段进行虚假纳税申报，逃避缴纳税款 1000 万元，但经税务机关依法下达追缴通知后，补缴了应纳税款。即便乙拒绝缴纳滞纳金，也不应当再对其追究刑事责任。

C. 丙明知赵某实施高利转贷行为获利 200 万元，而为其提供资金账户的，构成洗钱罪。

D. 丁组织多名男性卖淫，由于《刑法》第 358 条并未限定组织卖淫罪中的被组织者是妇女，对丁应当追究刑事责任。

三　名词解释

刑事责任

四　简答题

简述刑事责任的概念和基本特征。

五　论述题

试述刑事责任与犯罪、刑罚的关系。

参考答案

一　单项选择题

1. A　2. D

二　多项选择题

1. BD　2. CD

三　名词解释

刑事责任：是指刑事法律规定的，因实施犯罪行为而产生的，由司法机关强制犯罪者承受刑事惩罚或单纯否定性法律评价的负担。

四 简答题

刑事责任是刑事法律规定的，因实施犯罪行为而产生的，由司法机关强制犯罪者承受的刑事惩罚或单纯否定性法律评价的负担，其具有不同于其他法律责任的如下特征：

（1）刑事责任是刑事法律规定的一种负担。将刑事责任归结为一种负担，因为刑事法责任是一种消极责任，本身具有某种负担之意。

（2）刑事责任因实施犯罪行为而产生。实施犯罪行为是刑事责任产生的前提或者原因，没有实施犯罪行为，刑事责任就不可能产生。"无犯罪则无刑事责任"，是现代刑法公认的原则。

（3）刑事责任以刑事惩罚或单纯否定性法律评价为内容。这可以说是刑事责任的本质特征，它表现了刑事责任的严厉性，使刑事责任与其他法律责任在严重程度上互相区别开来。

（4）刑事责任只能由犯罪者来承担。我国刑法实行罪责自负、反对株连的原则，所以刑事责任只有犯罪者即实施犯罪行为者才承担；没有参与实施犯罪，即使与犯罪者有这样或那样的关系，也不发生刑事责任问题。刑事责任只能由犯罪者承担，既不能株连非犯罪者的他人，也不能由非犯罪者的他人代为承担，这表现了刑事责任的专属性，这一点也使刑事责任与其他法律责任相区别。

（5）刑事责任由代表国家的司法机关强制犯罪者承担。刑事责任是犯罪者向国家所负的责任，它表现了犯罪者与国家之间的关系，国家则由其司法机关代表它强制犯罪者承担刑事责任。这就是刑事责任的强制性。

五 论述题

首先，犯罪、刑事责任和刑罚三位一体，互相依存。

从犯罪与刑事责任的关系上看，犯罪与刑事责任同时产生，同时成立，没有孰先孰后之分，一个行为成立犯罪之时，也是刑事责任确定之日。犯罪与刑事责任之间是并存共生的关系，而非因果关系。

从犯罪与刑罚的关系上看，刑罚是犯罪的法律后果，犯罪是刑罚适用的原因，二者之间表现为一种因果关系。从刑事责任与刑罚的关系看，刑罚是刑事责任的一种外在表现形式或者说主要的实现方式，刑事责任是刑罚适用的内在根据。之所以让犯罪人服刑罚，不仅因为他实施了犯罪，而且因为他应当且能够承担刑事责任。虽然不能说有刑事责任必然会有刑罚，但有刑罚必须有刑事责任，这是确定不移的。

其次，犯罪、刑事责任和刑罚又是互相独立的。犯罪是违反刑法规范的行为，是主观之于客观的活动。刑事责任的独立性表现在它以刑法规范设定的义务为根据。行为人不是因为犯罪才承担刑事责任，而是犯罪和刑事责任都来自于刑事义务。刑罚的独立性表现在刑罚是国家制定的处理犯罪、解决刑事责任的方法或措施，国家在惩罚犯罪、追究刑事责任时具有高度的主动性和灵活性。

所以说，在刑法学中，犯罪、刑事责任和刑罚是同一层次的三个独立范畴，它们各有自己的价值和理性体系，三者既相互依存，又相互独立，共同构成一个完整的罪、责、刑体系。

第十四章 刑罚概说

一 单项选择题

1. 下列哪项不是刑罚的适用对犯罪分子具有的基本功能?（　　　）
A. 对犯罪人的功能　　　　　　　　B. 对被害人的功能
C. 对潜在犯罪人的功能　　　　　　D. 对一般社会成员的功能

2. 刑罚由下列哪个机关适用?（　　）
A. 检察院　　　　B. 法院　　　　C. 监狱　　　　D. 公安机关

二 多项选择题

关于刑罚的目的,下列说法正确的是（　　　）。
A. 我国刑罚的目的是惩罚
B. 我国刑罚的目的是预防
C. 一般预防的对象不是犯罪人
D. 特殊预防的主要途径是通过对犯罪人适用刑罚,使犯罪人不能再犯,不敢再犯乃至不愿再犯

三 名词解释

1. 刑罚　2. 刑罚目的　3. 特殊预防　4. 一般预防　5. 刑罚功能

四 简答题

1. 简述一般预防与特殊预防的关系。

2. 简述刑罚与其他法律制裁方法的区别。

五 论述题

论述刑罚的功能。

参考答案

一 单项选择题

1. C　2. B

二 多项选择题

BCD

三 名词解释

1. 刑罚：是刑法规定的由国家审判机关依法对犯罪人适用的限制或剥夺某种权益的强制性制裁方法。

2. 刑罚目的：是指国家制定、适用和执行刑罚的目的，即国家制定、适用和执行刑罚所希望达到的结果。

3. 特殊预防：是指通过对犯罪分子适用和执行刑罚，预防其再次犯罪。

4. 一般预防：是指通过对犯罪分子适用刑罚，威慑、警戒社会上的不稳定分子，防止他们走上犯罪的道路。

5. 刑罚功能：是指国家创制、适用和执行刑罚所产生的社会效应。

四 简答题

1. 一般预防与特殊预防之间是一种既对立又统一的辩证关系。二者的对立体现在预防的对象不同。一般预防的对象是社会上的不稳定分子，特殊预防的对象是犯罪分子。二者的统一表现为：（1）目的完全一致，都是为了预防犯罪。

（2）实现目的的方式基本相同，都有赖于刑罚作用的充分发挥。刑罚的一般预防与特殊预防的辩证关系要求在刑罚权实现的不同阶段应当有所侧重。在刑罚制定阶段，应当以一般预防为主，兼顾特殊预防；在刑罚适用阶段，特殊预防与一般预防并重；在刑罚执行阶段，以特殊预防为主，兼顾一般预防。

2. 刑罚与其他法律制裁有相同之处，都是国家法律规定的制裁方法，都对受制裁人产生不利影响，但二者是有严格区别的，主要表现为以下几点：

（1）适用根据不同。对犯罪人适用刑罚的法律根据是刑法，而对民事违法者适用民事处罚的法律依据是民法，对行政违法者适用行政处罚的法律根据是行政实体法。

（2）适用机关不同。刑罚只能由人民法院的刑事审判部门适用，民事处罚只能由人民法院的民事审判部门适用，行政处罚则由国家各级行政机关适用。

（3）适用对象不同。刑罚只适用于实施了犯罪行为的人，而其他法律制裁则分别适用于民事、行政、经济违法者，如果这些违法者的违法行为构成了犯罪，达到了应受刑罚处罚的程度，就不再属一般违法分子，而是触犯刑律的犯罪人。

（4）严厉程度不同。刑罚处罚涉及人的生命、自由、财产和资格等重大权益，从整体而言是最严厉的强制方法。而其他法律制裁则排除对生命的剥夺，一般也不涉及剥夺自由的问题，其严厉程度一般轻于刑罚。

（5）法律后果不同。受过刑罚处罚的人，在法律上和事实上被视为有前科的人。当其重新犯罪时，可能会受到比初犯者更为严厉的处罚。而仅仅受过民事、行政、经济处罚的人，在法律评价和法律后果上，将不会产生上述不利的影响。

（6）设立机关不同。设立刑罚的机关只能是国家的最高立法机关，而行政法规可以设立除限制人身自由之外的行政处罚等。

五　论述题

刑罚的功能，是指刑罚在同犯罪作斗争中对社会可能发挥的积极作用。它具有以下的特征：（1）刑罚的功能是在国家制定、适用和执行刑罚的过程中发挥出来的；（2）刑罚的功能对人们所产生的作用；（3）刑罚的功能是刑罚可能产生的作用；（4）刑罚的功能是刑罚对人们产生的积极作用。

刑罚的功能的具体内容有六个方面：（1）剥夺功能，通过适用刑罚来限制或剥夺犯罪分子的某种权益，使其丧失再次犯罪的能力和条件的积极作用；（2）威慑功能，是指适用刑罚时使犯罪人产生的因畏惧再次受刑而不敢再犯的心理效应；（3）改造功能，是刑罚所具有的改变犯罪人的价值观念和行为方式，使其成为对社会有用的新人的作用；（4）教育功能，是通过制定、适用、执行刑罚，对犯罪人乃至其他社会成员的思想所产生的触动教育作用；（5）安抚功能，是指通过对犯罪人判处刑罚使受害人及其亲属产生平缓情绪、消除痛苦的心理效应；（6）鼓励功能，是指通过创制和适用刑罚，对广大的人民起到法制教育和鼓舞作用。

第十五章　刑罚的体系和种类

一　单项选择题

1. 关于刑罚的种类，下类哪种说法是不正确的?（　　　）

A. 罚金刑和没收财产刑是财产刑

B. 管制是限制自由刑，通常适用于较轻的犯罪，是最轻的一种主刑

C. 被判处无期徒刑的罪犯必将在监狱中度过终生

D. 有期徒刑是剥夺自由刑，是我国适用面最广的一种刑罚方法

2. 某甲因盗窃罪被人民法院判处管制 10 个月，附加剥夺政治权利。剥夺政治权利的期限与执行应如何确定?（　　　）

A. 期限应为 1 年以上 5 年以下，从管制刑执行完毕之日起计算

B. 期限应为 10 个月，从管制刑执行完毕之日起计算

C. 期限应为 10 个月，和管制刑同时执行

D. 期限应为 1 年以上 5 年以下，和管制刑同时开始执行

3. 下列犯罪情形应当适用死刑的是（　　　）。

A. 甲某在抢劫的时候将他人打成重伤

B. 乙某为了劫持飞机将一名空中小姐打死

C. 丙某绑架了一个富商，该富商为了逃跑从三楼跳下，造成身上多处骨骼摔断

D. 丁某向他人索贿 10 万元

4. 对于在我国领域内犯罪，附加适用驱逐出境的外国人（　　　）。

A. 判决生效后立即驱逐出境

B. 可以随时驱逐出境

C. 根据外国政府的要求决定何时驱逐出境

D. 主刑执行完毕之后驱逐出境

5. 刑法分则某条文规定：犯 A 罪的，"处 3 年以下有期徒刑，并处或者单处罚金"。被告人犯 A 罪，但情节较轻，且其身无分文。对此，下列哪一判决符合该条规定？（　　）

A. 甲法官以被告人身无分文为由，判处有期徒刑 6 个月

B. 乙法官以被告人身无分文且犯罪情节较轻为由，判处有期徒刑 1 年，缓期 2 年执行

C. 丙法官以被告人的犯罪情节较轻为由，判处拘役 3 个月

D. 丁法官以被告人的犯罪情节较轻为由，判处罚金 1000 元

6. 孙某因犯抢劫罪被判处死刑，缓期 2 年执行。在死刑缓期执行期间，孙某在劳动时由于不服管理，违反规章制度，造成重大伤亡事故。对孙某应当如何处理？（　　）（司考真题）

A. 其所犯之罪查证属实的，由最高人民法院核准，立即执行死刑

B. 其所犯之罪查证属实的，由最高人民法院核准，2 年期满后执行死刑

C. 2 年期满后减为无期徒刑

D. 2 年期满后减为 15 年以上 20 年以下有期徒刑

7. 审判的时候怀孕的妇女依法不适用死刑。对这一规定的理解，下列哪一选项是错误的？（　　）

A. 关押期间人工流产的，属于审判的时候怀孕的妇女

B. 关押期间自然流产的，属于审判的时候怀孕的妇女

C. 不适用死刑，是指不适用死刑立即执行但可适用死缓

D. 不适用死刑，既包括不适用死刑立即执行，也包括不适用死缓

8. 徐某因犯故意伤害罪，于 2007 年 11 月 21 日被法院判处有期徒刑 1 年，缓期 2 年执行。在缓刑考验期限内，徐某伙同他人无故殴打学生傅某，致傅某轻微伤。当地公安局于 2008 年 4 月 3 日决定对徐某行政拘留 15 日，并于当日开始执行该行政拘留决定。行政拘留结束后，法院撤销对徐某的缓刑，决定收监执行。关于本案，下列哪一选项是正确的？（　　）

A. 徐某被行政拘留的 15 天可以折抵刑期

B. 徐某被行政拘留的 15 天不应当折抵刑期

C. 应当将 1 年有期徒刑与 15 天的拘留按照限制加重原则实行并罚

D. 15 天的行政拘留应当被 1 年有期徒刑吸收

9. 关于没收财产，下列哪一选项是正确的？（　　）

A. 甲抢劫数额巨大，对其可以判处罚金一万元并处没收财产

B. 乙犯诈骗罪被判处没收全部财产时，法院对乙未满 18 周岁的子女应当保留必需的生活费用，对乙的成年家属不必考虑

C. 丙盗窃珍贵文物情节严重，即便其没有可供执行的财产，亦应当判处没收财产

D. 丁为治病向李某借款五万元，一年后丁因犯罪被判处没收财产，无论李某是否提出请求，一旦法院发现该债务存在，就应当判决以没收的财产偿还

二　多项选择题

1. 在刑罚制度中，关于刑期的计算说法正确的有（　　）。

A. 拘役刑与有期徒刑的刑期均是从判决执行之日起计算，且先行羁押的，羁押 1 日折抵刑期 1 日

B. 死刑缓期执行的期间从判决确定之日起计算，先行羁押的，羁押日不得折抵 2 年执行期

C. 死刑缓期二年执行减为有期徒刑的刑期，从死刑缓期执行期满之日起计算

D. 管制刑的刑期从判决确定之日起计算，先行羁押的，羁押 1 日折抵刑期 2 日

2. 拘役和有期徒刑的区别有（　　）。

A. 适用对象不同　　　　　　B. 执行场所不同

C. 待遇不同　　　　　　　　D. 法律后果不同

3. 对判处管制，但未附加剥夺政治权利的犯罪，以下说法正确的是（　　）。

A. 享有选举权和被选举权

B. 可自由行使言论、出版、集会、结社、游行和示威自由的权利

C. 可担任某国有企业的销售科科长

D. 仍然可以担任国家机关职务

4. 依据法律规定，下列关于死刑的说法哪些是不正确的？（　　）（司考真题）

A. 对不属于罪行极其严重的犯罪分子，既不能判处死刑立即执行，也不能判处死刑缓期执行

B. 死刑缓期执行的判决，可以由高级人民法院核准

C. 对犯罪时不满 18 周岁的人，不能判处死刑立即执行，但可以判处死刑同时宣告缓期二年执行

D. 对审判时怀孕的妇女，可以判处死刑，但必须在其生育或者流产后才能执

行死刑判决

5. 既可以随主刑附加适用，又可以独立适用的附加刑有：（　　　）。

A. 罚金　　　　　　　　　　B. 没收财产

C. 驱逐出境　　　　　　　　D. 剥夺政治权利

6. 下列关于剥夺政治权利附加刑如何执行问题的说法，哪些是正确的？（　　　）（司考真题）

A. 被判处无期徒刑的罪犯，一般要剥夺政治权利，其刑期与主刑一样，同时执行

B. 被判处有期徒刑的罪犯，被剥夺政治权利的，从有期徒刑执行完毕或假释之日起，执行剥夺政治权利附加刑

C. 被判处拘役的罪犯，被剥夺政治权利的，从拘役执行完毕或假释之日起，执行剥夺政治权利附加刑

D. 被判处管制的罪犯，被剥夺政治权利的，附加刑与主刑刑期相等，同时执行

7. 下列关于刑期起算的哪些选项是正确的？（　　　）

A. 管制、拘役的刑期，从判决执行之日起计算

B. 有期徒刑的刑期，从判决确定之日起计算

C. 死刑缓期执行减为有期徒刑的刑期，从死刑缓期执行期满之日起计算

D. 附加剥夺政治权利的刑期，从徒刑、拘役执行完毕之日或者从假释期满之日起计算

三　名词解释

1. 刑罚体系　2. 主刑　3. 附加刑　4. 有期徒刑　5. 无期徒刑　6. 死缓　7. 管制　8. 剥夺政治权利

四　简答题

1. 简述我国刑法中罚金的缴纳方式。

2. 简述管制的特点。

3. 我国刑法中的非刑罚处理方法有哪几种？

4. 简述有期徒刑和拘役的区别。

五　论述题

试述我国的死刑政策及其在刑法上的体现。

参考答案

一　单项选择题

1. C　2. C　3. B　4. D　5. D　6. C　7. C　8. B　9. C

二　多项选择题

1. ABC　2. ABCD　3. ACD　4. CD　5. ABCD　6. BCD　7. AC

三　名词解释

1. 刑罚体系：是指刑事立法者从有利于发挥刑罚的功能和实现刑罚的目的出发，选择一定的惩罚方法作为刑罚方法并加以归类，由刑法按照一定的标准对各种刑罚方法进行排列而形成的刑罚序列。

2. 主刑：又称基本刑，是指对犯罪分子适用的主要刑罚方法。我国刑法中的主刑有管制、拘役、有期徒刑、无期徒刑和死刑五种。

3. 附加刑：又称从刑，是补充主刑适用的刑罚方法。我国刑法中的附加刑有罚金、剥夺政治权力和没收财产，对外国人还可以适用驱逐出境。

4. 有期徒刑：是指剥夺犯罪分子一定期限的人身自由，强迫其劳动并接受教育和改造的刑罚方法。其主要特点是：（1）剥夺犯罪分子的自由。（2）具有一定期限。（3）在监狱或者其他执行场所执行。（4）强迫参加劳动，接受教育和改造。

5. 无期徒刑：是指剥夺犯罪分子终身自由，强制其参加劳动并接受教育和改造的刑罚方法。

6. 死缓：即死刑缓期二年执行，是指对于应当判处死刑的犯罪分子，如果不是必须立即执行的，判处死刑同时宣告缓期二年执行的制度。适用死缓必须具备两个条件：（1）适用的对象必须是应当判处死刑的犯罪分子。（2）不是必须立即执行。

7. 管制：是指对犯罪分子不予关押，但限制其一定自由，由公安机关予以执行的刑罚方法。

8. 剥夺政治权利：是指剥夺犯罪分子参加国家管理和政治活动权利的刑罚方法。

四　简答题

1. 我国刑法第 53 条规定，罚金的执行，主要有以下几种方式：

（1）一次缴纳。一次缴纳就是在判决所确定的期限内，强制犯罪分子一次性地将判决所确定的罚金额全部缴清。

（2）分期缴纳。分期缴纳是在判决所确定的期限内，分多次强制犯罪分子把判决所确定的罚金额全部缴清。

（3）强制缴纳。强制缴纳即强迫犯罪分子缴纳罚金。适用强制缴纳的条件是：第一，犯罪分子有能力缴纳罚金。这包括两种情况：一是犯罪分子拥有足以缴纳罚金的金钱，如银行存款等；或者是犯罪分子虽然没有金钱，但拥有其他财产可以变卖以缴纳罚金。第二，犯罪分子拒不缴纳罚金，即犯罪分子有经济能力却拒绝向法院缴纳罚金；或者是故意隐瞒自己的经济状况，借口无钱而拒不缴纳；或者则是积极地转移财产而拒不缴纳。第三，判决所确定的缴纳期限已过。

（4）随时追缴。随时追缴是指对于不能全部缴纳罚金的犯罪分子，人民法院在发现被执行人有可以执行的财产的任何时候，都可以强制要求犯罪分子缴纳罚金的执行方式。随时追缴罚金应具备以下条件：犯罪分子不能全部缴纳罚金；犯罪分子不能全部缴纳罚金的原因，并不是由于遭遇不可抗拒的灾祸而使缴纳出现困难；人民法院发现被执行人有可以执行的财产。在判决所确定的缴纳期限以后，不受时间的限制，任何时候只要具备以上适用条件，就可对犯罪分子随时追缴罚金。

（5）减免缴纳。减免缴纳，是指酌情减少或免除犯罪分子应缴纳的罚金数额的一种罚金执行方式。罚金的减免缴纳应具备以下条件：犯罪分子遭遇不能抗拒的灾祸，通常是指犯罪分子本身的力量所无法避免的天灾人祸，例如水灾、火灾、地震、家属死亡等；由于不可抗拒的灾祸而使犯罪分子缴纳罚金有困难，是指犯罪分子无力缴纳或缴纳之后将严重影响其正常生活的情况，这是减免罚金缴纳的实质条件。

罚金的减免缴纳，应当由人民法院根据实际情况决定是减少罚金数额，还是免除罚金缴纳，以及减少罚金数额的程度。但是，在实际适用罚金的减免缴纳时，应严格执行罚金减免缴纳的条件，以有效地发挥罚金刑的刑罚功能，保证刑罚目的的实现。

2. 管制，是对犯罪分子不予关押，但限制其一定自由，由公安机关管束和群众监督改造的刑罚方法。根据刑法第 38 条至第 41 条的规定，管制具有以下特征：

（1）对犯罪分子不予关押，即不将其羁押于一定的设施或者场所内。

（2）限制罪犯一定的自由。根据该条规定，被判处管制的犯罪分子，在执行期间应当遵守的规定有：遵守法律、行政法规，服从监督；未经执行机关批准，不得行使言论、出版、集会、结社、游行、示威自由的权利；按照执行机关规定报告自己的活动情况；遵守执行机关关于会客的规定；离开所居住的市、县或者迁居，应当报经执行机关批准。

（3）管制有期限，即对犯罪分子自由的限制具有一定的期限。根据刑法第 38 条规定，管制的期限为 3 个月以上 2 年以下。另外，根据刑法第 69 条规定，数罪并罚时，管制刑的刑期最高不能超过 3 年。根据刑法第 78 条的规定，被判处管制的犯罪分子被减刑时，减刑以后实际执行的刑期，不能少于原判刑期的 1/2。

（4）被判处管制的犯罪分子享有除被限制之外的各项权利，如未附加剥夺政治权利者仍然享有政治权利，在劳动中同工同酬等。

（5）管制的执行机关是公安机关，犯罪分子在管制期间要接受群众的监督。刑法第 38 条规定，被判处管制的犯罪分子，由公安机关执行。同时刑法第 40 条规定，被判处管制的犯罪分子，管制期满，执行机关应立即向本人和其所在单位或者居住地的群众宣布解除管制。

3. 非刑罚处理方法是指人民法院对于犯罪分子在刑罚方法以外采用的其他处理方法的总称。根据刑法规定，非刑罚处理方法包括三类：

（1）判处赔偿经济损失或责令赔偿损失。这是人民法院根据被告人的犯罪行为给被害人所造成经济损失的情况，判决或者责令被告人给予被害人一定经济赔偿的处理方法。两者所不同的是：前者根据刑法的规定，适用于依法被判处刑罚的犯罪分子；后者根据刑法的规定用于犯罪情节轻微、不需要判处刑罚而免于刑事处分的犯罪分子。

（2）训诫、责令具结悔过及赔礼道歉。这是人民法院对情节轻微、不需要判处刑罚的犯罪分子在免予刑事处分的情况下所采用的几种教育方法。其中训诫是对其当庭进行公开谴责的一种教育方法；责令具结悔过是责令其用书面方式保证悔改、不再重犯的一种教育方法；责令赔礼道歉是责令其承认错误、向被损害人表示歉意的一种教育方法。

（3）由主管部门予以行政处罚或者行政处分。这是人民法院根据案情向被告人所在单位提出行政处分的建议，由主管部门给予被告人以一定的行政处罚或者行政处分，至于行政部门究竟给予何种行政处罚或者行政处分，应当由主管部门决定，人民法院不能直接对被告人作出。

4. 有期徒刑与拘役的区别是：（1）适用对象不同。有期徒刑既适用于罪行较重的犯罪分子，又适用于罪行较轻的犯罪分子；拘役只适用于罪行较轻的犯罪分子。（2）执行场所不同。有期徒刑的执行场所是监狱或者其他执行场所，拘役由公安机关就近执行。（3）期限不同。有期徒刑的期限长、起点高、幅度大；拘役的期限短、起点低、幅度小。（4）待遇不同。被判处有期徒刑的犯罪分子，凡有劳动能力的，都应当参加无偿劳动，接受教育改造；被判处拘役的犯罪分子，每月可以回家一至两天，参加劳动的，可以酌量发给报酬。（5）法律后果不同。被判处有期徒刑的犯罪分子在刑罚执行完毕或者赦免以后犯一定之罪符合一定条件的，可以构成累犯；被判处拘役的犯罪分子，除犯危害国家安全罪以外，原则上不构成累犯。

五 论述题

死刑是人民法院依法判处剥夺犯罪分子生命的刑罚方法。因为是最严厉的刑罚，所以称为极刑。死刑作为依法剥夺犯罪分子生命的国家强制方法，是除了军事镇压以外最为严厉的国家强制方式，它在巩固阶级专政方面是一个极具威慑力的重要手段，向来为统治者所重视。但是，不管在死刑适用范围上，还是在死刑本身的存废上，都是有争议的。死刑存留论者认为：一是阶级专政的需要；二是不以死刑对付残杀人命的犯罪分子，社会秩序既无法维持，也缺乏人道；三是对罪大恶极的谋杀犯处以死刑，也符合罪刑相适应的原则；四是人都是喜生恶死的，政府可以借此遏止犯罪等。死刑废除论者认为：一是死刑违背社会契约；二是死刑不人道；三是断绝了犯罪人的改过自新的道路；四是有的亡命之徒是不怕死的，死刑的威慑不足以遏止犯罪，等等。

　　总之，任何制度总是根据社会的需要来决定存留和废止，死刑也是一样，必须根据现阶段社会的需要情况来决定。如果现阶段保留死刑对社会发展是有利的，就保留；对社会发展不利的，就应该逐渐废除。据此，在死刑问题上应注意以下几点：

　　（1）死刑作为一种刑罚方法，其存在是历史的，它不是自人类开始就有的，同样随着人类的发展最终将走向消灭。从整个人类发展史看，死刑的废除是其最终的归宿。

　　（2）死刑的废除是人类发展史的规律决定的，是合理的逻辑结论。但是，在现阶段不可能完全废除死刑。这可以从两个方面理解：一是虽然有很多国家已经废除了死刑，但在其他国家还有存在死刑的理由；二是就中国的实际而言，从现阶段的犯罪状况以及社会总体的心理趋向来看，短期内废除死刑不可能，死刑在中国现阶段还有存在的理由。

　　（3）对于死刑本身，如果从功利角度讲，对其存在很难得出合理与否的结论。如果从人道角度讲，随着人类文明的进展，人类生命与人道意识的提高，死刑将面临着存在合理性的拷问。

　　（4）我国由于现阶段的社会现状需要，在一定的历史阶段保留死刑制度是合理的。同时，我国在保留死刑的同时坚持贯彻少杀、严禁滥杀、防止错杀的政策。对死刑的适用作了严格的规定和多方面的限制。主要表现在：①死刑适用范围的限制。我国刑法规定，死刑只适用于罪行极其严重的犯罪分子，对于刑法没有明文规定死刑的犯罪，一律不得适用死刑。②犯罪主体上的限制。我国刑法规定，犯罪的时候不满18周岁的人和审判的时候怀孕的妇女，不适用死刑。所谓审判的时候怀孕的妇女，是指在人民法院审判的时候被告人是怀孕的妇女，也包括审判前在羁押受审时已怀孕的妇女。所谓不适用死刑，是指不能判处死刑，也不能判处死刑缓期执行。③死刑核准程序的限制。死刑除依法由最高人民法院判决的以外，都应当报请最高人民法院核准。目前在我国刑事诉讼中，对于死刑核准权的掌握，一般是死刑由最高人民法院核准，但依法授权高级人民法院核准的除外。④保留死刑缓期执行的制度，以控制死刑立即执行的实际范围。我国刑法第48条规定，对于应当判处死刑的犯罪分子，如果不是必须立即执行的，可以判处死刑同时宣告缓期2年执行。根据这条规定，适用死刑必须具备两个条件：一是罪当处死；二是必须立即执行的。上述的这些规定，从限制死刑适用的角度看是合理的，特别是对不满18周岁的人和审判时是怀孕的妇女不适用死刑的规定，从人道角度讲，是值得称道的。另外，从死刑的执行方法上看，现在逐渐采用注射的方法实行，这也使得死刑的执行更加人道化。

（5）我国既保留死刑又坚持少杀的刑事政策是具有深远的社会政治意义的：一方面可以用以对付那些罪大恶极的犯罪分子，威慑不法，安定社会，保护国家和人民的安全；另一方面可以获得广大人民群众的支持和同情，缩小打击面，扩大团结面。坚持少杀政策，以免诛及无辜，保存社会劳动力，促进现代化建设；保留活证据，有利于侦查和审理集团犯罪案件，为逐步减少死刑和最终废除死刑创造条件。因此可以说，死刑同犯罪一样是不会消亡的。

（6）在肯定我国死刑制度总体上的合理性时，不能忽视另外一种趋向，即挂有死刑的罪名总量在增加。特别是刑法修订以前，可以判处死刑的罪名达到90多个。根据统计，修订后的刑法挂有死刑的罪名还有58个。

（7）随着社会的发展，今后我国的死刑数量，包括法律的规定和司法实践中的适用，应该逐渐减少，特别是死刑立即执行的数量应该尽最大力量减少。这一方面有利树立中国的国际形象，另一方面可以为逐步减少并最终在中国废除死刑创造条件。

第十六章　刑罚裁量

一　单项选择题

1. 刑法第 274 条规定："敲诈勒索公私财物，数额较大的，处三年以下有期徒刑、拘役或者管制；数额巨大或者有其他严重情节的，处三年以上十年以下有期徒刑。"假如甲某敲诈勒索"数额巨大"，法院判处甲某 2 年有期徒刑。甲某具有下列哪种情形之一的，不需报最高人民法院核准？（　　）

A. 在审判时怀孕　　　　　　　　B. 主动退赃

C. 有坦白的表现　　　　　　　　D. 犯罪未遂

2. 2002 年 1 月 11 日，外国公民乙在某国买了 1 万元假美钞后，欲携带这些假美钞入境在我国贩卖。2002 年 2 月 22 日在办理入境手续时，乙做贼心虚，不敢正视边检人员的目光，引起边检人员的怀疑。在边检人员对其盘问时，乙交代了携带假币入境的事实。2005 年 5 月 10 日，某市人民法院对乙进行审问。

（1）乙的行为，构成下列哪些犯罪？（　　）

A. 出售假币罪

B. 运输假币罪

C. 走私假币罪

D. 走私、运输、贩卖假币罪

（2）下列关于乙的量刑情节的表述，正确的是（　　）。

A. 乙不具备法定从轻、减轻处罚情节

B. 乙能够如实交代自己的罪行，具有法定从轻处罚情节

C. 乙具有自首情节，可以从轻或者减轻处罚

D. 乙具有自首情节，应当从轻或者减轻处罚

3. 下列情形哪一项属于自首？（　　）

A. 甲杀人后其父主动报案并将甲送到派出所，甲当即交代了杀人的全部事实

和经过

B. 甲和乙共同贪污之后，主动到检察机关交代自己的贪污事实，但未提及乙

C. 甲和乙共同盗窃之后，主动向公安机关反映乙曾经诈骗数千元，经查证属实

D. 甲给监察局打电话，承认自己收受他人 1 万元贿赂，并交代了事情经过，然后出走，不知所踪

二　多项选择题

1. 犯罪情节较轻，不致再危害社会并具有下列哪种情形之一的，可以依法单处罚金？（　　　）

A. 自首或者有立功表现的　　　B. 全部退赃并有悔罪表现的

C. 犯罪时不满 18 周岁的　　　D. 被胁迫参加犯罪的

2. 我国刑法规定的应当减轻或免除处罚的情节之一的是（　　　）。

A. 犯罪情节显著轻微不需要判处刑罚的

B. 防卫过当

C. 预备犯

D. 中止犯

3. 下列哪些行为属于法定的从重处罚情节？（　　　）

A. 国家机关工作人员甲利用职权对乙进行非法拘禁，时间长达 3 天

B. 军警人员甲持枪抢劫

C. 国家机关工作人员甲利用职权挪用数额巨大的救济款进行赌博

D. 国家机关工作人员甲徇私舞弊，滥用职权，致使公共财产、国家和人民利益遭受重大损失

三　名词解释

1. 刑罚裁量　2. 量刑情节　3. 法定量刑情节　4. 酌定量刑情节

四　简答题

1. 简述酌定的减轻处罚的条件。

2. 简述定罪情节与量刑情节的区别。

五 论述题

试论述我国刑法中的量刑一般原则。

参考答案

一 单项选择题

1. D 2. （1） C   （2） C 3. A

二 多项选择题

1. ABCD   2. BD   3. AC

三 名词解释

1. 刑罚裁量：是指人民法院在定罪的基础上，依法确定对犯罪人是否判处刑罚、判处何种刑罚以及判处多重刑罚，并决定所判刑罚是否立即执行的审判活动。

2. 刑罚裁量情节：又称量刑情节，是指犯罪构成事实之外的、对犯罪的社会危害程度和犯罪人的人身危险性具有影响作用的、人民法院在对犯罪人量刑时需要考虑的各种事实情况。

3. 法定量刑情节：是指刑法明文规定在量刑时必须适用的情节。

4. 酌定量刑情节：是指刑法虽然没有明文规定，但根据立法精神和审判实践经验，在量刑时也需要酌量考虑的情节。

四 简答题

1. 确定的减轻处罚的条件是：犯罪分子不具有法定减轻处罚情节；案件有特殊情况；必须经最高人民法院核准。

2. 定罪情节与量刑情节在刑事审判中具有不同的功能和作用，二者的区别点在于：（1）定罪情节是犯罪构成要件所涵盖的内容和行为成立某种犯罪的事实根据，它表明并揭示该种犯罪的共性；量刑情节表明个案之间的特点和差异，揭示同种犯罪中不同案犯的个性。（2）定罪情节不仅决定具体犯罪的性质，而且决定对该种犯罪追究刑事责任的统一标准和范围，同法定刑有着必然的联系；量刑情节则以某种法定刑为适用的前提和基础，是刑罚个别化的唯一根据，同宣告刑有着必然的联系。（3）定罪情节只限于罪中情节，外延比较狭窄；量刑情节包括罪中情节、罪前情节和罪后情节。

五　论述题

量刑是指人民法院对于犯罪分子依法裁量决定刑罚的活动。它所要解决的问题是，人民法院在定罪的基础上，依法决定对犯罪分子是否判处刑罚，判处何种刑罚，判处多重的刑罚的问题。

我国刑法根据罪刑法定、适用法律一律平等、罪刑相当等三项刑法基本原则，结合我国刑事审判工作的具体情况和经验，明确规定了在量刑活动中必须遵循的一般原则，即刑法所规定的："对于犯罪分子决定刑罚的时候，应当根据犯罪的事实、犯罪的性质、情节和对于社会的危害程度，依照本法的有关规定判处。"

首先，量刑必须以犯罪事实为根据。在量刑中坚持以犯罪事实为根据的原则，就是对犯罪分子决定刑罚的时候，应当根据犯罪的事实，犯罪的性质、情节和对于社会的危害程度，把量刑建立在充分、可靠的事实的基础之上，避免因犯罪事实不清而造成冤假错案。坚持量刑以犯罪事实为根据的基本内容和具体要求是：

（1）查清犯罪事实。这里所说的犯罪事实，是指犯罪构成要件诸基本事实情况，即犯罪主体、犯罪客体、犯罪主观方面、犯罪客观方面的事实情况。对于某些以"情节严重"为构成要件的犯罪来说，犯罪事实还包括犯罪情节，即所谓的定罪情节。犯罪事实是量刑的物质基础。没有犯罪事实，就没有量刑的客观基础。只有在查清事实的前提下，才可能确定行为人的行为是否构成犯罪，构成何种性质的犯罪，是否需要刑罚处罚，给予何种处罚。在刑事审判实践中所以出现错案，其中重要原因之一是犯罪事实没有查清，没有认真坚持量刑必须以犯罪事实为根据的原则。因此，要做到量刑适当，必须首先查清犯罪事实。

（2）正确认定犯罪的性质。不同性质的犯罪，具有不同的社会危害性，处罚的轻重也有区别。因此，在量刑的时候，必须在查清犯罪事实的基础上，运用犯罪构成的理论和刑法的有关规定，正确认定犯罪的性质，即行为人的行为构成什么罪，应定什么罪名。正确认定犯罪的性质，即定性准确，是量刑适当的必要前提条件。定性不准，量刑必然不当。刑事审判实践中发生的某些错案，重要原因之一就是定性不准。

（3）掌握犯罪情节。这里所讲的犯罪情节，是指决定犯罪性质的基本事实以外的，影响犯罪的社会危害程度的事实情况，即量刑情节。它不决定性质，但影响量刑的轻重。我国刑法正是根据不同的犯罪情节，对同一犯罪规定不同的量刑幅度。情节不仅决定量刑幅度，而且决定某一量刑幅度以内或以下处刑，或者免除刑罚处罚，所以，人民法院在确定了犯罪的性质，解决了该罪运用哪个刑法条文规定的量刑幅度以后，还必须掌握犯罪情节，根据情节的不同，决定在哪个量刑幅度以内或者以下裁量应处的刑罚，或者免除处罚。如果忽视情节在量刑中的重要性，用一个固定不变的量刑标准去套情节各异的具体案件，也会造成量刑失当。

（4）正确评断行为对于社会的危害程度。行为对于社会的危害程度，是指行为对于社会造成的危害的大小、轻重。行为的社会危害性是犯罪的最本质的特征，是区分罪与非罪、重罪和轻罪以及由此决定是否判刑和判刑轻重的主要根据之一。行为的社会危害程度是由诸多主客观因素决定的，因此，人民法院在量刑时必须正确评断犯罪的社会危害程度，才能对犯罪分子判处适当的刑罚。如果评断不当，量刑也可能畸轻畸重。

此外，行为人的主观恶性程度，国家的政治、经济形势，特别是社会治安形势等，也是决定犯罪的社会危害性程度的重要因素，对于处刑的轻重也有重要影响。因此人民法院在对犯罪分子裁量决定刑罚的时候，也不能忽视这些因素。

其次，量刑必须以刑法为准绳。《刑法》第61条规定，在对犯罪分子决定刑罚的时候，应当"依照本法的有关规定"，这就是说，量刑要以刑法为准绳，依法量刑。这是罪刑法定原则在量刑活动中的体现。所谓刑法的有关规定，主要指以下规定：

（1）刑法有关刑罚方法、刑罚制度及其适用条件的规定。例如犯罪的时候不满18周岁的人和审判时怀孕的妇女不适用死刑；累犯应当从重处罚；自首可以从轻、减轻处罚，等等。违反这些规定量刑是不合法的。

（2）刑法有关具体犯罪的量刑幅度的规定。刑法规定的量刑幅度不能任意突破，除具有法定减轻处罚情节以外，只能在量刑幅度以内选择适用适当的刑种或者刑度。法定最高刑为无期徒刑的，不能升格适用死刑；法定最低刑为有期徒刑的，不能降格适用拘役或管制，等等。

（3）刑法有关从重、从轻、减轻以及免除处罚的规定。例如，又聋又哑的人或者盲人犯罪，可以从轻、减轻或者免除处罚；对于预备犯，可以比照既遂犯从轻、减轻或免除处罚；对于未遂犯，可以比照既遂犯从轻或者减轻处罚，等等。量刑时必须严格执行这些规定，保证量刑适当，真正体现惩办与宽大相结合的政策精神。

综上所述，以犯罪事实为根据，以刑事法律为准绳，是我国刑法中规定的量刑原则的两个相辅相成、不可分割的组成部分，偏离其中任何一个部分，就是偏离量刑原则，就会量刑失当，造成错案。只有在量刑过程中将两者同时并重，才能够做到定性准确，量刑适当，罚当其罪。

第十七章　刑罚裁量制度

一　单项选择题

1. 下列犯罪分子的犯罪行为，构成累犯的是（　　）。

A. 甲某被判 5 年有期徒刑，剥夺政治权利 3 年，5 年刑满释放后第 2 年又犯强奸、爆炸罪

B. 乙某被判 10 年有期徒刑，执行 5 年后获假释，假释后第 2 年又犯抢劫罪

C. 丙某因诽谤罪被判有期徒刑 2 年缓刑 2 年，缓刑考验期满后第 6 年又犯故意伤害罪

D. 丁某因盗窃被邻居孙某告发，被判处拘役，刑满释放后到家的当晚，丁某越想越气，抓起菜刀直奔孙家，孙某正在门口吃饭，丁某冲上去举刀就砍，孙某躲闪不及，身中数刀当场死亡

2. 关于累犯的正确表述是（　　）。

A. 对于累犯可以适用缓刑　　　　　B. 对于累犯应当从重处罚

C. 对于累犯可以假释　　　　　　　D. 对于累犯应当加重处罚

3. 甲某在诈骗后，自动投案，如实供述自己的罪行。但是后来又翻供，拒不认罪。直到被检察机关起诉至法院，在庭审期间才又恢复原先如实的供述。甲某的行为是（　　）。

A. 揭发　　　　　B. 坦白　　　　　C. 立功　　　　　D. 自首

4. 下列情形中应当认定为自首的有（　　）。

A. 共同犯罪案件中的犯罪嫌疑人如实供述自己的罪行，但未供述其所知的同案犯

B. 某甲在盗窃银行时被当场抓获，在审问中，某甲又主动交代曾盗窃作案 5 起，累计财物价值 2 万元的犯罪事实

C. 犯罪嫌疑人自动投案并如实供述自己罪行后，为自己的行为在法律允许的

范围内进行辩护的

D. 某乙犯罪后经亲友规劝，在亲友的陪同下投案，如实交代自己的罪名，但之后又翻供，并维持到一审判决

5. 甲某犯放火罪，被判处有期徒刑 15 年，刑罚执行 10 年以后，又犯故意伤害罪，被判处有期徒刑 9 年，数罪并罚时，其应实际执行的最低刑期是（   ）。

A. 15 年
B. 20 年
C. 10 年
D. 19 年

6. 下列情形哪一项属于自首？（   ）

A. 甲杀人后其父主动报案并将甲送到派出所，甲当即交代了杀人的全部事实和经过

B. 甲和乙共同贪污之后，主动到检察机关交代自己的贪污事实，但未提及乙

C. 甲和乙共同盗窃之后，主动向公安机关反映乙曾经诈骗数千元，经查证属实

D. 甲给监察局打电话，承认自己收受他人 1 万元贿赂，并交代了事情经过，然后出走，不知所踪

7. 假如甲罪的法定刑为"三年以上十年以下有期徒刑"，下列关于量刑的说法正确的是（   ）。

A. 如果法官对犯甲罪的被告人判处 7 年以上 10 年以下有期徒刑，就属于从重处罚；如果判处 3 年以上 7 年以下有期徒刑，就属于从轻处罚

B. 法官对犯甲罪的被告人判处 3 年有期徒刑时，属于从轻处罚与减轻处罚的竞合

C. 由于甲罪的法定最低刑为 3 年以上有期徒刑，所以，法官不得对犯甲罪的被告人宣告缓刑

D. 如果犯甲罪的被告人不具有刑法规定的减轻处罚情节，法官就不能判处低于 3 年有期徒刑的刑罚，除非根据案件的特殊情况，报经最高人民法院核准

8. 关于累犯，下列哪一判断是正确的？（   ）

A. 甲因抢劫罪被判处有期徒刑十年，并被附加剥夺政治权利三年。甲在附加刑执行完毕之日起五年之内又犯罪。甲成立累犯。

B. 甲犯抢夺罪于 2005 年 3 月假释出狱，考验期为剩余的二年刑期。甲从假释考验期满之日起五年内再故意犯重罪。甲成立累犯。

C. 甲犯危害国家安全罪五年徒刑期满，六年后又犯杀人罪。甲成立累犯。

D. 对累犯可以从重处罚。

9. 甲因为盗窃乙的自行车（价值 460 元）被抓获，公安机关对其作出行政拘留 15 日的处罚。在被行政拘留期间，甲主动交代了盗窃丙的摩托车（价值 2 万元）的犯罪事实，该事实经公安机关查证属实。对甲主动交代盗窃摩托车一事的行为应如何定性？（　　）

A. 自首　　　　　　　　　　B. 坦白

C. 立功　　　　　　　　　　D. 重大立功

10. 关于缓刑，下列哪一选项是正确的？（　　）

A. 对累犯以及杀人、伤害等暴力性犯罪，不得宣告缓刑

B. 被宣告缓刑的犯罪分子，在缓刑考验期内，只要没有再犯新罪的，缓刑考验期满，原判刑罚就不再执行

C. 缓刑考验期限，从判决确定之日起计算

D. 被宣告缓刑的犯罪分子，在缓刑考验期内犯新罪的，应当撤销缓刑，将前罪和后罪所判处的刑罚，依照先减后并的方法决定应当执行的刑罚

11. 关于数罪并罚，下列哪一选项是错误的？（　　）

A. 甲在刑罚执行完毕以前发现漏罪的，应当按照"先并后减"的原则实行数罪并罚

B. 乙在刑罚执行完毕以前再犯新罪的，应当按照"先减后并"的原则实行数罪并罚

C. 丙在刑罚执行完毕以前再犯新罪，同时又发现漏罪的，应当先将漏罪与原判决的罪实行"先并后减"；再对新罪与前一并罚后尚未执行完毕的刑期实行"先减后并"

D. "先减后并"在一般情况下使犯罪人受到的实际处罚比"先并后减"轻

12. 关于犯罪数额的计算，下列哪一选项是正确的？（　　）

A. 甲 15 周岁时携带凶器抢夺他人财物价值 3 万元；17 周岁时抢劫他人财物价值 2 万元。甲的犯罪数额是 5 万元。

B. 乙收受贿赂 15 万元，将其中 3 万元作为单位招待费使用。乙的犯罪数额是 12 万元。

C. 丙第一次诈骗 6 万元，第二次诈骗 12 万元，但用其中 6 万元补偿第一次诈骗行为被害人的全部损失。丙的犯罪数额是 6 万元。

D. 丁盗窃他人价值 6000 元的手机，在销赃时夸大手机功能将其以 1 万元卖出。丁除成立盗窃罪外，还成立诈骗罪，诈骗数额是 1 万元。

二　多项选择题

1. 依照我国刑法规定，对犯罪分子的下列情形，应当从重处罚的有（　　）。

A. 甲某对不满他的人犯非法拘禁罪，并且具有殴打、侮辱情节

B. 乙某指使其 15 岁的邻居扒窃他人 5000 元人民币

C. 丙某引诱不满 14 岁的幼女卖淫

D. 丁某挪用扶贫款物归个人使用

2. 下列哪些犯罪行为应按照数罪并罚的原则处理？（　　）

A. 某甲以 5000 元钱从他人处买下被骗的女青年某乙，强行与其结婚。某乙不从，某甲遂将某乙锁在屋内，以防其逃走。

B. 某丙犯 A 罪，处 10 年有期徒刑，犯 B 罪，处 15 年有期徒刑，并罚后决定执行 19 年有期徒刑。

C. 某丁犯 A 罪，处无期徒刑，犯 B 罪，处无期徒刑，并罚后决定执行死刑。

D. 某公司经理为向李某索取债务，将李某骗到租用的房间内，对其严刑拷打，造成重伤，5 天后将其放回。

3. 下列关于缓刑的说法，哪些是错误的？（　　）

A. 对累犯以及实施杀人等暴力性犯罪的人，不得宣告缓刑。

B. 拘役的缓刑考验期为原判刑期以上一年以下，但是不能少于一个月。

C. 被宣告缓刑的犯罪分子，在缓刑考验期内，遵守有关缓刑的规定，只要没有再犯新罪的，缓刑考验期满，原判刑罚就不再执行。

D. 被宣告缓刑的犯罪分子，在缓刑考验期内犯新罪的，应当撤销缓刑，将前罪和后罪所判处的刑罚，依照先减后并的方法决定应执行的刑罚。

4. 被判处管制、拘役、有期徒刑、无期徒刑的犯罪分子，执行期间，如果有重大立功表现的，应当减刑。"重大立功表现"是指：（　　）。

A. 阻止他人重大犯罪活动的

B. 检举监狱内外重大犯罪活动，经查证属实的

C. 有发明创造或者重大技术革新的

D. 在日常生产、生活中舍己救人的

5. 以下哪些被告人构成累犯？（　　）

A. 某甲犯强奸罪被判处有期徒刑 5 年，刑满释放后的第 4 年，又犯妨害公务罪，被判处有期徒刑 6 个月。

B. 某乙犯间谍罪被判有期徒刑，刑罚执行完毕后第 2 年又犯抢劫罪。

C. 某丙犯传染病菌种、毒种扩散罪被判有期徒刑，刑罚执行完毕后第 3 年又犯故意杀人罪。

D. 某丁犯故意伤害罪被判有期徒刑 10 年，执行 6 年后获得假释，假释后的第 7 年又犯诈骗罪。

6. 下列关于从重处罚的表述哪些是正确的？（　　　）

A. 从重处罚是指应当在犯罪所适用刑罚幅度的中线以上判处

B. 从重处罚是在法定刑以上判处刑罚

C. 从重处罚是指在法定刑的限度以内判处刑罚

D. 从重处罚不一定判处法定最高刑

7. 下列哪些情形不能数罪并罚？（　　　）

A. 投保人甲，为了骗取保险金杀害被保险人

B. 15 周岁的甲，盗窃时拒捕杀死被害人

C. 司法工作人员甲，刑讯逼供致被害人死亡

D. 运送他人偷越边境的甲，遇到检查将被运送人推进大海溺死

8. 关于自首中的"如实供述"，下列哪些选项是错误的？（　　　）

A. 甲自动投案后，如实交代自己的杀人行为，但拒绝说明凶器藏匿地点的，不成立自首。

B. 乙犯有故意伤害罪、抢夺罪，自动投案后，仅如实供述抢夺行为，对伤害行为一直主张自己是正当防卫的，仍然可以成立自首。

C. 丙虽未自动投案，但办案机关所掌握线索针对的贪污事实不成立，在此范围外丙交代贪污罪行的，应当成立自首。

D. 丁自动投案并如实供述自己的罪行后又翻供，但在二审判决前又如实供述的，应当认定为自首。

三　名词解释

1. 累犯　2. 立功　3. 数罪并罚　4. 战时缓刑　5. "先并后减"与"先减后并"

四　简答题

1. 简述自首与坦白的异同。

2. 简述一般累犯的构成要件。

3. 简述先减后并与先并后减的区别。

五 论述题

1. 论述刑法中的立功制度。

2. 论述我国刑法中数罪并罚原则。

六 案例分析题

被告人李某，男，河南省新乡人。李某因诈骗罪和盗窃罪分别被判处 4 年和 2 年有期徒刑，决定执行 5 年有期徒刑。在刑罚执行 3 年后，李某企图越狱逃脱被抓回。法院在审理期间又发现李某曾经参与拐卖妇女的犯罪。法院对李某逃脱罪判处 4 年有期徒刑，对拐卖妇女罪判处 10 年有期徒刑。

问题：法院对李某应如何决定执行刑罚？

参考答案

一 单项选择题

1. A 2. B 3. D 4. C 5. D 6. A 7. D 8. B 9. A 10. C 11. D 12. A

二 多项选择题

1. ABCD 2. BD 3. ABCD 4. ABCD 5. ABD 6. CD 7. BC 8. AD

三 名词解释

1. 累犯：是指因犯罪而受过一定的刑罚处罚，刑罚执行完毕或者赦免以后，在法定期限内又犯一定之罪的犯罪人，包括一般累犯和特别累犯。一般累犯，是指被判处有期徒刑以上刑罚，刑罚执行完毕或者赦免以后，在 5 年以内再犯应当判处有期徒刑以上刑罚之犯罪的犯罪分子。成立一般累犯须具有以下条件：（1）前罪与后罪都必须是故意犯罪；（2）前罪被判处有期徒刑以上刑罚，后罪应当被判处有期徒刑以上刑罚；（3）后罪发生在前罪的刑罚执行完毕或者赦免以后5年之内。特别累犯，也即危害国家安全罪累犯，是指犯危害国家安全罪受过刑罚处罚，在刑罚执行完毕或者赦免以后，在任何时候再犯危害国家安全罪的犯罪分子。成立特别累犯的条件有：（1）前罪与后罪必须都是危害国家安全罪；（2）前罪必须被判处刑罚；（3）后罪必须发生在前罪的刑罚执行完毕或者赦免以后。

2. 立功：是指犯罪分子揭发他人犯罪行为，查证属实，或者提供重要线索，从而得以侦破其他案件等情况的行为。

3. 数罪并罚：是指对一人所犯数罪合并处罚的制度。我国刑法中的数罪并罚，是指人民法院对判决宣告前一人所犯数罪，或者判决宣告后，刑罚执行完毕前发现漏罪或又犯新罪的，在分别定罪量刑后，按照法定的并罚原则及刑期计算方法，决定对其应执行的刑罚的制度。

4. 战时缓刑：是指在战时，对被判处3年以下有期徒刑没有现实危险的犯罪军人，暂缓其刑罚执行，允许其戴罪立功，确有立功表现时，可以撤销原判刑罚，不以犯罪论处的制度。适用战时缓刑的条件有：（1）必须是在战时；（2）只能是被判处3年以下有期徒刑的犯罪军人；（3）必须是在战争条件下宣告缓刑没有现实危险。

5. "先并后减"与"先减后并"：先减后并与先并后减都是我国刑法规定的适用数罪并罚的特殊情形。先减后并是指在数罪并罚中，应当先将已执行的刑期折减原判决决定的刑期，再将原判决折减后的刑期与新罪判决的刑期按数罪并罚的原则进行合并。先并后减是指在数罪并罚中，应当先将数罪所分别判处的刑法按数罪并罚的原则进行合并，然后再将已执行的刑期折减新判决决定的刑期。

四　简答题

1. 广义的坦白包括自首。狭义的坦白是指犯罪分子被动归案后，如实供述自己被司法机关指控的犯罪事实，并接受国家审查和裁判的行为。自首与狭义的坦白之间的相同之处是：（1）二者都以犯罪人实施了犯罪行为为前提；（2）二者在犯罪人归案之后都能如实交代自己的犯罪事实；（3）二者的犯罪人都具有接受国家审查和裁判的行为；（4）二者的犯罪人都可以得到适当的从宽处罚。二者的区别是：（1）自首是犯罪人自动投案之后主动如实供述自己的犯罪事实的行为，坦白是犯罪人被动归案后如实供述被指控的犯罪事实的行为；（2）自首的犯罪分子悔罪表现较好，其人身危险性相对较小；坦白的犯罪分子往往是在一定的条件下被迫认罪的，其人身危险性相对较大；（3）自首是法定的从宽处罚情节，坦白是酌定的从宽处罚情节。

2. 一般累犯的构成要件是：（1）主观条件：前罪和后罪都是故意犯罪。（2）刑度条件：前罪的宣告刑是有期徒刑以上刑罚，后罪应当判处有期徒刑以上的刑罚。（3）时间条件：后罪必须发生在前罪刑罚执行完毕或者赦免之日起或者假释考验期满之日起5年之内。

3. 先减后并与先并后减都是我国刑法规定的适用数罪并罚的特殊情形。先减后并是指在数罪并罚中，应当先将已执行的刑期折减原判决决定的刑期，再将原判决折减后的刑期与新罪判决的刑期按数罪并罚的原则进行合并。根据我国刑法规定，适用先减后并方法的情形主要有两种：（1）判决宣告以后，刑罚执行完毕以前，被判刑的犯罪分子又犯罪的；（2）被假释的犯罪分子，在假释考验期限内犯新罪。先并后减是指在数罪并罚中，应当先将数罪所分别判处的刑法按数罪并罚的原则进行合并，然后再将已执行的刑期折减新判决决定的刑期。适用先并后减的也主要有两种情形：（1）判决宣告以后，刑罚执行完毕以前，发现被判刑的犯罪分子在判决宣告以前还有其他罪没有判决的；（2）在假释考验期限内，发现被假释的犯罪分子在判决宣告以前还有其他罪没有判决的。

从上述可见，二者的区别主要表现在：（1）犯罪分子所犯罪行发生的时间不同：前者犯罪分子有一部分罪行发生在判决宣告以前，而在判决宣告以后，刑罚执行完毕之前又犯新罪；后者是犯罪分子所犯罪行全部发生在判决宣告以前，只是由于某些原因，在判决时只发现了部分罪行。（2）并罚的方法不同：前者是先对新罪作出判决，然后将新罪判决所判处的刑罚和前罪没有执行完的刑罚并罚，依法决定应该执行的刑罚；后者是先对漏罪作出判决，然后将漏罪判决所判处的刑罚和前罪判处的刑罚并罚，再减去已经执行的刑期，最后决定应该执行的刑罚。（3）对于已执行的刑罚的处理不同：前者前罪已执行的刑罚在并罚之前已经减掉，将没有执行完的刑罚和新罪所判处的刑罚并罚，故称"先减后并"；后者已执行的刑期，应当计算在并罚以后的新的判决所确定的刑期里面，新刑期扣除已执行的刑期，就是还应该执行的刑期，故称"先并后减"。（4）在处理后果上，先减后并的刑期计算方法与先并后减的计算方法相比，可能给予犯罪分子的惩罚更重。具体表现在：一是实际执行刑罚的最低期限即起刑点比较高；二是先减后并，犯罪分子实际执行的刑罚，有期徒刑最高可以超过20年，拘役最高可以超过1年，管制最高可以超过3年，而先并后减则不可能超过上述期限。

五 论述题

1. 所谓立功，是指犯罪分子揭发他人犯罪行为，查证属实，或者提供重要线索，从而得以侦破其他案件等情况的行为。根据刑法规定和有关解释，立功的情形主要有以下两种：（1）犯罪分子到案后检举、揭发他人犯罪行为，包括共同犯罪案件中的犯罪分子揭发同案犯共同犯罪以外的其他犯罪，经查证属实。（2）提供其他案件的重要线索，查证属实并使司法机关得以侦破。此外，属于立功情形的还有：阻止他人犯罪活动；协助司法机关抓捕其他犯罪嫌疑人；具有其他有利于国家和社会的突出表现的，应当认定为有立功表现。

根据刑法规定，立功分为一般立功和重大立功。一般立功主要表现为：揭发他人犯罪行为，查证属实的；提供重要线索，从而得以侦破其他案件的；在押期间阻止他人犯罪活动的，等等。重大立功主要表现为：揭发他人重大犯罪行为，经查证属实；提供重要线索，从而得以侦破其他重大案件的；在押期间阻止他人重大犯罪活动的；协助司法机关抓捕其他重要犯罪嫌疑人（包括其他同案犯）的；等等。

根据我国刑法的规定，犯罪分子有一般立功表现的，可以从轻或减轻处罚；犯罪分子有重大立功表现的，可以减轻或免除处罚；犯罪分子犯罪后自首又有重大立功表现的，应当减轻或免除处罚。

2. 数罪并罚，是指对一人所犯数罪合并处罚的制度。我国刑法中的数罪并罚，是指人民法院对判决宣告前一人所犯数罪，或者判决宣告后，刑罚执行完毕前发现漏罪或又犯新罪的，在分别定罪量刑后，按照法定的并罚原则及刑期计算方法，决定对其应执行的刑罚的制度。

我国刑法确立的是以限制加重原则为主，以吸收原则和并科原则为补充的数罪并罚的综合原则，主要包括：

（1）判决宣告数个死刑或最重刑为死刑的，采用吸收原则，应决定执行一个死刑，低于死刑的其他主刑不再执行。

（2）判决宣告数个无期徒刑或最重刑为无期徒刑的，采吸收原则。无期徒刑是剥夺犯罪人终身自由的刑罚。一个人的终身自由被剥夺，也就不可能再执行其他自由刑刑种。

（3）判决宣告的数个主刑为有期徒刑、拘役或者管制的，采取限制加重原则。即应在总和刑期以下，数刑中最高刑期以上，酌情决定执行的刑期。但管制最高不能超过 3 年，拘役最高不超过 1 年，有期徒刑最高不超过 20 年。考虑到限制加重原则的基本精神，虽然刑法总则规定"以上"、"以下"都包括本数在内，但此处不应包括本数。

（4）数罪中有判处附加刑的，根据附加刑种类的不同，分别采用并科、合并和分别执行原则。但数个附加刑中既有没收财产，又有罚金，根据有关司法解释，如果是没收一部分的，则采用并科原则；如果没收全部财产的，则采取吸收原则，只执行没收财产刑。

第十八章　刑罚执行制度

一　单项选择题

1. 对死刑缓期执行的罪犯经过一次或几次减刑后，其实际执行的刑期，不得少于（　　）年。

A. 12　　　　　　　B. 14　　　　　　　C. 18　　　　　　　D. 20

2. 根据有关规定，下列关于减刑的做法，不正确的有（　　）。

A. 某甲被判处 13 年有期徒刑，因有重大立功表现，法院一次给予减刑 3 年

B. 某乙被判处无期徒刑，执行期间因有重大立功表现，获准减刑，减为 14 年有期徒刑

C. 某丙被判处死刑缓期二年执行，因有重大立功表现，2 年期满后被减为 19 年有期徒刑

D. 某丁被判处有期徒刑 13 年，在服刑期间悔改表现突出，法院一次给予减刑 3 年

3. 下列关于假释的说法，哪些是正确的？（　　）

A. 对于因杀人、绑架等暴力性犯罪被判处 10 年以上有期徒刑的犯罪分子，不得假释；当他们被减刑后，如果剩余刑期低于 10 年有期徒刑，则可以假释

B. 被假释的犯罪分子，在假释考验期限内犯新罪的，应当撤销假释，按照先并后减的方法实行数罪并罚

C. 被假释的犯罪分子，在假释考验期内，遵守了各种规定，没有再犯新罪，也没有发现以前还有其他罪没有判决的，假释考验期满，剩余刑罚就不再执行

D. 被判处有期徒刑的犯罪分子，执行原判刑期 1/2 以上，如果符合假释条件，可以假释，如果有特殊情况，经高级人民法院核准，可以不受上述执行刑期的限制

4. 下列哪些规定不是被宣告缓刑的犯罪分子、被宣告假释的犯罪分子被判处

管制的犯罪分子都应当遵守的？（ ）

A. 遵守执行机关关于会客的规定

B. 未经执行机关的批准，不得行使言论、出版、集会、结社、游行、示威自由的权利

C. 按照执行机关的规定报告自己的活动情况

D. 离开所居住的市、县或者迁居，应当报经执行机关批准

5. 关于假释，下列哪一选项是错误的？（ ）

A. 甲系被假释的犯罪分子，即便其在假释考验期内再犯新罪，也不构成累犯。

B. 乙系危害国家安全的犯罪分子，对乙不能假释。

C. 丙因犯罪被判处有期徒刑二年，缓刑三年。缓刑考验期满后，发现丙在缓刑考验期内的第七个月犯有抢劫罪，应当判处有期徒刑八年，数罪并罚决定执行九年。丙服刑六年时，因有悔罪表现而被裁定假释。

D. 丁犯抢劫罪被判有期徒刑九年，犯寻衅滋事罪被判有期徒刑五年，数罪并罚后，决定执行有期徒刑十三年，对丁可以假释。

二 多项选择题

1. 关于减刑的时间限制，下列说法正确的是（ ）。

A. 有期徒刑罪犯的减刑起始时间一般在执行 1 年以上

B. 被判处无期徒刑的罪犯，一般执行 2 年以上方可减刑

C. 无期徒刑罪犯在刑罚执行期间又犯罪，被判处有期徒刑以下刑罚的，一般在 2 年之内不减刑

D. 被判处 12 年有期徒刑的罪犯，一次减刑 3 年后，须 2 年后才可再次减刑

2. 甲某 2000 年犯抢劫罪被判有期徒刑 3 年，2003 年刑满释放。但甲某不思悔改，2005 年又屡次作案，依法以抢劫罪被判刑 6 年。对甲某（ ）。

A. 可以减刑，也可以适用缓刑　　　B. 不得减刑，也不得假释

C. 不得假释，但可以减刑　　　　　D. 不能适用缓刑，也不得适用假释

3. 王某因犯盗窃罪被判处有期徒刑，执行完毕后第四年，再次犯盗窃罪被人民法院判处二年零九个月有期徒刑。人民法院不能对王某适用下列哪些制度？（ ）

A. 减刑　　　　　B. 缓刑　　　　　C. 假释　　　　　D. 保外就医

4. 对刑法关于撤销假释的规定，下列哪些理解是正确的？（ ）

A. 只要被假释的犯罪分子在假释考验期内犯新罪，即使假释考验期满后才发现，也应当撤销假释。

B. 在假释考验期满后，发现被假释的犯罪分子在判决宣告以前还有其他罪没有判决的，不能撤销假释。

C. 被假释的犯罪分子，在假释考验期内犯新罪的，应当按先减后并的方法实行并罚，但"先减"是指减去假释前已经实际执行的刑期。

D. 在假释考验期内，发现被假释的犯罪分子在判决宣告以前还有其他罪没有判决的，撤销假释后，按照先并后减的方法实行并罚，假释经过的考验期，应当计算在新决定的刑期之内，因为假释视为执行刑罚。

5. 关于假释的适用，下列哪些选项是正确的？（　　　）

A. 甲因爆炸罪被判处有期徒刑 15 年。在服刑 13 年时，因有悔改表现而被裁定假释。

B. 乙犯抢劫罪被判处有期徒刑 9 年，犯嫖宿幼女罪判 8 年，数罪并罚决定执行 15 年。在服刑 13 年时，因有悔改表现而被裁定假释。

C. 丙犯诈骗罪被判处有期徒刑 10 年，刑罚执行 7 年后假释。假释考验期内第二年，丙犯抢劫罪，应当判 9 年，数罪并罚决定执行 10 年。在服刑 7 年时，因有悔改表现而被裁定假释。

D. 丁犯盗窃罪，被判处有期徒刑 3 年，缓刑 4 年。经过缓刑考验期后，发现丁在缓刑考验期内的第二年，犯故意伤害罪，应判 9 年，数罪并罚决定执行 10 年。在服刑 7 年时，因丁有悔改表现而被裁定假释。

三　名词解释

1. 刑罚执行　2. 减刑　3. 假释

四　简答题

1. 简述假释的适用条件。
2. 简述减刑与减轻处罚的区别。
3. 简述减刑与假释的不同。

五 论述题

论述我国刑罚执行的一般原则。

六 案例分析题

王某因犯数罪被人民法院依法判处有期徒刑 20 年，服刑 13 年后被假释。在假释考验期的第六年，王某盗窃一辆汽车而未被发现。假释考验期满后的第四年，王某因抢劫而被逮捕，交代了自己在假释考验期限内盗窃汽车的行为。（司考真题）

（1）对王某是否需要撤销假释？为什么？

（2）对王某假释考验期限内的盗窃行为应如何处理？

（3）对王某假释考验期满后的抢劫罪应如何处理？

（4）对王某最后的刑罚应当如何确定？

参考答案

一 单项选择题

1. A　2. D　3. C　4. B　5. B

二 多项选择题

1. BCD　2. BD　3. BC　4. ABC　5. BCD

三 名词解释

1. 刑罚执行：是指有行刑权的司法机关依法将生效的刑事裁判对犯罪分子确定的刑罚付诸实施的刑事司法活动。

2. 减刑：是指对被判处管制、拘役、有期徒刑、无期徒刑的犯罪分子，因其在刑罚执行期间确有悔改或者立功表现，而适当减轻其原判刑罚的制度。

3. 假释：是指被判处有期徒刑、无期徒刑的犯罪分子，在执行一定刑期后，确有悔改表现，不致再危害社会，附条件地将其提前释放的一种执行刑罚的制度。

四　简答题

1. 假释的适用条件是：（1）假释只适用于被判处有期徒刑、无期徒刑的犯罪分子。（2）假释只适用于已经执行了一定刑期的犯罪分子。但如果有特殊情况，经最高人民法院核准，可以不受执行刑期的限制。（3）假释只适用于认真遵守监规、接受教育改造、确有悔改表现、假释后不致再危害社会的犯罪分子。（4）对累犯以及因杀人、爆炸、绑架、强奸、抢劫等暴力性犯罪被判处 10 年以上有期徒刑、无期徒刑的犯罪分子，不得假释。

2. 减刑与减轻处罚的区别是：（1）性质不同。减刑是刑罚执行制度，减轻处罚是量刑情节。（2）适用的对象不同。减刑适用于已决犯，减轻处罚适用于未决犯。

3. 减刑，是对被判处管制、拘役、有期徒刑或者无期徒刑的犯罪分子，因其在刑罚执行期间认真遵守监规，接受教育改造，确有悔过或者立功表现，而适当减轻其原判刑罚的制度。所谓减轻原判刑罚，既可以是将较重的刑种减为较轻的刑种，也可以是将较长的刑期减为较短的刑期。而我国刑法规定的假释，是对被判处有期徒刑、无期徒刑的犯罪分子，在执行一定刑期之后，因其认真遵守监规，接受教育改造，确有悔改表现不致再危害社会，而附条件地将其予以提前释放的制度。

从我国刑法关于减刑和假释的规定可以看出，假释与减刑不同。两者虽然都是刑罚执行制度，且适用前提有相同之处，但仍在许多方面不同：（1）适用范围不同。假释只适用于被判处有期徒刑和无期徒刑的犯罪分子；减刑适用于被判处管制、拘役、有期徒刑、无期徒刑的犯罪分子。（2）假释只能宣告一次；而减刑不受次数的限制，可以减刑一次，也可减刑数次。（3）假释附有考验期，如果发生法定情形，就撤销假释；减刑没有考验期，即使犯罪分子再犯新罪，已减的刑期也不恢复。（4）适用方法不同。对被假释人当即解除监禁，予以附条件释放；对被减刑人则要视其减刑后是否有余刑，才能决定是否释放，有未执行完的刑期的，仍需在监狱继续执行。

五 论述题

刑罚的执行原则，即在刑罚执行过程中应遵循或依据的准则。刑罚执行原则贯穿于整个行刑活动中。根据我国的行刑目的和行刑实践，刑罚的执行原则有：教育性原则、人道主义原则、区别对待原则、社会化原则。

（1）教育性原则。刑罚执行的教育性原则，是指执行刑罚应当从实现特殊预防及一般预防的目的出发，对犯罪分子以及社会公众进行积极的教育，而非消极的惩罚与威慑。教育性原则的具体要求有：①正确地执行刑罚。刑法是国家对犯罪分子的否定性评价，只有正确无误地执行，才能对社会公众产生教育作用，使之知法、懂法、守法，使犯罪分子认罪伏法，诚心诚意地接受劳动改造。②坚持惩罚与改造相结合、教育和劳动相结合的原则，教育和劳动是对犯罪分子进行改造的两个基本手段，但要以教育为主，劳动为辅，必须在生产劳动的基础上重视思想教育。在司法实践中要防止只偏重文化、技术教育或者片面追求生产和经济效益的错误倾向。③对犯罪分子的改造，要以教育疏导为主，以强制性的执行措施为辅。强制性的执行措施只能暂时地在表面上压服犯罪人，但是不能从根源上消除犯罪人犯罪性，而且容易引起犯罪人的抵触情绪，不利于实现预防犯罪的行刑目的。④要坚持区别对待的方针。根据每一个犯罪人的个人性格、犯罪种类、人身危险性等情况，采取不同的教育方法。

（2）人道主义原则。即尊重犯人人格，禁止适用残酷的刑法手段，关心犯人的实际困难，注重犯人的政治思想和文化、技能教育，促使其成为自食其力的新人。其具体要求有：①从观念上把犯罪人当人看，在人格上不歧视犯罪人，不刑讯逼供，不用肉刑，不侮辱虐待，竭力消除犯罪人的自暴自弃的思想和对立情绪，使其树立起重新生活的信心。②建立科学的刑罚执行制度，正确适用死缓制度，减少死刑立即执行，改善刑罚的执行方法，对少年犯、孕妇以及老弱病残犯罪人实行特殊的宽缓政策，根据犯罪人的实际情况决定刑罚的执行方法。③在生活上关心犯罪人，尤其是对未成年人，要尽量地感化教育他们，医治他们心灵上的创伤。④对刑满释放人员要贯彻"给出路"的政策，说服社会各界不歧视、不嫌弃他们，积极为他们提供学习、工作、劳动的机会。

（3）区别对待原则。是指在刑罚执行期间，应当根据犯罪人的具体情况，比如犯罪分子的性格、年龄、性别、文化程度、身体状况、犯罪性质以及特点、罪行严重程度及人身危险性大小，给予个别处遇措施，采取不同的教育方式，主要体现在犯罪分子执行刑罚中的关押、文化教育、劳动、奖励和惩罚等各方面。

（4）社会化原则。刑罚执行的社会化原则，是指在刑罚执行过程中要依靠社会力量对犯罪人进行帮助和教育，使其很容易地回归社会。社会化的原则包括两方面的内容：一是调动社会的积极因素影响犯罪人，让社会参与对犯罪人的改造；二是培养犯罪分子再社会化的能力，使其能够适应正常的社会生活。

六　案例分析题

（1）对王某需要撤销假释。根据《刑法》第 86 条的规定："被假释的犯罪分子，在假释考验期限内犯新罪的，应该撤销假释。"

（2）根据《刑法》第 86 条和第 71 条、第 69 条的规定，王某假释考验期限内的盗窃行为应该作出如下处理：对新犯的罪作出判决，把前罪没有执行的刑罚和后罪所判处的刑罚按照数罪并罚的规定处罚。

（3）根据《刑法》第 65 条的规定："对于被假释的犯罪分子，假释期满以后，在 5 年以内再犯应处有期徒刑以上刑罚之罪的，是累犯，应当从重处罚。"所以，王某应按累犯从重处罚。

（4）对王某的刑罚应该：首先，对王某所犯的盗窃罪作出判决；其次，把盗窃罪所判处的刑罚和未服的 7 年刑期，在总和刑期以下，数刑中最高刑期以上，酌情决定执行的刑罚；再次，对王某的抢劫罪按累犯从重处罚；最后，把抢劫罪所判处的刑罚与前面判处的刑罚，按数罪并罚的原则决定执行的刑罚，罚金仍需执行。

第十九章　刑罚的消灭

一　单项选择题

1. 张某于 1992 年 4 月 2 日犯甲罪，该罪的法定最高刑为 10 年，1994 年 6 月 3 日，该人又犯乙罪。那么，甲罪的追诉期限的结束时间应为（　　　）。

A. 2009 年 6 月 2 日　　　　　　　　B. 2004 年 6 月 2 日

C. 2007 年 4 月 1 日　　　　　　　　D. 2002 年 4 月 1 日

2. 下列哪种情形应当受到追诉期限的限制？（　　　）

A. 在人民法院受理了齐某自诉汤某伤害案件以后，汤某离家杳无音信。

B. 丛某因出国而未在法定期限内对钟某侮辱案提出控告。

C. 薛某向公安机关报案，声称自己被抢劫，因薛某说话颠三倒四，接案人员对其报案有怀疑而未立案。

D. 秦某得知与其共同诈骗的李某被公安机关抓获逃离居住地藏匿。

二　多项选择题

1. 刑罚消灭的主要法定原因有（　　　）。

A. 经特赦免除刑罚

B. 告诉才处理的案件没有告诉

C. 超过追诉时效

D. 犯罪人由于遭遇不能抗拒的灾祸，被免除罚金的

2. 刑法规定，对犯罪分子追究刑事责任的有效期限，从（　　　）开始计算。

A. 犯罪预备之日

B. 犯罪之日

C. 犯罪行为有连续状态的，自犯罪行为终了之日

D. 犯罪结果发生之日

三　名词解释

1. 刑罚消灭　2. 追诉时效　3. 追诉时效的中断　4. 特赦

四　简答题

1. 简述大赦和特赦的区别。
2. 简述我国刑法对追诉期限的规定。

五　论述题

试论述刑法上的时效中断和延长。

六　案例分析题

被告人黄某因女友兰某向其提出分手而对兰某怀恨在心，蓄意报复。1999 年 9 月 25 日下午，黄某想方设法将兰某骗至其所在房间，并提前准备了一瓶容量约 300 毫升、浓度为 95% 的硫酸。当晚，兰某下班后如约来到黄某的房间后，黄某趁其不备，将事先准备好的一瓶硫酸全部泼到兰某的面部等处，致使兰某的面部、颈部等处被严重烧灼伤，经法医鉴定为重伤。次日，公安机关将黄某依法逮捕。在公安机关的询问过程中，黄某还交代了其如下犯罪事实：1981 年 4 月 2 日，从建安公司偷出 4 台绞车，当时销赃得 1500 元（实际价值为 2000 元）。

问题：试诉黄某所触犯的罪名及追诉时效。

参考答案

一　单项选择题

1. A　2. B

二 多项选择题

1. ABCD 2. BC

三 名词解释

1. 刑罚消灭：是指由于法定的或事实的原因，致使代表国家的司法机关不能对犯罪人行使具体的刑罚权。它具有以下特征：（1）刑罚消灭的前提是对犯罪人应当适用或执行刑罚或者正在执行刑罚。（2）刑罚消灭意味着代表国家的司法机关丧失其对犯罪人行使具体的刑罚权。（3）刑罚消灭必须基于一定的原因。

2. 追诉时效：是指刑法规定的、对犯罪人追究刑事责任的有效期限。

3. 追诉时效的中断：是指在追诉时效进行期间，因发生法律规定的事由，而使以前所经过的时效期间归于无效，法律规定的定事由终了之时，时效重新开始计算。

4. 特赦：是指国家对特定的犯罪人免除执行全部或者部分刑罚的制度。特赦的特点是：对象是特定的犯罪人；效果是只免除刑罚的执行而不免除其罪。

四 简答题

1. 赦免，是指国家宣告对犯罪人免除其罪、免除其刑的法律制度，包括大赦和特赦两种。大赦，是国家对某一时期内犯有一定罪行的犯罪人免予追诉和免除刑罚执行的制度。特赦，是指国家对特定的犯罪人免除执行全部或者部分刑罚的制度。二者的区别表现在：

（1）对象的范围不同。大赦的对象既可能是国家某一时期的各种犯罪人，也可能是国家某一时期犯有特定罪行的犯罪人，也可能是某一地区的全体犯罪人，也可能是参与某一重大历史事件的所有犯罪人。特赦的对象是特定的犯罪人。大赦涉及的犯罪人的人数一般要比特赦所涉及的犯罪人的人数多。

（2）效果不同。大赦既赦其罪，又赦其刑。而特赦则只免除刑罚的执行而不消灭其犯罪记录。

2. 根据刑法第 88 条、第 89 条的规定，追诉期限的计算有以下四种情况：

（1）一般犯罪追诉期限的计算。指没有连续与继续犯罪状态犯罪的情形。这种犯罪的追诉期限从犯罪之日起计算。"犯罪之日"的含义，是指犯罪成立之日，即行为符合犯罪构成之日。对不以危害结果为要件的犯罪来说，实施行为之日就是犯罪成立之日；对以危害结果为要件的犯罪来说，危害结果发生之日才是犯罪成立之日。追诉期限的终点时间，是指追查、提起诉讼的时间，只要行为人所犯之罪经过的时间到案件开始进入刑事诉讼程序时尚未过追诉期限，就可以对其追诉。

（2）连续或继续犯罪追诉期限的计算。犯罪行为有连续或者继续状态的，从犯罪行为终了之日起计算。犯罪行为有连续状态的，属于连续犯；犯罪行为有继续状态的，属于继续犯。"犯罪行为终了之日"，就连续犯而言，是指最后一个独立的犯罪行为完成之日；就继续犯而言，是指处于持续状态的一个犯罪行为的结束之日。

（3）追诉时效的中断。在追诉期限以内又犯罪的，前罪追诉的期限从犯后罪之日起计算。

（4）追诉时效的延长。我国刑法规定了两种追诉时效延长的情况：刑法第88条第1款规定，在人民检察院、公安机关、国家安全机关立案侦查或者人民法院受理案件以后，避免侦查或者审判的，不受追诉期限的限制；刑法第88条第2款规定，被害人在追诉期限内提出控告，人民法院、人民检察院、公安机关应当立案而不予立案的，不受追诉期限的限制。

五　论述题

刑法上的时效，是指刑法规定的国家对犯罪人的刑事追诉权和刑罚执行权在一定期限内有效的制度，包括追诉时效和行刑时效。我国刑法只规定了追诉时效。

追诉时效的中断是指在追诉时效进行期间，因发生法律规定的事由而使已经经过的时效归于无效，追诉期限从法律规定的事由发生之日起重新开始计算的制度。我国刑法规定的中断时效的法定事由是"又犯罪"，这种犯罪包括故意犯罪、过失犯罪、重罪、轻罪、与前罪同或不同种罪，无论什么罪，前罪的追诉时效中断，其追诉时效从犯后罪之日起重新计算。同时后罪的追诉时效也开始计算。例如：周某于1997年7月7日犯故意伤害罪，应判处3年以下有期徒刑或拘役、管制，根据刑法规定，其追诉期限是5年，即追诉期限至2002年7月7日。周某的行为一直未被揭露，后于2002年5月4日又犯强奸罪，这时周某犯故意伤害罪的追诉时效中断，其追诉期限从2002年5月4日与强奸罪的追诉期限一起重新开始计算。

　　追诉时效的延长是指由于发生了法律规定的事由，追诉期限无限伸延的制度。根据刑法规定，追诉时效的延长包括两种类型。第一种类型是：犯罪人在人民检察院、公安机关、国家安全机关立案侦查或人民法院受理案件以后，逃避侦查或者审判的。这种情况，追诉时效期限不受限制。例如：陈某于1999年3月4日犯抢夺罪，被害人林某当即向公安机关报案，公安机关予以立案侦查。陈某得知后畏罪外逃，一直没有归案。根据刑法规定，通常情况下，陈某应被判处3年以下有期徒刑、拘役或者管制，其追诉时效是5年。但现在因公安机关已经立案侦查，其追诉时效无限延长，即对陈某的行为不受追诉时效的限制。第二种类型是：被害人在追诉期限内提出控告，人民法院、人民检察院、公安机关应当立案而不予立案的，其追诉时效也不受限制，即无限期延长。例如上例中，若林某向公安机关报案，但公安机关以无法破案为由，应当立案侦查而不予立案，那么根据刑法规定，这时对陈某的追诉时效也无限期延长，即对陈某的追诉不受时效的限制。

六　案例分析题

　　黄某触犯的罪名是故意伤害罪和盗窃罪。根据1997年刑法（从旧兼从轻原则）第264条的规定，案例中被告人黄某盗窃数额较大财物的行为应适用的量刑幅度是"3年以下有期徒刑、拘役或者管制"，其最高刑是3年有期徒刑，而根据刑法第87条的规定，其追诉时效期限为5年。所以，早已过追诉时效，不应再追究刑事责任，仅以故意伤害罪追诉即可。

第二十章　刑法各论概述

一　单项选择题

1. 法条竞合是指（　　　）。

A. 一个犯罪行为触犯数个罪名

B. 一个犯罪行为触犯数个在内容上具有重合或者包容关系的刑法条文

C. 数个行为触犯数个罪名

D. 数个行为触犯数个在内容上具有重合或者包容关系的刑法条文

2. 刑法第340条规定："违反保护水产资源法规……情节严重的，处……"此罪状属于何种罪状？（　　　）

A. 空白罪状　　　　　　　　　　B. 叙明罪状

C. 简单罪状　　　　　　　　　　D. 引证罪状

3. 某法院在判决书中以盗窃罪判处甲有期徒刑8年，以强奸罪判处甲有期徒刑10年，决定执行有期徒刑15年。这15年属于（　　　）。

A. 法定刑　　　　　　　　　　　B. 宣告刑

C. 执行刑　　　　　　　　　　　D. 宣告刑和执行刑

4. 根据刑法条文罪名包含的构成内容及数量单复，罪名可以分为（　　　）。

A. 立法罪名、司法罪名和学理罪名　B. 单一罪名和选择罪名

C. 确定罪名和不确定罪名　　　　D. 单一罪名和复数罪名

二　多项选择题

1. 下列各罪中，属于叙明罪状的犯罪是（　　　）。

A. 故意杀人罪　　　　　　　　　B. 生产、销售伪劣产品罪

C. 伪证罪　　　　　　　　　　　D. 走私淫秽物品罪

2. 下列所列法条中，不属于法条竞合的有（　　　）。

A. 故意杀人罪的法条与故意伤害罪的法条

B. 故意泄露国家秘密罪的法条与故意泄露军事秘密罪的法条

C. 招摇撞骗罪的法条和诈骗罪的法条

D. 盗窃罪的法条与破坏交通工具罪的法条

3. 下列犯罪中，刑法规定了绝对确定法定刑的是（　　　）。

A. 甲在绑架乙时，为了防止乙喊叫，用胶带封住乙的口鼻，不料乙窒息死亡。

B. 丙与境外组织相互勾结，策动我武装部队进行武装叛乱，危害特别严重，情节特别恶劣。

C. 丁以暴力劫持我国内航班，持刀杀死副驾驶，威逼机长飞往某国。

D. 戊在电影院制造爆炸，导致30余名观众死亡。

4. 法条竞合时，可按（　　　）原则处理。

A. 数罪并罚　　　　　　　　B. 从一重罪处断

C. 特别法优于普通法　　　　D. 重法优于轻法

三　名词解释

1. 罪状　2. 空白罪状　3. 叙明罪状　4. 罪名　5. 法定刑

四　简答题

1. 简述我国刑法分则体系建立的主要依据。

2. 简述罪名具有的功能。

3. 简述刑法总则与分则的关系。

4. 简述法定刑与宣告刑的区别。

5. 简述我国刑法分则条文中法定刑的表现方式。

五　论述题

论述刑法各论与刑法总论的关系。

参考答案

一　单项选择题

1. B　2. A　3. B　4. B

二　多项选择题

1. BCD　2. AD　3. AC　4. CD

三　名词解释

1. 罪状：是指刑法分则条文对具体犯罪的基本构成特征的描述。在刑法理论上，通常根据条文对罪状的描述方式不同，将罪状分为 4 种：叙明罪状、简单罪状、引证罪状和空白罪状。

2. 空白罪状：是指条文不直接具体规定某一犯罪的构成特征，但指明确定该罪构成特征需要参照的其他法律法规的规定的罪状。

3. 叙明罪状：条文对具体犯罪的基本构成特征作了详细的描述。

4. 罪名：有广义和狭义之分，广义的罪名包括类罪名，狭义的罪名仅指具体罪名。狭义的罪名，是犯罪的名称或者称谓，是对犯罪本质特征或者主要特征的高度概括。

5. 法定刑：是指刑法分则条文对具体犯罪所确定的适用刑罚的种类和刑罚幅度。

四　简答题

1. 犯罪的同类客体是我国刑法分则对犯罪进行分类的标准。对犯罪以及具体犯罪的排列标准主要是依各类、各种犯罪的社会危害程度。（1）犯罪分类标准：同类客体。犯罪的同类客体，指的是某一类犯罪所共同侵犯的社会关系的某一方面。同类客体揭示的是同一类型犯罪在客体方面的共同本质，我国刑法分则所规定的 10 类犯罪，正是根据同类客体划分的。（2）犯罪排列的标准：犯罪的危害程度。我国刑法分则对各类、各种犯罪，主要是根据犯罪的危害程度，采取由重到轻的排列顺序，并与犯罪分类法相结合，建构分则体系。

2. 正确规定罪名和使用罪名，对于准确区分罪与非罪、此罪与彼罪的界限，正确地定罪和量刑，都具有重要的意义。具体而言，罪名具有下列功能：（1）概括功能。即对社会纷繁复杂、千姿百态、形形色色的犯罪现象进行概括的作用。（2）区分功能。即罪名具有区分罪与非罪、此罪与彼罪界限的作用。（3）评价功能。即罪名具有国家对危害社会的行为所给予的政治上的和法律上的否定评价，以及对行为人进行的非难和谴责的作用。（4）威慑作用。即由于罪名体现了国家对犯罪的否定评价和对行为人的谴责。

3. 刑法总则与分则的关系是一般与特殊、共性与个性、抽象与具体的关系。总则规定的是有关犯罪、刑事责任和刑罚的一般原理、原则，是对分则规定的具体犯罪的抽象概括；分则规定的是各种具体犯罪的构成要件及其法定刑，是对总则规定的一般原理、原则的具体运用。

4. 要正确区分法定刑和宣告刑，应区别以下两点：（1）法定刑着眼于犯罪共性，是立法机关针对具体犯罪的性质和危害程度所确定的量刑标准；（2）宣告刑是着眼于具体犯罪案件及犯罪人的特殊性，是法定刑的实际运用，审判机关对具体犯罪案件中的犯罪人依法判处并宣告的就是法定刑。

5. 法定刑在我国现行刑法中主要有下列五种表现形式：（1）分则条文仅规定法定刑的最高限度，其最低限度由刑法总则确定。（2）法定刑的最低限度由分则确定，其最高限度由刑法总则确定。（3）法定刑的最高限度与最低限度都由分则规定。（4）分则条文规定两种以上的主刑或者规定两种以上主刑并规定附加刑。（5）援引性的法定刑规定在分则条文中。

五　论述题

刑法总论与刑法各论两大部分组成了刑法学体系，两者之间具有密切联系、缺一不可、相互作用的关系。

（1）刑法总论对刑法各论主要有以下几方面作用：第一，概括刑法各论。刑法总论对刑法各论是一种科学的抽象和概括，提炼出有关的原理、原则，从而能够更深刻地认识具体犯罪问题。第二，指导刑法各论。刑法总论关于犯罪和刑罚的一般原理、原则，大都是从刑法各论关于具体犯罪的理论抽象概括得到的，在这个意义上，它指导了对分则各论的研究。第三，制约刑法各论。在罪刑各论的研究中，要受制于刑法总论，受制总论的规定和约束，一些由总论得出的公理和原则，是不能违背的。

（2）刑法各论也同样影响作用于刑法总论。主要表现在以下几方面：第一，贯彻与体现刑法总论。刑法各论对刑法总论中规定的犯罪和刑罚的较为抽象和概括的一般原理和原则，通过各具体罪行的规定，进行了贯彻和体现。第二，进一步加强刑法总论的实践和应用。各论中对各具体犯罪的规定，实际上体现了刑法总论的原理、原则，在实际运用过程中，就是对刑法总则部分的实践。第三，促进和丰富了刑法总论的发展。通过对具体犯罪的不断研究，更加明确了总则原理、原则的内涵与外延，有助于发现总论中的缺陷与不足，从而及时修正、不断完善。

第二十一章　危害国家安全罪

一　单项选择题

1. 下列哪种行为不属于分裂国家罪的实行行为？（　　）

A. 组织分裂国家、破坏国家统一的行为

B. 策划分裂国家、破坏国家统一的行为

C. 实施分裂国家、破坏国家统一的行为

D. 煽动分裂国家、破坏国家统一的行为

2. 甲从国家某秘密档案库中窃取了一份国家绝密文件，并通过互联网秘密发送给境外某通讯社的电子信箱，对甲的行为应当以何罪定罪处罚？（　　）

A. 非法获取国家秘密罪

B. 为境外窃取、刺探、收买、非法提供国家秘密情报罪

C. 为境外窃取、非法提供国家秘密罪

D. 故意泄露国家秘密罪

3. 下列危害国家安全的犯罪中，不要求是特殊主体的有（　　）。

A. 武装叛乱罪　　　　　　　　　　B. 叛逃罪

C. 背叛国家罪　　　　　　　　　　D. 投敌叛变罪

4. 某甲明知某乙是潜入我国进行武装暴乱的犯罪分子，仍然为其提供吃住，还专门为其收购了军服 20 件、子弹 1000 发，则某甲的行为已经构成（　　）。

A. 武装暴乱罪　　　　　　　　　　B. 投敌叛乱罪

C. 资助危害国家安全犯罪活动罪　　D. 窝藏罪

5. 某国家机关工作人员甲借到 M 国探亲的机会滞留不归。一年后甲受雇于 N 国的一个专门收集有关中国军事情报的间谍组织，随后受该组织的指派潜回中国，找到其在某军区参谋部工作的战友乙，以 1 万美元的价格从乙手中购买了 3 份军事机密材料。对甲的行为应如何处理？（　　）（司考真题）

A. 以叛逃罪论处　　　　　　　　B. 以叛逃罪和间谍罪论处

C. 以间谍罪论处　　　　　　　　D. 以非法获取军事秘密罪论处

二　多项选择题

1. 下列哪些行为属于为境外窃取、刺探、收买、非法提供国家秘密罪?（　　）

A. 行为人知道或者应当知道标明密级的事项，而为境外窃取、刺探、收买、非法提供的。

B. 行为人知道或者应当知道没有表明密级的事项关系国家安全和利益，而为境外窃取、刺探、收买、非法提供的。

C. 通过互联网将国家秘密或者情报非法发送给境外的机构、组织、个人的。

D. 将国家秘密通过互联网予以发布，情节严重的。

2. 关于背叛国家罪，下列哪些表述是错误的?（　　）

A. 某外国公民在我国境内时，勾结所在国政府，危害我国的主权、领土完整和安全，可以构成背叛国家罪。

B. 只有与外国政府、政党以及敌视、破坏我国社会主义制度的外国敌对势力相勾结时，才可以构成背叛国家罪。

C. 本罪属于行为犯，不以危害结果的发生为既遂要件。

D. 本罪行为人在实施本罪的过程中又实施了其他危害国家安全的犯罪的，应按照数罪并罚的原则处理。

3. 下列犯罪中，（　　）可以独立适用剥夺政治权利。

A. 背叛国家罪　　　　　　　　　B. 分裂国家罪

C. 武装叛乱罪　　　　　　　　　D. 间谍罪

4. 关于资敌罪的表述，下列哪些是正确的?（　　）

A. 资敌罪只有在战时才能构成

B. 本罪要求一般只有中国公民才能构成

C. 外国人也可以构成本罪的共犯

D. 本罪客观方面包括非战时提供武器及军用物资等

5. 颠覆国家政权罪具有下列哪些特征?（　　）

A. 本罪主体为一般主体，但主要是一些占有国家重要职位、具有较大政治影响力的人

B. 本罪要求至少必须具有组织、策划、实施三种行为方式之一

C. 本罪必须有颠覆国家政权、推翻社会主义制度的内容

D. 构成本罪必须已经构成了实际结果

6. 下列有关资助危害国家安全犯罪活动罪的说法正确的是（　　　）。

A. 该罪的客体是中华人民共和国的国家安全。

B. 该罪的客观方面表现为资助境内组织或者个人实施背叛国家罪，分裂国家罪，煽动分裂国家罪，武装叛乱，暴乱罪，颠覆国家政权罪，煽动颠覆国家政权罪的行为。

C. 该罪的主体只能是境内外机构、组织和个人。

D. 境内组织或者个人资助实施背叛国家罪，分裂国家罪，煽动分裂国家罪，武装叛乱，暴乱罪，颠覆国家政权罪，煽动颠覆国家政权罪的行为，也可以构成该罪。

7. 某甲系我国某核基地的一名工程师，在出国进修期间接受境外间谍机构任务，回国后多次从基地计算机系统中窃取国家核技术秘密送交国外，后被我安全机关逮捕。某甲的行为构成（　　　）。

A. 间谍罪

B. 非法侵入计算机信息系统罪

C. 为境外窃取、非法提供国家秘密罪

D. 故意泄露国家秘密罪

8. 煽动分裂国家罪不属于（　　　）。

A. 行为犯　　　　　B. 结果犯　　　　　C. 举动犯　　　　　D. 危险犯

三　名词解释

1. 背叛国家罪　2. 颠覆国家政权罪　3. 叛逃罪　4. 间谍罪　5. 资敌罪

四　简答题

1. 简述危害国家安全罪的概念和构成特征。

2. 简述叛逃罪与投敌叛变罪的界限。

3. 简述我国刑法对危害国家安全罪从严的规定。

五　论述题

试论述故意泄露国家秘密罪与为境外窃取、刺探、收买、非法提供国家秘密、情报罪的区别。

六　案例分析题

被告人赵某，边防某团二连排长。1980年12月29日，被告人赵某在部队办完退伍手续，没有返回家乡，却于1981年1月3日乘车去河口县城，并于当晚8时许涉水过南溪河逃入越南境内投敌。赵某在越期间，向当局提供了本部队有关建制、武器装备、工事设施等重要军事情报，还绘制了河口地区略图。同时，还对我国现行政策和国家领导人进行污蔑，1982年1月15日赵某被越南当局遣返回国后归案。

问题：根据现行刑法典的规定，被告人赵某的行为构成何罪？

参考答案

一　单项选择题

1. D　2. C　3. A　4. C　5. C

二　多项选择题

1. ABC　2. ABCD　3. BC　4. ABC　5. ABC　6. ABCD　7. A　8. BCD

三　名词解释

1. 背叛国家罪：是指勾结外国或者境外机构、组织、个人，危害国家主权、领土完整和安全的行为。

2. 颠覆国家政权罪：是指组织、策划、实施颠覆国家政权、推翻社会主义制度，危害中华人民共和国国家安全的行为。

3. 叛逃罪：是指国家机关工作人员以及掌握国家秘密的国家工作人员在履行

公务期间，擅离岗位，叛逃境外或者在境外叛逃，危害中华人民共和国国家安全的行为。

4. 间谍罪：是指参加间谍组织或者接受间谍组织及其代理人的任务，或者为敌人指示轰击目标，危害中华人民共和国国家安全的行为。

5. 资敌罪：是指战时供给敌人武器装备、军用物资资敌的行为。

四 简答题

1. 危害国家安全罪，是指故意危害中华人民共和国国家安全的行为。危害国家安全罪具有如下构成特征：

（1）危害国家安全罪的客体是国家的安全。所谓国家安全，是指我国主权、领土完整与安全以及人民民主专政的政权和社会主义制度的安全。（2）危害国家安全罪的客观方面表现为危害中华人民共和国国家安全的行为。所谓危害中华人民共和国国家安全的行为，是指危害我国主权、领土完整与安全以及人民民主专政的政权和社会主义制度的行为。（3）危害国家安全罪的主体，多数是一般主体，少数是特殊主体。（4）危害国家安全罪的主观方面是故意，且绝大多数是直接故意，即明知自己的行为会发生危害中华人民共和国国家安全的后果，并且希望这种结果发生。少数犯罪既可以是直接故意，也可以是间接故意。

2. 叛逃罪，是指国家机关工作人员在履行公务期间，擅离岗位，叛逃境外或者在境外叛逃，危害国家安全的行为。投敌叛变罪，是指中国公民投奔敌方，或者被捕、被俘后投降敌人，危害国家安全的行为。二者的主体都只能是中国公民。二者的不同表现在：（1）犯罪主体范围不同。叛逃罪的主体是特定的中国公民，即只能是中国国家机关工作人员和掌握国家秘密的国家工作人员，而投敌叛变罪的主体则可以是任何已满16周岁，具有刑事责任能力的中国公民。（2）行为表现方式不同。叛逃罪主要表现为履行公务期间，叛逃境外或者在境外叛逃。投敌叛变罪主要表现为投奔敌人营垒或者在被敌人抓捕、俘虏后投降、变节。

3. 危害国家安全罪是性质最严重、危害性最大的一类犯罪，我国刑法总则和分则都贯穿着对该类犯罪从严的精神，具体表现在以下几方面：

（1）刑法第56条规定，对于危害国家安全的犯罪分子，一律应当附加剥夺政治权利。

（2）刑法第66条规定，危害国家安全罪的犯罪分子在刑罚执行完毕或者赦免以后，在任何时候再犯危害国家安全罪的，都以累犯论处。

（3）根据刑法第113条的规定，在12个具体的危害国家安全罪中，可以判处死刑的罪名有7个，所占比例很大。

（4）根据刑法第113条第2款的规定，犯任何一种危害国家安全罪的，都可以并处没收财产。

五　论述题

故意泄露国家秘密罪是指国家机关工作人员违反保守国家秘密法的规定，故意泄露国家秘密，情节严重的行为。为境外窃取、刺探、收买、非法提供国家秘密、情报罪是指为境外的机构、组织或个人窃取、刺探、收买、非法提供国家秘密或情报的行为。两罪的区别主要表现在以下几个方面：

（1）犯罪主体不同。故意泄露国家秘密罪的主体一般为有权知悉国家秘密的国家机关工作人员。而为境外窃取、刺探、收买、非法提供国家秘密、情报罪的主体为一般主体，只要是年满16周岁，具有刑事责任能力的中国公民都可构成本罪，但外国人和无国籍的人不能构成本罪。

（2）犯罪客体不同。故意泄露国家秘密罪的客体是国家的保密制度。为境外窃取、刺探、收买、非法提供国家秘密、情报罪的客体是国家安全和利益。

（3）泄密的对象不同。故意泄露国家秘密罪的泄露对象不分何人，只要将国家的秘密泄露给不应知悉该秘密的人就构成本罪；为境外窃取、刺探、收买、非法提供国家秘密、情报罪的泄密对象则是境外的机构、组织和个人，否则威胁不到国家的安全和利益。

（4）行为表现不同。故意泄露国家秘密罪的行为表现为泄露行为，即把自己掌握或知道的国家秘密泄露给不应知悉的人。为境外窃取、刺探、收买、非法提供国家秘密、情报罪的行为有以下几种表现：①窃取，即采取非法手段秘密取得国家秘密或者情报。②刺探，即通过各种途径和手段，向他人非法探知国家秘密和情报。③收买，指行为人以金钱、财物或其他各种利益作诱饵，非法得到国家秘密或情报。④非法提供，指掌握国家秘密或情报的人，将其非法交付、出售、告知给不应知悉该秘密的人。

（5）罪与非罪的标准不同。故意泄露国家秘密罪的行为必须情节严重才能构成，而为境外窃取、刺探、收买、非法提供国家秘密、情报罪则无此限制。

六　案例分析题

根据现行刑法典第 108 条的规定，被告人赵某的行为构成投敌叛变罪。投敌叛变罪是指中国公民投奔敌人营垒，或者被捕、被俘后投降敌人，危害国家安全的行为。在本案中，被告人赵某逃入越南境内后即向越南当局提供了本部队有关建制、武器装备、工事设施等重要军事情报，其行为不仅表现为投奔敌人营垒，而且由于提供了有关军事情报进而危害国家安全，因而其行为的性质属于投敌叛变罪，应以投敌叛变罪定罪处罚。

第二十二章　危害公共安全罪

一　单项选择题

1. 甲、乙二人在五年间，以夜间在养牛人家的牛草料投放灭鼠药的手段毒死耕牛，并低价收购。然后将牛肉在市场上出售。对行为人应当如何定罪处罚？（　　）

A. 破坏生产经营罪和销售有毒食品罪数罪并罚

B. 故意毁坏财物罪和销售有毒食品罪数罪并罚

C. 盗窃罪和销售有毒食品罪数罪并罚

D. 投放危险物质罪

2. 甲是某搬运场司机，在搬运场驾车作业时违反操作规程，不慎将另一职工轧死。对甲的行为应当如何处理？（　　）

A. 按过失致人死亡罪处理　　　　B. 按交通肇事罪处理

C. 按重大责任事故罪处理　　　　D. 按意外事件处理

3. 司机李某驾驶汽车进城拉货，因想早点到达城里而超速行驶，后刹车不及时，在一弯道处将一行人撞死。李某为了逃避责任，丢下被撞死行人的尸体，以更快的速度驾车逃跑，结果又将一骑车人撞死。李某的行为应当如何认定？（　　）

A. 李某构成交通肇事罪

B. 李某构成故意杀人罪

C. 李某构成交通肇事罪和以危险方法危害公共安全罪

D. 李某构成交通肇事罪和故意杀人罪

4. 张某在公车上窃得某人一提包，下车后打开一看，里面没有钱财，却有手枪一支，子弹若干发，张某便将枪支、子弹放回包内，然后藏于家中。张某的行为构成何罪？（　　）

A. 非法持有枪支、弹药罪　　　　B. 盗窃枪支、弹药罪

256

C. 非法储存枪支、弹药罪   D. 非法携带枪支、弹药罪

5. 卡车司机甲在行车途中，被一吉普车超过，甲顿生不快，便加速超过该车。不一会儿，该车又超过了甲，甲又加速超过该车。当该车再一次试图超车行至甲车左侧时，甲对坐在副座的乙说："我要吓他一下，看他还敢超我。"随即将方向盘向左边一打，吉普车为躲避碰撞而翻下路基，司机重伤，另有一人死亡。甲驾车逃离。甲的行为构成：（   ）

A. 故意杀人罪

B. 交通肇事罪

C. 破坏交通工具罪

D. 故意杀人罪和故意伤害罪的想象竞合犯

6. 甲利用到外国旅游的机会，为了自用，从不法分子手中购买了手枪1支、子弹60发，然后经过伪装将其邮寄回国内。后来甲得知乙欲抢银行，想得到一支枪，就与乙协商，以5000元将其手枪出租给乙使用。乙使用该手枪抢劫某银行，随后被抓获。对甲的行为应如何处理？（   ）

A. 以买卖、邮寄枪支、弹药罪与抢劫罪并罚

B. 以买卖、邮寄枪支、弹药罪与非法出租枪支罪并罚

C. 以走私武器、弹药罪与抢劫罪并罚

D. 以走私武器、弹药罪，非法出租枪支罪，抢劫罪并罚

7. 甲将邻居交售粮站的稻米淋洒农药，取出部分作饵料，毒死麻雀后售与饭馆，非法获利5000元。关于甲行为的定性，下列哪一选项是正确的？（   ）

A. 构成故意毁坏财物罪

B. 构成以危险方法危害公共安全罪和盗窃罪

C. 仅构成以危险方法危害公共安全罪

D. 构成投放危险物质罪和销售有毒、有害食品罪

8. 甲系某公司经理，乙是其司机。某日，乙开车送甲去洽谈商务，途中因违章超速行驶当场将行人丙撞死，并致行人丁重伤。乙欲送丁去医院救治，被甲阻止。甲催乙送其前去洽谈商务，并称否则会造成重大经济损失。于是，乙打电话给120急救站后离开肇事现场。但因时间延误，丁不治身亡。关于本案，下列哪一选项是正确的？（   ）

A. 甲不构成犯罪，乙构成交通肇事罪

B. 甲、乙均构成交通肇事罪

C. 乙构成交通肇事罪和不作为的故意杀人罪，甲是不作为的故意杀人罪的

共犯

D. 甲、乙均构成故意杀人罪

9. 根据刑法规定与相关司法解释，下列哪一选项符合交通肇事罪中的"因逃逸致人死亡"？（　　）

A. 交通肇事后因害怕被现场群众殴打，逃往公安机关自首，被害人因得不到救助而死亡。

B. 交通肇事致使被害人当场死亡，但肇事者误以为被害人没有死亡，为逃避法律责任而逃逸。

C. 交通肇事致人重伤后误以为被害人已经死亡，为逃避法律责任而逃逸，导致被害人得不到及时救助而死亡。

D. 交通肇事后，将被害人转移至隐蔽处，导致其得不到救助而死亡。

10. 甲于夜晚在一条封闭的高速公路上驾车正常行驶时，乙突然翻越护栏横穿公路，甲刹车不及将乙撞死。交警认定甲的行为不构成交通肇事罪。下列说法中，不应当作为交警认定依据的是（　　）。

A. 甲的行为与乙的死亡结果之间没有刑法上的因果关系

B. 甲的行为不违反交通法律法规，缺乏构成交通肇事罪的客观要件

C. 本案属于意外事件

D. 甲对乙的死亡结果没有罪过

二　多项选择题

1. 下列哪些情形，必须造成严重后果才能构成犯罪？（　　）

A. 依法配备公务用枪的人员，非法出租、出借枪支

B. 依法配置枪支的人员，非法出租、出借枪支

C. 依法配备公务用枪的人员丢失枪支不报

D. 生产、销售不符合卫生标准的医疗器材

2. 行为人在交通肇事后为逃避法律追究，将被害人带离事故现场后隐藏或者遗弃，致使被害人无法得到救助而死亡或者严重残疾的（　　）。

A. 对行为人以故意杀人罪或者故意伤害罪定罪处罚

B. 对行为人以交通肇事罪定罪处罚

C. 其他人指示行为人实施上述行为的，以交通肇事罪共犯论处

D. 其他人指示行为人实施上述行为的，以故意杀人罪或者故意伤害罪的共犯

论处

3. 下列关于交通肇事罪与其他罪区分正确的选项是（　　　　）。

A. 甲某用小汽车在公路上撞死了其情敌石某。甲某的行为应为故意杀人罪，而不能定为交通肇事罪。

B. 乙某因提干受挫，遂驾车在大街上横冲直闯，造成 7 人死亡，1 人重伤。乙某的行为构成以危险方法危害公共安全罪，而不是交通肇事罪。

C. 司机丙某在施工场地卸货倒车时，不慎将一聋哑装卸工人轧死。丙某的行为构成重大责任事故罪，而不是交通肇事罪。

D. 司机丁某在一高速公路上驾车行驶时，因疲劳过度将车驶出高速公路，将正在人行道上行走的行人撞死。丁某的行为应认定为交通肇事罪，而不是过失致人死亡罪。

4. 依法被指定、确定的枪支制造企业、销售企业，违反枪支管理规定，有下列哪种行为的，构成违规制造、销售枪支罪？（　　　　）

A. 以非法销售为目的，不按规定品种制造枪支

B. 以非法销售为目的，制造无号枪支

C. 在境内销售为出口制造的枪支

D. 超生产计划限量制造枪支

5. 甲为骗取保险金与乙合谋，由乙将甲投保的汽车烧掉。某日晚乙将该车烧毁，造成直接经济损失 15000 元。当时，车站内停有其他车 20 多辆，距加油站 15 米。甲付乙 1500 元作为酬谢，保险公司向投保人甲支付赔偿 50000 元。甲的行为构成（　　　　）。

A. 放火罪　　　　　　　　　　B. 保险诈骗罪

C. 故意毁坏财物罪　　　　　　D. 破坏交通工具罪

6. 刘某专营散酒收售，农村小卖部为其供应对象。刘某从他人处得知某村办酒厂生产的散酒价格低廉，虽掺有少量有毒物质，但不会致命，遂大量购进并转销给多家小卖部出售，结果致许多饮者中毒甚至双眼失明。下列哪些选项是正确的？（　　　　）

A. 造成饮用者中毒的直接责任人是某村办酒厂，应以生产和销售有毒、有害食品罪追究其刑事责任；刘某不清楚酒的有毒成分，可不负刑事责任。

B. 对刘某应当以生产和销售有毒、有害食品罪追究刑事责任。

C. 应当对构成犯罪者并处罚金或没收财产。

D. 村办酒厂和刘某构成共同犯罪。

7. 下列哪些情形构成以危险方法危害公共安全罪？（　　　）

A. 投放虚假的爆炸性、毒害性、放射性、传染病病原体等物质，严重扰乱社会秩序的

B. 故意破坏正在使用的矿井下的通风设备的

C. 违反国家规定，向土地大量排放危险废物，造成重大环境污染事故，导致多人死亡的

D. 故意传播突发性传染病病原体，危害公共安全的

三　名词解释

1. 以危险方法危害公共安全罪　2. 破坏交通设施罪　3. 破坏电力设备罪　4. 违规制造、销售枪支罪　5. 交通肇事罪　6. 重大劳动安全事故罪　7. 教育设施重大责任事故罪

四　简答题

1. 简述交通肇事罪的概念、主要特征。
2. 简述投毒罪与用投毒的方法实施的故意杀人罪的区别。

五　论述题

试论危害公共安全罪的概念和特征。

六　案例分析题

1. 被告人田某，男，25 岁，某县农民，经常参与赌博。其父田义某屡次对其斥责，要求其戒赌，田某不但不听，反而对其父怀恨在心。一日，田某再次赌博完回家，遇到其父。其父得知其又去赌博，遂再次对其斥责，田某恼羞成怒，抄起锄头，对其父进行追打。其父逃离家中后，田某点燃家里的床单，导致家中家具、门窗以及部分粮食被烧毁，幸好周围邻居及时赶到，将火扑灭，火势没有继续蔓延。据查，田某家周围有多户邻居和一个属村里管的谷仓。

问题：该案田某构成何罪？并说明理由。

2. 被告人陈某，男，33 岁，系某市公安局刑警队的一名干警。1998 年 3 月 7 日，陈某乘坐一出租车去看其住院的母亲，由于心中着急，将随身带的皮包落在出租车上，包内有一支五四式手枪和若干人民币。驾驶该车的司机李某随后发现了陈某的皮包，并发现里面的手枪和人民币，之后将包带回家中。事后，陈某发现皮包遗失，由于怕处分，没有将手枪遗失的事情向公安机关报告。后来，李某将该手枪以 500 元的价格售给王某。1998 年 5 月 3 日，王某持该枪在该市抢劫一商户，由于该商户反抗，王某用枪将其打成重伤，抢走人民币 4000 余元。随后，警方迅速组织力量侦破了此案，抓获了王某，并缴获其作案的用枪。至此，陈某遗失配枪的事情才被公安机关发现。

问题：陈某的行为是否构成犯罪？如果构成，构成何罪？并说明理由。

参考答案

一 单项选择题

1. A　2. C　3. A　4. A　5. B　6. C　7. D　8. B　9. C　10. B

二 多项选择题

1. BC　2. AD　3. ABCD　4. ABC　5. AB　6. BC　7. BD

三 名词解释

1. 以危险方法危害公共安全罪：是指使用放火、决水、爆炸、投放危险物质等方法以外的，但与其危险性相当的其他危险方法危害公共安全的行为。

2. 破坏交通设施罪：是指故意破坏轨道、桥梁、隧道、公路、机场、航道、灯塔、标志或者进行其他破坏活动，足以使火车、汽车、电车，船只、航空器发生倾覆、毁坏危险，或造成严重后果，危害公共安全的行为。

3. 破坏电力设备罪：是指故意破坏电力设备，足以造成或造成严重后果，危害公共安全的行为。

4. 违规制造、销售枪支罪：是指依法被指定、确定的枪支制造企业、销售企业，违反枪支管理规定，以非法销售为目的，超过限额或者不按照规定的品种制造、配售枪支，或者制造无号、重号、假号的枪支，或者非法销售枪支或者在境内销售为出口制造的枪支的行为。

5. 交通肇事罪：违反交通运输管理法规，因而发生重大事故，致人重伤、死亡或者使公私财产遭受重大损失的行为。

6. 重大劳动安全事故罪：是指工厂、矿山、林场、建筑企业或者其他企业、事业单位的劳动安全设施不符合国家规定，经有关部门或单位职工提出后，对事故隐患仍不采取措施，因而发生重大伤亡事故或者造成其他严重后果，危害公共安全的行为。

7. 教育设施重大责任事故罪：是指学校及其他教育机构的直接责任人员，明知校舍或者教育教学设施有危险，而不采取措施或不及时报告，致使发生重大伤亡事故的行为。

四　简答题

1. 所谓交通肇事罪，是指从事交通运输和非交通运输的人员，违反交通运输管理法规，因而发生重大事故，致人重伤、死亡或者使公私财产遭受重大损失的行为。其主要特征是：

（1）主体是一般主体，包括从事交通运输的人员和非交通运输的人员。

（2）客体是交通运输安全，主要是指航空、铁路运输以外的公路交通运输和水路交通运输安全。

（3）客观方面表现为行为人违反交通运输管理法规，因而发生重大交通事故，致人重伤、死亡或者公私财产遭受重大损失的行为。

（4）主观方面表现为过失，即行为人应当预见自己的行为可能发生重大交通事故并造成严重后果，但由于疏忽大意而没有预见，或者虽然预见但轻信能够避免，以致造成了严重后果。

2. 投毒罪与用投毒的方法实施的故意杀人罪的区别主要表现在以下三方面：

（1）侵犯的客体不同。前者侵犯的是公共安全，即不特定或者多人的生命、健康和重大公私财产的安全；后者侵犯的则是特定的人的生命权。这是二者最关键的区别。

（2）客观方面不同。前者表现为实施了已经危害或者足以危害公共安全的投毒行为；后者则表现为实施了以特定的人为目标，且采取不可能危及公共安全的投毒方式的杀人行为。

（3）主观方面不同。前者具有危害公共安全的故意；后者则具有剥夺他人生命的故意。应当注意，当行为人以剥夺特定的人的生命为目的，但其投毒的场所及药量决定其行为已经或者足以危害公共安全的，属于两罪的想象竞合，应以投毒罪定罪处罚。

五 论述题

危害公共安全罪，是指故意或者过失实施的危害不特定或者多人的生命、健康和重大公私财产安全的行为。具有以下特征：

（1）本类犯罪侵犯的同类客体是公共安全，即不特定或者多人的生命、健康和重大公私财产的安全。这是该类犯罪与其他涉及人身权利和财产权利犯罪区别的关键。

（2）本类犯罪在客观方面表现为实施了各种危害公共安全的行为。这里危害公共安全的行为有两类：一类是已经实际造成危害公共安全结果的行为，如炸死、炸伤20余人，烧毁一幢大楼等；另一类是尚未造成危害公共安全的实际结果，但足以危害公共安全的行为，如将毒药投入食堂大锅饭里，但被及时发现，未造成人员中毒结果，放火烧楼房被及时发现，未造成严重后果的等。

（3）本类犯罪的主体既包括自然人主体，也包括单位主体，既有一般主体，也有特殊主体。其中自然人主体居多，单位主体是少数，只有非法制造、买卖、运输、邮寄、储存枪支、弹药、爆炸物罪，违规制造、销售枪支罪，非法出租、出借枪支罪等可以由单位构成；大多数为一般主体，只有个别是特殊主体，如非法出租、出借枪支罪，重大责任事故罪即为特殊主体。尤其需要注意的是，本类犯罪中的放火罪、爆炸罪和投毒罪的刑事责任年龄为14周岁。

（4）本类犯罪的主观方面既有故意的，也有过失的。如放火罪、爆炸罪、破坏交通工具罪、劫持航空器罪等为故意犯罪，失火罪、交通肇事罪、工程重大安全事故罪等为过失犯罪。

六 案例分析题

1. 在该案中，被告人田某的行为构成放火罪。放火罪是指故意放火焚烧公私财物，危害公共安全的行为。放火罪具有以下特征：该罪的犯罪客体为公共安全，犯罪对象为公私财物；该罪的客观方面表现为实施放火焚烧公私财物的行为；该罪的主体为一般主体；该罪的主观方面为故意。被告人田某的行为符合放火罪的犯罪构成。尽管田某只是烧毁了其自家的家具、门窗以及部分粮食，并没有毁损邻居家的房屋和谷仓，但是田某的放火行为足以给四周邻居房屋甚至邻居的人身安全和谷仓造成危险，其行为已经危害了公共安全，因此其放火行为已经构成放火罪。

2. 在该案中，被告人陈某的行为构成丢失枪支不报罪。丢失枪支不报罪是指依法配备公务用枪的人员，丢失枪支不及时报告，造成严重后果的行为。丢失枪支不报罪具有以下特征：该罪的犯罪客体为社会的公共安全，犯罪对象为配备的公务所用枪支；该罪的客观方面表现为依法配备公务用枪的人员，丢失枪支不及时报告，造成严重后果的行为，所谓丢失即指因为疏于管理使枪支被盗或者遗失，或者因被抢、被骗而失去对枪支的控制的情况；该罪的主体为特殊主体；该罪的主观方面为过失，这里的过失是针对所造成的严重后果而言，至于未及时报告的行为，可以是因为疏忽或者有意隐瞒。在该案中，陈某身为公安干警，属于依法配备公务用枪的人员，符合该罪的主体要求；陈某丢失了枪支，且不报告，造成严重后果这一点是持过失态度的，也符合该罪的主观特征。因此，被告人陈某的行为符合丢失枪支不报罪。

第二十三章　破坏社会主义市场经济秩序罪

一　单项选择题

1. 下列情形中，哪一项构成生产、销售伪劣产品罪？（　　　）

A. 某企业生产的电饭锅，质量不符合人身安全的国家强制标准，先后造成了 3 名消费者触电身亡，1 名消费者使用时引起火灾。

B. 某甲开办的地下药厂长期生产止痛药，售出后获利 3 万元，经鉴定该药属于假药，根本没有药物成分，但对人体危害不大。

C. 某私营企业原来生产的驱蚊剂效果明显，消费者好评如潮，后来为了多赚钱，经营者让工人掺杂使假，生产不合格产品销售，违法所得逾 10 万元。

D. 某小超市老板为贪便宜，进货销售不符合卫生标准的卫生纸，获利 2 万元。

2. 下列关于走私罪的表述，正确的有（　　　）。

A. 走私国家禁止进口的黄金或其他贵重金属的，构成走私罪。

B. 以暴力、威胁方法抗拒缉私，属于牵连犯，应择一重罪处断。

C. 走私普通货物、物品，偷逃应纳税额在 5 万元以下的，构成犯罪。

D. 未经海关许可并且未补缴税额，擅自将批准进口的进料加工的原材料、零件、制成品，在境内销售牟利，偷逃应缴税额在 5 万元以上的，构成走私普通货物、物品罪。

3. 伪造（　　　）票证的，构成伪造、变造股票、公司、企业债券罪。

A. 银行存单　　　B. 企业债券　　　C. 汇票　　　　　D. 国库券

4. 下列哪一说法是正确的？（　　　）

A. 甲违反海关法规，将大量黄金运输进境，不予申报，逃避关税。甲的行为成立走私贵重金属罪。

B. 乙生产、销售劣药，没有对人体健康造成严重危害，但销售金额超过了 5 万元的行为成立生产、销售伪劣产品罪。

C. 丙在自己的 35 名同学中高息揽储，吸收存款 100 万元，然后以更高的利息贷给他人。丙向其同学还本付息后，违法所得达到数额较大标准。丙的行为成立非法经营罪与高利转贷罪的想象竞合犯。

D. 承担资产评估职责的丁，非法收受他人财物后，故意提供虚假证明文件。丁的行为构成公司、企业人员受贿罪与提供虚假证明文件罪，应实行数罪并罚。

5. 甲公司走私汽车获利人民币 4000 万元后，欲通过乙公司（非国有）的账户将这笔资金换成外汇转移至香港，并说明可按资金数额的 10% 支付"手续费"。乙公司得知该笔资金为甲公司走私犯罪所得，仍同意为该资金转账提供账户，并在收取"手续费"400 万元后，将该资金折换成 438 万美元，以预付货款为名汇往甲公司在香港的账户。乙公司的行为构成（　　）。

A. 走私罪（共犯）　　　　　　B. 洗钱罪

C. 逃汇罪　　　　　　　　　　D. 单位受贿罪

6. 李某为了牟利，未经著作权人许可，私自复制了若干部影视作品的 VCD，并以批零兼营等方式销售，销售金额为 11 万元，其中纯利润 6 万元。李某的行为构成何罪？（　　）

A. 销售侵权复制品罪　　　　　B. 侵犯著作权罪

C. 非法经营罪　　　　　　　　D. 生产、销售伪劣产品罪

7. 钱某持盗来的身份证及伪造的空头支票，骗取某音像中心 VCD 光盘 4000 张，票面金额 3.5 万元。物价部门进行赃物估价鉴定的结论为："盗版光盘无价值。"对钱某骗取光盘的行为应如何定性？（　　）（司考真题）

A. 钱某的行为不构成犯罪

B. 钱某的行为构成票据诈骗罪的既遂，数额按票面金额计算

C. 钱某的行为构成票据诈骗罪的未遂

D. 钱某的行为构成诈骗罪的既遂，数额按票面金额计算

8. 甲、乙二人共出资 10 万元，同时通过购买并使用伪造的商业零售发票，虚填商品实物价值人民币 50 万元，骗取审计事务所出具验资报告，欺骗公司登记主管部门，以 60 万元注册资本取得"某某贸易有限公司"营业执照。后甲、乙又合谋将上述 10 万元资本金转移用于注册另一公司。甲、乙二人的行为构成（　　）。（司考真题）

A. 虚报注册资本罪　　　　　　B. 虚假出资罪

C. 虚报注册资本罪与抽逃出资罪　　D. 虚假出资罪与抽逃出资罪

9. 某企业生产的一批外贸供货产品因外商原因无法出口，该企业采用伪造出

口退税单证和签订虚假买卖合同等方法，骗取出口退税 50 万元（其中包括该批产品已征的产品税、增值税等税款 19 万元）。对该企业应当如何处理？（　　）（司考真题）

    A. 以合同诈骗罪处罚　　　　　　　B. 以偷税罪处罚

    C. 以骗取出口退税罪处罚　　　　　D. 以偷税罪和骗取出口退税罪并罚

    10. 关于货币犯罪，下列哪一选项是正确的？（　　）

    A. 以货币碎片为材料，加入其他纸张，制作成假币的，属于变造货币。

    B. 将金属货币熔化后，制作成较薄的、更多的金属货币的，属于变造货币。

    C. 将伪造的货币赠与他人的，属于使用假币。

    D. 运输假币并使用假币的，按运输假币罪从重处罚。

    11. 张某窃得同事一张银行借记卡及身份证，向丈夫何某谎称路上所拾。张某与何某根据身份证号码试出了借记卡密码，持卡消费 5000 元。关于本案，下列哪一说法是正确的？（　　）

    A. 张某与何某均构成盗窃罪

    B. 张某与何某均构成信用卡诈骗罪

    C. 张某构成盗窃罪，何某构成信用卡诈骗罪

    D. 张某构成信用卡诈骗罪，何某不构成犯罪

    12. 杨某生产假冒避孕药品，其成分为面粉和白糖的混合物，货值金额达 15 万多元，尚未销售即被查获。关于杨某的行为，下列哪一选项是正确的？（　　）

    A. 不构成犯罪

    B. 以生产、销售伪劣产品罪（未遂）定罪处罚

    C. 以生产、销售伪劣产品罪（既遂）定罪处罚

    D. 触犯生产假药罪与生产、销售伪劣产品罪（未遂），依照处罚较重的规定定罪处罚

    13. 下列哪一行为可以构成使用假币罪？（　　）

    A. 甲用总面额 1 万元的假币参加赌博。

    B. 甲（系银行工作人员）利用职务上的便利，以伪造的货币换取货币。

    C. 甲在与他人签订经济合同时，为显示自己的经济实力，将总面额 20 万元的假币冒充真币出示给对方看。

    D. 甲用总面额 10 万元的假币换取高某的 1 万元真币。

    14. 对下列与扰乱市场秩序罪相关的案例的判断，哪一选项是正确的？（　　）

    A. 甲所购某名牌轿车行驶不久，发动机就发生故障，经多次修理仍未排除。

甲用牛车拉着该轿车在闹市区展示。甲构成损害商品声誉罪

B. 广告商乙在拍摄某减肥药广告时，以肥胖的郭某当替身拍摄减肥前的画面，再以苗条的影视明星刘某做代言人夸赞减肥效果。事后查明，该药具有一定的减肥作用。乙构成虚假广告罪

C. 丙按照所在企业安排研发出某关键技术，但其违反保密协议将该技术有偿提供给其他厂家使用，获利400万元。丙构成侵犯商业秘密罪

D. 章某因房地产开发急需资金，以高息向丁借款500万元，且按期归还本息。丁尝到甜头后，多次发放高利贷，非法获利数百万元。丁构成非法经营罪

15. 关于贷款诈骗罪的判断，下列哪一选项是正确的？（　　）

A. 甲以欺骗手段骗取银行贷款，给银行造成重大损失的，构成贷款诈骗罪。

B. 乙以牟利为目的套取银行信贷资金，转贷给某企业，从中赚取巨额利益的，构成贷款诈骗罪。

C. 丙公司以非法占有为目的，编造虚假的项目骗取银行贷款。该公司构成贷款诈骗罪。

D. 丁使用虚假的证明文件，骗取银行贷款后携款潜逃的，构成贷款诈骗罪。

16. ×公司系甲、乙二人合伙依法注册成立的公司，以钢材批发零售为营业范围。丙因自己的公司急需资金，便找到甲、乙借款，承诺向X公司支付高于银行利息五个百分点的利息，并另给甲、乙个人好处费。甲、乙见有利可图，即以购买钢材为由，以X公司的名义向某银行贷款1000万元，贷期半年。甲、乙将贷款按约定的利息标准借与丙，丙给甲、乙各10万元的好处费。半年后，丙将借款及利息还给X公司，甲、乙即向银行归还本息。关于甲、乙、丙行为的定性，下列哪一选项是正确的？（　　）

A. 甲、乙构成高利转贷罪，丙无罪。

B. 甲、乙构成骗取贷款罪，丙无罪。

C. 甲、乙构成高利转贷罪、非国家工作人员受贿罪，丙构成对非国家工作人员行贿罪。

D. 甲、乙构成骗取贷款罪、非国家工作人员受贿罪，丙构成对非国家工作人员行贿罪。

17. 甲将自己的汽车藏匿，以汽车被盗为由向保险公司索赔。保险公司认为该案存有疑点，随即报警。在掌握充分证据后，侦查机关安排保险公司向甲"理赔"。甲到保险公司二楼财务室领取20万元赔偿金后，刚走到一楼即被守候的多名侦查人员抓获。关于甲的行为，下列哪一选项是正确的？（　　）

A. 保险诈骗罪未遂

B. 保险诈骗罪既遂

C. 保险诈骗罪预备

D. 合同诈骗罪

二 多项选择题

1. 下列哪种行为扰乱市场秩序情节严重的，构成非法经营罪？（　　）

A. 违反国家规定，采取租用国际专线、私设转接设备或者其他方法，擅自经营国际电信业务或者涉港澳台电信业务进行赢利活动，扰乱电信市场管理秩序，经营来话业务造成电信资费损失数额在 100 万元以上的。

B. 倒卖文物，严重扰乱市场秩序。

C. 走私淫秽物品，严重扰乱市场秩序的。

D. 非法传销，严重扰乱市场秩序的。

2. 下列情形中，构成侵犯著作权罪的有哪些？（　　）

A. 甲出版社未经乙出版社同意出版乙出版社享有专有出版权的畅销书，获利 25 万元。

B. 丙音像出版公司未经中央电视台许可，复制发行 2005 年春节联欢晚会录像 3000 套，获利 10 万元。

C. 丁出版社出版刊载歧视、侮辱少数民族内容的作品，情节恶劣。

D. 戊某为获利，从事批发零售盗版光盘出售，共赢利 5 万元。

3. 下列哪些人可以成为非法经营同类企业罪的犯罪主体？（　　）

A. 中外合资企业的董事、经理

B. 国有公司的董事

C. 国有企业的经理

D. 国有公司控股的公司、企业的董事、经理

4. 甲从 A 地购得面值 2 万元的假币，然后携带假币乘坐火车到 B 地。甲在车上与几个朋友赌博时被乘警发现，乘警按规定对甲处以罚款，甲欺骗乘警，以假币缴纳罚款，被乘警发现。甲的行为构成下列哪些罪？（　　）（司考真题）

A. 购买、运输假币罪

B. 诈骗罪

C. 持有、使用假币罪

D. 赌博罪

5. 涉及增值税专用发票的犯罪案件，下列哪些处理是正确的？（　　）（司考真题）

A. 非法购买增值税专用发票的，按非法购买增值税专用发票罪定罪处罚。

B. 非法购买增值税专用发票后又虚开的，按非法购买增值税专用发票罪和虚开增值税专用发票罪并罚。

C. 非法购买增值税专用发票后又出售的，按非法出售增值税专用发票罪定罪处罚。

D. 非法购买伪造的增值税专用发票后又出售的，按出售伪造的增值税专用发票罪定罪处罚。

6. 下列关于侵犯商业秘密罪的说法哪些是正确的？（　　）

A. 窃取权利人的商业秘密，给其造成重大损失的，构成侵犯商业秘密罪。

B. 捡拾权利人的商业秘密资料而擅自披露，给其造成重大损失的，构成侵犯商业秘密罪。

C. 明知对方是窃取他人的商业秘密而购买和使用，给权利人造成重大损失的，构成侵犯商业秘密罪。

D. 使用采取利诱手段获取权利人的商业秘密，给权利人造成重大损失的，构成侵犯商业秘密罪。

7. 某事业单位负责人甲决定以单位名义将本单位资金 150 余万元贷给另一公司，所得高利息归本单位所有。甲虽未谋取个人利益，但最终使本金无法收回。关于该行为的定性，下列哪几种是可以排除的？（　　）

A. 挪用公款罪　　　　　　　　　B. 挪用资金罪

C. 违法发放贷款罪　　　　　　　D. 高利转贷罪

8. 关于骗取出口退税罪和虚开增值税发票罪的说法，下列哪些选项是正确的？（　　）

A. 甲公司具有进出口经营权，明知他人意欲骗取国家出口退税款，仍违反国家规定允许他人自带客户、自带货源、自带汇票并自行报关，骗取国家出口退税款。对甲公司应以骗取出口退税罪论处。

B. 乙公司虚开用于骗取出口退税的发票，并利用该虚开的发票骗取数额巨大的出口退税，其行为构成虚开用于骗取出口退税发票罪与骗取出口退税罪，实行数罪并罚。

C. 丙公司缴纳 200 万元税款后，以假报出口的手段，一次性骗取国家出口退税款 400 万元，丙公司的行为分别构成偷税罪与骗取出口退税罪，实行数罪并罚。

D. 丁公司虚开增值税专用发票并骗取国家税款，数额特别巨大，情节特别严重，给国家利益造成特别重大损失。对丁公司应当以虚开增值税专用发票罪论处。

9. 下列哪些行为构成非法经营罪？（　　）

A. 甲违反国家规定，擅自经营国际电信业务，扰乱电信市场秩序，情节严重

B. 乙非法组织传销活动，扰乱市场秩序，情节严重

C. 丙买卖国家机关颁发的野生动物进出口许可证

D. 丁复制、发行盗版的《国家计算机考试大纲》

10. 甲发现某银行的 ATM 机能够存入编号以"HD"开头的假币，于是窃取了 3 张借记卡，先后两次采取存入假币取出真币的方法，共从 ATM 机内获取 6000 元人民币。甲的行为构成何罪？（　　　）

A. 使用假币罪　　　　　　　　　B. 信用卡诈骗罪

C. 盗窃罪　　　　　　　　　　　D. 以假币换取货币罪

三　名词解释

1. 破坏社会主义市场经济秩序罪　2. 虚报注册资本罪　3. 妨害清算罪　4. 虚假出资、抽逃出资罪　5. 非法经营同类营业罪　6. 伪造货币罪　7. 逃汇罪　8. 内幕交易、泄露内幕信息罪　9. 保险诈骗罪　10. 偷税罪　11. 假冒注册商标罪　12. 虚假广告罪　13. 串通投标罪　14. 合同诈骗罪

四　简答题

1. 简述侵犯著作权罪。

2. 简述集资诈骗罪，以及擅自发行股票或公司、企业债券与集资诈骗罪的界限。

3. 简述我国刑法中走私普通货物、物品罪的行为方式。

4. 简述破坏社会主义市场经济秩序罪的概念和特征。

五　论述题

1. 论述洗钱罪的概念和主要特征。

2. 试述非法经营罪的概念和构成及该罪的制定和实施。

六 案例分析题

1. 被告人钱某，男，43 岁，某县农民。1998 年 10 月，钱某从广州回到老家某县，对当地人称其欲投资 500 万元在本地建设食品加工厂，为形成规模效益，特需筹资 1000 万元，打算向当地人集资，年息为 25%。当地百姓得知后积极集资，共计集资 800 万元。其后，钱某将筹到的钱全部投入股市，结果大亏。1999 年 3 月，钱某欲携余款潜逃，被当地公安机关及时逮捕归案。

问题：钱某的行为构成何罪？并说明理由。

2. 李某长期在甲市行人较多的马路边询问行人是否需要身份证，然后将需要身份证的人的照片、住址等资料送交何某伪造。何某伪造后，李某再交给购买者。在此期间，李某使用伪造的身份证办理手机入网手续并使用手机，造成电信资费损失 3000 余元。为了防止司法人员的抓捕，李某一直将一把三角刮刀藏在内衣口袋中。2001 年 4 月下旬的一天晚上，李某在马路上询问行人是否需要身份证时，发现钱某孤身一人行走，便蹲至其背后将其背包（内有价值 2000 元的财物）夺走后迅速逃跑。钱某大声呼喊抓强盗。适逢民警赵某经过此地，赵某将李某拦住。此时李某掏出三角刮刀，朝赵某的腰部捅了一刀后逃离，致赵某重伤。甲市公安机关抓获李某后，与李某居住地乙市公安机关联系，发现李某是因为在乙市使用信用卡透支 1 万元后，为逃避银行催收而逃至甲市的。

问题：请结合上述案情，分析李某各行为的性质，并请说明理由。

参考答案

一 单项选择题

1. C 2. D 3. B 4. B 5. B 6. B 7. B 8. C 9. D 10. C 11. C 12. D 13. A 14. C 15. D 16. C 17. A

二 多项选择题

1. AD 2. AB 3. BC 4. AC 5. ACD 6. ACD 7. ABCD 8. ACD 9. AC 10. AC

三 名词解释

1. 破坏社会主义市场经济秩序罪：是指违反国家市场经济管理法规，在市场经济运行或经济管理活动中进行非法经济活动，严重破坏社会主义市场经济秩序的行为。

2. 虚报注册资本罪：是指行为人使用虚假证明文件或者采用其他欺诈手段，虚报注册资本，欺骗公司登记主管部门，取得公司登记，虚报注册资本数额巨大、后果严重或者有其他严重情节的行为。

3. 妨害清算罪：是指公司、企业在进行清算时，隐匿财产，对资产负债表或者财产清单作虚伪记载或者在未清偿债务前分配公司、企业财产，严重损害债权人或者其他人利益的行为。

4. 虚假出资、抽逃出资罪：是指公司发起人、股东违反公司的规定未交付货币、实物或者未转移财产权，虚假出资，或者在公司成立后又抽逃出资，数额巨大、后果严重或者有其他严重情节的行为。

5. 非法经营同类营业罪：是指国有公司、企业的董事、经理利用职务便利，自己经营或者为他人经营与其所任职公司、企业同类的营业，获取非法利益，数额巨大的行为。

6. 伪造货币罪：是指违反国家货币管理规范，仿照货币的图案、形状、色彩、防伪技术等外部特征，非法制造假货币，冒充真货币的行为。

7. 逃汇罪：是指公司、企业或者其他单位，违反国家规定，擅自将外汇存放境外，或者将境内的外汇非法转移到境外，数额较大的行为。

8. 内幕交易、泄露内幕信息罪：是指证券、期货交易内幕信息的知情人员或者非法获取证券、期货交易内幕信息的人员，在涉及证券的发行，证券、期货交易或者其他对证券、期货交易价格有重大影响的信息尚未公开前，买入或者卖出该证券，或者从事与该内幕信息有关的期货交易，或者泄露该信息，情节严重的行为。

9. 保险诈骗罪：是指投保人、被保险人或者受益人，以非法占有为目的，违反保险法律、法规，采取虚构事实、隐瞒真相的方法骗取数额较大的保险金的行为。

10. 偷税罪：是指纳税人、扣缴义务人采取伪造、变造、隐匿、擅自销毁账簿、记账凭证，在账簿上多列支出或者不列、少列收入，拒不向税务机关纳税申报等手段，不缴或少缴应纳税款额的 10% 以上并且偷税数额在 1 万元以上，或者因偷税被税务机关给予二次行政处罚又偷税的行为。

11. 假冒注册商标罪：是指违反商标管理法规，未经注册商标所有人许可，在同一种商品上使用与其注册商标相同的商标，情节严重的行为。

12. 虚假广告罪：是指广告主、广告经营者、广告发布者违反法律规定，利用广告对商品或者服务作虚假宣传，情节严重的行为。

13. 串通投标罪：是指投标人互相串通投标报价，损害招标人或者其他投标人的利益，以及投标人与招标人串通投标，损害国家、集体或公民合法权益，情节严重的行为。

14. 合同诈骗罪：是指以非法占有为目的，在签订、履行合同过程中，以虚构事实、隐瞒真相的方法，骗取对方当事人的财物，数额较大的行为。

四　简答题

1. 侵犯著作权罪，是指以营利为目的，侵犯他人著作权，违法所得数额较大或者有其他严重情节的行为。本罪的构成特征是：

（1）本罪侵犯的客体是著作权人的著作权和国家关于著作权的管理制度。

（2）本罪在客观方面表现为实行侵犯著作权的行为，违法所得数额较大或者其他严重情节的。刑法规定了四种行为方式，即未经著作权人许可，复制发行其文字作品、音乐、电影、电视、录像作品、计算机软件及其他作品的；出版他人享有专有出版权的图书的；未经录音录像制作者的许可，复制发行其制作的录音录像的；制作、出售假冒他人署名的美术作品的。如果不是上述四种方式，而是其他侵犯著作权的方式，则只构成一般的侵权，可以受到行政制裁，但不构成犯罪，例如未经表演者许可，将其表演录音录像加以出版，剽窃他人作品等。

（3）本罪的主体是一般主体，包括自然人和单位。

（4）本罪在主观方面为故意，并且具有营利的目的。如果不具有此目的，不构成犯罪。

2. 集资诈骗罪，是指以非法占有为目的，使用诈骗方法非法集资，数额较大的行为。本罪的构成要件是：

（1）本罪的客体，是复杂客体，即是国家正常的金融管理秩序和公私财产所有权。

（2）本罪的客观方面，表现为使用诈骗的方法进行非法集资，数额较大的行为。

（3）本罪的主体，既可以是自然人，也可以由单位构成。在大多数情况下，自然人犯本罪时，通常都是以单位名义进行的。

（4）本罪的主观方面，只能由故意构成，并且行为人具有非法占有集资款的目的。

本罪与擅自发行股票或者公司、企业债券罪的界限。集资诈骗罪有时也以未经批准擅自发行股票或者公司、企业债券的方式实施，但这种行为与擅自发行股票或公司、企业债券罪不同，主要表现为如下几个方面：（1）侵犯的客体不同。本罪侵犯的客体是金融管理秩序和公私财产所有权，而后者侵犯的客体则是国家对股票、债券的管理制度。（2）客观方面不同。本罪表现为采用虚构事实、隐瞒真相的欺骗手段，擅自发行股票、债券数额较大的行为，而后者则是未经国家有关主管部门批准，擅自发行股票或者公司、企业债券，数额巨大、后果严重或者有其他严重情节的行为。（3）犯罪目的不同。实施本罪的目的在于非法占有所筹集的资金，而后者的目的在于非法筹集生产经营资金。

3. 我国刑法在破坏社会主义市场经济秩序罪一章专门设了走私罪一节，根据刑法的规定，走私普通货物物品罪，是指违反海关法规，逃避海关监管，非法运输、携带、邮寄除了国家禁止进出口的武器、弹药、核材料、珍贵动物及其制品、珍稀植物及其制品、淫秽物品、国家禁止出口的文物、金银和其他贵重金属、固体废物，以及毒品制毒物品之外的货物、物品进出境，偷逃应缴纳税额5万元以上的行为。

但上述行为只是走私普通货物、物品罪的基本行为方式，根据法律的规定，下列行为也构成走私普通货物、物品罪：（1）未经海关许可并且未补缴应缴税额，擅自将批准进口的来料加工、来件装配、补偿贸易的原材料、零件、制成品、设备等保税货物，在境内销售牟利；（2）未经海关许可并且未补缴应缴税额，擅自将特定减、免税进口的货物、物品，在境内销售牟利；（3）直接向走私人非法收购走私进口的其他货物、物品，数额较大的；（4）在内海、领海运输、收购、贩卖国家限制进出口的货物、物品，数额较大，没有合法证明的。

4. 破坏社会主义市场经济秩序罪，是指违反国家市场经济管理法规，干扰国家对市场经济的管理活动，扰乱社会主义市场经济秩序，严重危害国民经济的行为。本类犯罪具有以下共同特征：

（1）本类犯罪侵犯的同类客体是社会主义市场经济秩序，即国家通过法律调节所形成的公平公开、平等竞争、协调有序的社会主义市场经济状态。这是本类犯罪与其他犯罪区别的关键。

（2）本类犯罪在客观方面表现为违反国家市场经济管理法规，实施了各种干扰国家市场经济管理活动，严重破坏社会主义市场经济秩序的行为。以违反国家市场经济管理法规为前提，是本类犯罪的一个突出特点。本类犯罪绝大多数都表现为作为，只有少数犯罪表现为不作为，如偷税罪，签订、履行合同失职被骗罪等就表现为不作为。

（3）本类犯罪的主体多数为一般主体，且多数都既可以由自然人构成，也可以由单位构成。属于特殊主体的犯罪主要有公司企业人员受贿罪，非法经营同类营业罪，内幕交易、泄露内幕信息罪，偷税罪，抗税罪等；只能由自然人构成的犯罪主要是公司、企业人员受贿罪，抗税罪，签订、履行合同失职被骗罪等；只能由单位构成的犯罪有一个，即逃汇罪。

（4）本类犯罪的主观方面绝大多数为故意。由过失构成的犯罪有签订、履行合同失职被骗罪，中介组织人员出具证明文件重大失实罪。

五　论述题

1. 洗钱罪，是指明知是毒品犯罪、黑社会性质的组织犯罪、走私犯罪的违法所得及其产生的收益，以提供资金账户、协助将财产转移为现金或金融票据、通过转账或其他结算方式协助资金转移、协助将资金汇往境外或者以其他方法掩饰、隐瞒其来源和性质的行为。其主要特征如下：

（1）侵犯的客体是国家的金融管理秩序。洗钱最初由毒品犯罪衍生而来。洗钱的犯罪行为在客观上为犯罪奠定了经济基础，便于犯罪分子和有组织的犯罪集团用其他犯罪所积累的物质财富继续进行更加严重的犯罪活动，进一步成为健康经济机制的腐蚀剂，挫伤社会公众对整个金融系统的信任感，严重破坏国家的金融管理秩序，阻碍国家经济秩序和银行系统的健康发展。

（2）在客观方面，必须具有掩饰、隐瞒毒品犯罪、黑社会性质的组织犯罪、走私犯罪的违法所得及其产生的收益的来源和性质的行为。我国刑法列举了以下几种具体的洗钱方式：①提供资金账户；②协助将财产转换为现金或者金融票据；③通过转账或者其他结算方式协助资金转移；④协助将资金汇往境外；⑤以其他方法掩饰、隐瞒犯罪的违法所得及其收益的性质和来源。所谓"其他方法"，一般是指行为人以犯罪所得的资金购买不动产、贵重金属、有价证券等，然后变卖出去，或者投资服务业等大量使用现金的行业，从而将非法收入变为合法收入等。

根据法律的规定，行为人只要实施了上述 5 种行为方式中的一种，即符合洗钱罪在客观方面的构成要件。

（3）犯罪主体是一般主体，自然人和单位均可构成本罪。从司法实践来看，行为人实施的洗钱行为，必须通过银行系统进行资金转移。银行如果不注意重视反洗钱的工作，没有提高辨别洗钱犯罪的能力，就必然招来密切注视金融系统薄弱环节的洗钱者，从而成为洗钱者相当有利可图的合伙人。

（4）在主观方面，必须是出于故意，即明知道金融交易涉嫌毒品犯罪、黑社会性质的组织犯罪、走私犯罪的违法所得及其所产生的收益，但是为了掩饰、隐瞒其来源和性质，依然决意实施洗钱行为。如果行为人确实不知道是犯罪的违法所得及其产生的收益，而误以为是合法来源和性质的财物，则不能构成本罪。根据《刑法修正案（三）》的规定，洗钱犯罪的范围已经扩及恐怖主义犯罪有关的洗钱行为。

2. 非法经营罪，是我国 1997 年刑法新增设的罪名，是指违反国家规定，非法经营，扰乱市场秩序，情节严重的行为。本罪在构成特征上具有以下特点：

（1）本罪的客体，是国家对市场的管理秩序。

（2）本罪的客观方面，表现为违反国家规定，非法从事经营活动，扰乱市场秩序的行为。首先，违反国家规定，主要是指违反国家关于专营、专卖物品或者其他限制买卖的物品的一系列法律、法规。这是构成本罪的前提条件。其次，从事非法经营活动，扰乱市场秩序。具体包括以下五类行为：①未经许可经营法律、行政法规规定的专营、专卖物品或者其他限制买卖的物品。未经许可，指未经国家有关主管部门的批准。专营、专卖物品，指国家法律、行政法规明确规定必须由专门的机构专营、专卖的物品，如食盐、烟草等。其他限制买卖的物品，指国家根据经济发展和维护国家、社会和人民群众利益的需要，规定在一定时期实行限制性经营的物品，如化肥、农药等。这些物品的范围并不是一成不变的，随着社会经济发展会不断调整。②买卖进出口许可证、进出口原产地证明以及其他法律、行政法规规定的经营许可证或者批准文件。所谓进出口许可证，指国家外贸主管部门对企业颁发的可以从事进出口业务的证明文件。所谓进出口原产地证明，指在国际贸易活动中，进出口产品时必须附带的由原产地有关主管机关出具的确认文件。所谓其他法律、行政法规规定的经营许可证或者批准文件，指法律、行政法规规定从事某些生产经营活动者必须具备的经营许可证或者批准文件，如森林采伐、矿产开采、野生动物狩猎等许可证。③在国家规定的交易场所以外非法买卖外汇。非法买卖外汇行为具有严重的社会危害性，过去是作为投机倒把处理的，但现行刑法取消了投机倒把罪，从而失去了处理这种犯罪的法律依据。于是一些单位和个人由于种种原因，在国家外汇交易中心及其分中心以及外汇管理部门指定的能够从事结汇、售汇业务的商业银行以外，以牟利为目的，利用外汇黑市差价，进行大量的外汇买卖，牟取暴利。外汇黑市的存在严重扰乱了金融秩序，对人们的心理预期产生重要影响，从而给人民币稳定产生巨大压力。为了惩治非法买卖外汇的犯罪行为，1998年12月29日第九届全国人民代表大会常务委员会第六次会议通过的《关于惩治骗购外汇、逃汇和非法买卖外汇犯罪的决定》第4条规定："在国家规定的交易场所以外买卖外汇，扰乱市场秩序，情节严重的，依照《刑法》第225条规定定罪处罚。"从而以立法形式明确将其规定为本罪。④未经国家有关主管部门批准，非法经营证券、期货或者保险业务。针对实践中有的单位或个人没有国家主管部门的批准，暗地里从事证券、期货的经纪业务及保险业务，严重扰乱期货、证券、保险市场的正常秩序，损害广大投资者、股东及投保人的利益的现象，刑法修正案明确规定对这种行为应以非法经营罪追究刑事责任。需要指出的是，上述犯罪行为是针对未取得从事证券、期货、保险业务主体资格的单位或个人而言，而对违法进行证券、期货买卖，或是国有公司、企业违反规定擅自从事证券、期货买卖，则应视情节轻重，或者给予行政处罚，或是依照《刑法》第180条、第168条的规定追究刑事责任，而不能以非法经营行为看待。⑤其他严重扰乱市场管理秩序的非法经营行为。这是泛指前四种以外的其他破坏市场管理秩序的非法经营行为。从实践中看，主要有垄断货源、囤积居奇、哄抬物价，倒卖金银及其制品，倒卖国家禁止或者限制进口的废弃物，非法从事传销活动，彩票交易，倒卖汽油制品或者有伤社会风化的物品，非法收购国家重点保护的珍贵野生动物、珍稀植物等。此外，根据最高人民法院1998年12月11日发布的《关于审理非法出版物刑事案件具体应用法律若干问题的解释》第11条规定，违反国家规定，出版、印刷、复制、发行《刑法》第103条第2款、第105条第2款、第217条、第218条、第246条、第250条、第363条第1款及第2款规定之罪以外的"其他严重危害社会秩序和扰乱市场秩序的非法出版物"的也属于非法经营行为。

（3）本罪的主体，个人或单位均可构成。

（4）本罪的主观方面，表现为故意，过失不构成本罪。

此外，成立本罪除了符合上述四个方面的构成要件外，还必须是"情节严重"的行为。至于何谓情节严重，目前尚无权解释，但从刑法理论联系司法实践来分析，主要应以犯罪数额为依据，综合考虑其他情节，如引起市场秩序严重混乱，造成严重后果，多次进行非法经营活动，曾经受过行政处罚，屡教不改，社会影响恶劣等情况。

经上述分析可以看出，我国刑法规定的非法经营罪在犯罪客观方面，其表现行为是不确定的，该条中规定了"其他严重扰乱市场秩序的非法经营行为"这一兜底式条款，几乎将所有的法律没有明确、单独规定为破坏市场秩序的犯罪都包容起来。立法的这一规定有肯定积极的一面，也有消极的一面。肯定的一面体现在使法条更加富有弹性，从而可以更有利于打击犯罪。然而其消极一面却不容忽视。这种比较概括的规定是对罪刑法定原则的一种破坏，在适用中极有可能扩大其适用范围。这在实质上是违反罪刑法定原则的。再者，该罪的罪状具有很强的时代性和政策性，这无异于将罪状的界之权交由行政部门来行使，这一立法模式也是对刑法基本原则的违背。

综上所述，我国刑法规定的非法经营罪还有待完善。

六 案例分析题

1. 被告人钱某，主观上具有非法占有集资的故意，客观上，其编造事实，谎称投资建厂，用高额利息非法吸收他人的资金，用集资进行个人的股票交易，并准备携集资外逃，其行为已构成了集资诈骗罪，应依法予以惩处。

2. 伪造、变造居民身份证罪是指违反国家有关居民身份证管理的法规，伪造、变造居民身份证的行为。李某在行人较多的马路边询问行人是否需要身份证，然后将身份证送何某伪造。何某伪造后再由李某交给购买者。李某和何某有分工和协作，构成了伪造、变造居民身份证的共同犯罪。

诈骗罪是以非法占有为目的，以虚构事实或者隐瞒真相的方法，骗取数额较大的公私财物的行为。《最高人民法院关于审理扰乱电信市场管理秩序案件具体应用法律若干问题的若干解释》第9条规定，以虚假、冒用的身份证件办理入网手续并使用移动电话，造成电信资费损失数额较大的，依照《刑法》第266条的规定，以诈骗罪定罪处罚。题中李某使用伪造的居民身份证，办理了手机入网手续，造成电信资费损失3000余元，其行为符合该解释的规定，故构成诈骗罪。

根据《刑法》第267条第2款规定，携带凶器抢夺的，依照抢劫罪处理。李某携带三角刮刀进行抢夺，构成抢劫罪。

李某妨害赵某履行公务，并将赵某刺成重伤，系想象竞合犯，应从一重罪即按故意伤害罪处理。李某携带凶器抢夺，已经构成抢劫罪，因此，不存在由抢夺罪转化为抢劫罪的问题。

李某使用信用卡进行恶意透支，并且数额较大，构成信用卡诈骗罪。信用卡诈骗罪是指以非法占有为目的，利用信用卡进行诈骗活动，骗取数额较大的财物的行为。信用卡诈骗罪客观方面表现为：（1）使用伪造的信用卡；（2）使用作废的信用卡；（3）冒用他人信用卡；（4）恶意透支。

第二十四章　侵犯公民人身权利、民主权利罪

一　单项选择题

1. 甲某趁值夜班期间，戴面罩将同车间的乙某劫持到郊外，将其强奸。恐乙某认出自己，遂将乙某杀死。对甲某的行为应当如何认定？（　　）

A. 按强奸罪和故意杀人罪数罪并罚

B. 应视为强奸罪的结果加重犯，按强奸罪定罪处罚

C. 按故意杀人罪处罚

D. 按牵连犯的处罚原则对强奸罪和故意杀人罪择一重罪处断

2. 甲女因乙男性格暴躁，欲中断与乙男的恋爱关系。某日，在甲女回家途中，乙男拦住并用污言秽语骂甲女，然后撕破甲女的连衣裙，致使甲女只穿内裤胸罩暴露在众人面前。李某的行为构成什么罪？（　　）

A. 流氓罪　　　　　　　　　　B. 侮辱罪

C. 暴力干涉婚姻自由罪　　　　D. 诽谤罪

3. 甲于某日晨在路边捡回一名弃婴，抚养了 3 个月后，声称是自己的亲生儿子，以 3000 元卖给乙。如何认定甲的行为？（　　）

A. 甲的行为构成遗弃罪　　　　B. 甲的行为构成拐骗儿童罪

C. 甲的行为构成诈骗罪　　　　D. 甲的行为构成拐卖儿童罪

4. 甲为上厕所，将不满 1 岁的女儿放在外边靠着篱笆站立，刚进入厕所，就听到女儿的哭声，急忙出来，发现女儿倒地，疑是站在女儿身边的 4 岁男孩乙所为。甲一手扶起自己的女儿，一手用力推乙，导致乙倒地，头部刚好碰在一块石头上，流出鲜血，并一动不动。甲认为乙可能死了，就将其抱进一个山洞，用稻草盖好，正要出山洞，发现稻草动了一下，以为乙没死，于是拾起一块石头猛砸乙的头部，之后用一块磨盘压在乙的身上离去。案发后，经法医鉴定，甲在用石头砸乙之前，乙已经死亡。依此情况，甲的行为构成何罪？（　　）（司考真题）

A. 过失致人死亡罪

B. 过失致人死亡罪与故意杀人罪（既遂）数罪

C. 过失致人死亡罪与故意杀人罪（未遂）数罪

D. 故意杀人罪

5. 韩某在向张某催要赌债无果的情况下，纠集好友把张某挟持至韩家，并给张家打电话，声称如果再不还钱，就砍掉张某一只手。韩某的作为（　　　）。

A. 构成非法拘禁罪

B. 构成绑架罪

C. 构成非法拘禁罪和绑架罪的想象竞合犯

D. 构成敲诈勒索罪

6. 甲、乙共谋杀害在博物馆工作的丙，两人潜入博物馆同时向丙各开一枪，甲击中丙身边的国家重点保护的珍贵文物，造成文物毁损的严重后果；乙未击中任何对象。关于甲、乙的行为，下列哪一选项是正确的？（　　　）（司考真题）

A. 甲成立故意毁损文物罪，因为毁损文物的结果是甲故意开枪的行为造成的

B. 甲、乙成立故意杀人罪的共犯

C. 对甲应以故意杀人罪和过失损毁文物罪实行数罪并罚

D. 甲的行为属于一行为触犯数罪名，成立牵连犯

7. 下列说法正确的是（　　　）

A. 涉嫌侮辱罪的案件都属于告诉才处理的案件

B. 涉嫌诽谤罪的案件都属于告诉才处理的案件

C. 重婚罪不属于告诉才处理的案件

D. 破坏选举罪属于告诉才处理的案件

8. 侦查人员李某在审讯犯罪嫌疑人张某时，因张某认罪态度不好，将张某捆绑起来进行殴打，致使张某伤残。李某的行为构成（　　　）。

A. 滥用职权罪　　　　　　　　B. 故意伤害罪

C. 刑讯逼供罪　　　　　　　　D. 过失致人重伤罪

9. 甲欠乙10万元久不归还，乙反复催讨。某日，甲持凶器闯入乙家，殴打乙致其重伤，迫乙交出10万元欠条并在已备好的还款收条上签字。关于甲的行为性质，下列哪一选项是正确的？（　　　）

A. 故意伤害罪　　　　　　　　B. 抢劫罪

C. 非法侵入住宅罪　　　　　　D. 抢夺罪

10. 甲为杀害仇人林某在偏僻处埋伏，见一黑影过来，以为是林某，便开枪射

击。黑影倒地后，甲发现死者竟然是自己的父亲。事后查明，甲的子弹并未击中父亲，其父亲患有严重心脏病，因听到枪声后过度惊吓死亡。关于甲的行为，下列哪一选项是正确的？（　　）

A. 甲构成故意杀人罪既遂

B. 甲构成故意杀人罪未遂

C. 甲构成过失致人死亡罪

D. 甲对林某构成故意杀人罪未遂，对自己的父亲构成过失致人死亡罪，应择一重罪处罚

11. 关于强奸罪及相关犯罪的判断，下列哪一选项是正确的？（　　）

A. 甲欲强奸某妇女遭到激烈反抗，一怒之下卡住该妇女喉咙，致其死亡后实施奸淫行为。甲的行为构成强奸罪的结果加重犯。

B. 乙为迫使妇女王某卖淫而将王某强奸，对乙的行为应以强奸罪与强迫卖淫罪实行数罪并罚。

C. 丙在组织他人偷越国（边）境过程中，强奸了被组织的妇女李某。丙的行为虽然触犯了组织他人偷越国（边）境罪与强奸罪，但只能以组织他人偷越国（边）境罪定罪量刑。

D. 丁在拐卖妇女的过程中，强行奸淫了该妇女。丁的行为虽然触犯了拐卖妇女罪与强奸罪，但根据刑法规定，只能以拐卖妇女罪定罪量刑。

12. 下列哪种情形构成诬告陷害罪？（　　）

A. 甲为了得到提拔，便捏造同事曹某包养情人并匿名举报，使曹某失去晋升机会。

B. 乙捏造"文某明知王某是实施恐怖活动的人而向其提供资金"的事实，并向公安部门举报。

C. 丙捏造同事贾某受贿 10 万元的事实，并写成 500 份传单在县城的大街小巷张贴。

D. 丁匿名举报单位领导王某贪污救灾款 50 万元。事后查明，王某只贪污了救灾款 5000 元。

13. 甲、乙夫妇因 8 岁的儿子严重残疾，生活完全不能自理而非常痛苦。一天，甲往儿子要喝的牛奶里放入"毒鼠强"时被乙看到，乙说："这是毒药吧，你给他喝呀？"见甲不说话，乙叹了口气后就走开了。毒死儿子后，甲、乙二人一起掩埋尸体并对外人说儿子因病而死。关于甲、乙行为的定性，下列哪一选项是正确的？（　　）

A. 甲与乙构成故意杀人的共同犯罪

B. 甲构成故意杀人罪，乙构成包庇罪

C. 甲构成故意杀人罪，乙构成遗弃罪

D. 甲构成故意杀人罪，乙无罪

14. 甲持西瓜刀冲入某银行储蓄所，将刀架在储蓄所保安乙的脖子上，喝令储蓄所职员丙交出现金1万元。见丙故意拖延时间，甲便在乙的脖子上划了一刀。刚取出5万元现金的储户丁看见乙血流不止，于心不忍，就拿出1万元扔给甲，甲得款后迅速逃离。对甲的犯罪行为，下列哪一选项是正确的？（　　　）

A. 抢劫罪（未遂）　　　　　　B. 抢劫罪（既遂）

C. 绑架罪　　　　　　　　　　D. 敲诈勒索罪

15. 甲得知乙一直在拐卖妇女，便对乙说："我的表弟丙没有老婆，你有合适的就告诉我一下。"不久，乙将拐骗的两名妇女带到甲家，甲与丙将其中一名妇女买下给丙做妻。关于本案，下列哪一选项是错误的？（　　　）

A. 乙构成拐卖妇女罪　　　　　B. 甲构成拐卖妇女罪的共犯

C. 甲构成收买被拐卖的妇女罪　D. 丙构成收买被拐卖的妇女罪

16. 为谋财绑架他人的，在下列哪一种情形下不应当判处死刑？（　　　）

A. 甲绑架并伤害被绑架人致其残疾的

B. 乙杀死人质后隐瞒事实真相向人质亲友勒索赎金10万元的

C. 丙绑架人质后害怕罪行败露杀人灭口的

D. 丁控制人质时因捆绑太紧过失致被害人死亡的

二　多项选择题

1. 下列情形中，构成非法拘禁罪的是（　　　）。

A. 收买被拐卖的妇女后，非法剥夺其人身自由的

B. 甲乙二人与丙某不和，遂将丙某关在一小仓库内达三天三夜

C. 为索取债务而非法扣押他人，致其重伤的

D. 组织他人偷越国（边）境时，剥夺被组织人人身自由的

2. 甲乙二人穿着奇异，因丙某看了他们一眼，便上前质问并殴打丙某，在扭打过程中，甲某用随身携带的匕首朝丙某的胸部猛刺两刀，致使丙某捂胸倒下。丙某因匕首刺入心脏，当场死亡。则（　　　）。

A. 甲某构成故意伤害罪

B. 甲某构成故意杀人罪

C. 乙某构成甲某故意杀人罪或者故意伤害罪的共犯

D. 乙某构成寻衅滋事罪

3. 下列犯罪行为中，构成强奸罪的有（　　）。

A. 甲某多次与多名幼女发生两性关系，并导致其中一人怀孕

B. 收买人强行与被收买的妇女发生性关系的

C. 运送他人偷越国境，对被运送人有强奸行为的

D. 利用从属关系以胁迫手段奸淫现役军人妻子的

4. 犯罪主体只能由司法工作人员构成的犯罪有（　　）。

A. 非法拘禁罪　　　　　　　　B. 刑讯逼供罪

C. 暴力取证罪　　　　　　　　D. 侮辱罪

5. 某派出所民警甲接到关于某旅店老板乙涉嫌组织卖淫的举报，即前往该旅店，但没有碰见乙，便将怀疑是卖淫女的服务员丙带回派出所连夜审讯，要她交代从事卖淫以及乙组织卖淫活动的事。由于丙拒不承认有这些事，甲便指使其他民警对丙进行多次殴打逼其交代，丙于次日晨死于审讯室。法医出具的尸检报告称："因受外力击打造成下肢大面积皮下出血，引起患有心脏功能障碍的丙心力衰竭而死。"对于甲的行为，下列说法正确的是：（　　）。

A. 属于刑讯逼供行为　　　　　B. 属于暴力取证行为

C. 应按故意杀人罪处罚　　　　D. 属于意外事件，不负刑事责任

6. 甲承包经营某矿井采矿业务。甲为了降低采矿成本，提高开采量，便动员当地矿工和村民将子女带到矿井上班，并许诺给他们的子女以高工资。矿工和村民纷纷将他们的子女带到矿井上班，从事井下采矿作业，其中有 20 余人为 10～16 周岁的未成年人。后因甲所承诺的高工资未兑现，20 余名童工表示不想再干，要求离开矿井。甲不同意，并在矿井周围布上电铁丝网，雇用数 10 名守卫，禁止所有的矿工包括这 20 余名童工离开矿井，强制他们为其采矿，其中 1 名年约 12 岁的童工因体质瘦弱而累死在井下。甲的行为构成何罪？（　　）（司考真题）

A. 非法拘禁罪　　　　　　　　B. 强迫职工劳动罪

C. 雇用童工从事危重劳动罪　　D. 重大责任事故罪

7. 甲、乙合谋勒索丙的钱财。甲与丙及丙的儿子丁（17 岁）相识。某日下午，甲将丁邀到一家游乐场游玩，然后由乙向丙打电话。乙称丁被绑架，令丙赶快送 3 万元现金到约定地点，不许报警，否则杀害丁。丙担心儿子的生命而没有报警，下午 7 点左右准备了 3 万元后送往约定地点。乙取得钱后通知甲，甲随后与丁

分手回家。下列罪名哪些不符合甲、乙的行为性质？（   ）（司考真题）

    A. 绑架罪   B. 抢劫罪

    C. 敲诈勒索罪   D. 非法拘禁罪

8. 甲欲绑架女大学生乙卖往外地，乙强烈反抗，甲将乙打成重伤，并多次对乙实施强制猥亵行为。甲尚未将乙卖出便被公安人员抓获。关于甲行为的定性和处罚，下列哪些判断是错误的？（   ）

    A. 构成绑架罪、故意伤害罪与强制猥亵妇女罪，实行并罚。

    B. 构成拐卖妇女罪、故意伤害罪、强制猥亵妇女罪，实行并罚。

    C. 构成拐卖妇女罪、强制猥亵妇女罪，实行并罚。

    D. 构成拐卖妇女罪、强制猥亵妇女罪，实行并罚，但由于尚未出卖，对拐卖妇女罪应适用未遂犯的规定。

9. 甲举枪射击乙，但因没有瞄准而击中丙，致丙死亡。关于本案，下列哪些选项是正确的？（   ）

    A. 甲的行为属于打击错误

    B. 甲的行为属于同一犯罪构成内的事实认识错误

    C. 甲构成故意杀人（既遂）罪

    D. 甲构成故意杀人（未遂）罪与过失致人死亡罪

10. 下列哪些行为不应认定为过失致人死亡罪？（   ）

    A. 甲遭受乙正在进行的不法侵害，在防卫过程中一棒将乙打倒，致乙脑部跌在一块石头上而死亡。法院认为甲的防卫行为明显超过必要限度造成了重大损害，应以防卫过当追究刑事责任。

    B. 甲对乙进行非法拘禁，在拘禁过程中，因长时间捆绑，致乙呼吸不畅窒息死亡。

    C. 甲因对女儿乙的恋爱对象丙不满意，阻止乙、丙正常交往，乙对此十分不满，并偷偷与丙登记结婚，甲获知后对乙进行打骂，逼其离婚。乙、丙不从，遂相约自杀而亡。

    D. 甲结婚以后，对丈夫与其前妻所生之子乙十分不满，采取冻饿等方式进行虐待，后又发展到打骂，致乙多处伤口腐烂，乙因未能及时救治而不幸身亡。

11. 下列哪些行为不能认定为强奸罪？（   ）

    A. 拐卖妇女的犯罪分子奸淫被拐卖的妇女的

    B. 利用职权、从属关系，以胁迫手段奸淫现役军人的妻子的

    C. 利用迷信奸淫妇女的

D. 组织卖淫的犯罪分子强奸妇女后迫使其卖淫的

12. 李某以出卖为目的偷盗一名男童，得手后因未找到买主，就产生了自己抚养的想法。在抚养过程中，因男童日夜啼哭，李某便将男童送回家中。关于李某的行为，下列哪些选项是错误的？（   ）

A. 构成拐卖儿童罪
B. 构成拐骗儿童罪
C. 属于拐卖儿童罪未遂
D. 属于拐骗儿童罪中止

13. 甲曾向乙借款 9000 元，后不想归还借款，便预谋毒死乙。甲将注射了"毒鼠强"的白条鸡挂在乙家门上，乙怀疑白条鸡有毒未食用。随后，甲又乘去乙家串门之机，将"毒鼠强"投放到乙家米袋内。后乙和其妻子、女儿喝过米汤中毒，乙死亡，其他人经抢救脱险。关于甲的行为，下列哪些选项是错误的？（   ）

A. 构成投放危险物质罪
B. 构成投放危险物质罪与抢劫罪的想象竞合犯
C. 构成投放危险物质罪与故意杀人罪的想象竞合犯
D. 构成抢劫罪与故意杀人罪的吸收犯

14. 关于侵犯人身权利犯罪的说法，下列哪些选项是错误的？（   ）

A. 私营矿主甲以限制人身自由的方法强迫农民工从事危重矿井作业，并雇用打手对农民工进行殴打，致多人伤残。甲的行为构成非法拘禁罪与故意伤害罪，应当实行并罚。

B. 砖窑主乙长期非法雇佣多名不满 16 周岁的未成年人从事超强度体力劳动，并严重忽视生产作业安全，致使一名未成年人因堆砌的成品砖倒塌而被砸死。对乙的行为应以雇用童工从事危重劳动罪从重处罚。

C. 丙以介绍高薪工作的名义从外地将多名成年男性农民工骗至砖窑主王某的砖窑场，以每人 1000 元的价格卖给王某从事强迫劳动。由于《刑法》仅规定了拐卖妇女、儿童罪，所以，对于丙的行为，无法以犯罪论处。

D. 拘留所的监管人员对被监管人进行体罚虐待，致人死亡的，以故意杀人罪论处，不实行数罪并罚。

三 名词解释

1. 侵犯公民人身权利、民主权利罪 2. 非法拘禁罪 3. 拐卖妇女、儿童罪
4. 非法侵入住宅罪 5. 诬告陷害罪 6. 雇用童工从事危重劳动罪 7. 破坏选举罪
8. 非法剥夺公民宗教信仰自由罪

四 简答题

1. 简述刑讯逼供罪与虐待被监管人罪的区别。
2. 简述强制猥亵、侮辱妇女罪与侮辱罪的主要区别。
3. 简述故意伤害致人死亡与过失致人死亡的界限。

五 论述题

论述绑架罪的概念、主要特征，并与非法拘禁罪作比较评析。

六 案例分析题

1. 被告人李某，男，52岁，农民。其长子李天某，平日游手好闲，不务正业，多次到其父家闹事，索要钱财，一不满意，对其父拳打脚踢。还经常打骂妻子、孩子，导致其妻子带孩子离家出走。一日，李天某喝完酒又到其父家中索要钱财，其父说没有。李某恼羞成怒，欲再次殴打其父。这时，其弟李风某回到家中，看见此情形，赶忙上前拉住李天某，李某得以逃脱。李某遂到院中，抄起木棍返回家中，冲毫无戒备的李天某的头部猛击数下，李天某当即倒地，在送往医院的途中死亡。经法医鉴定，李天某是被钝物击打头部造成脑损伤死亡。

问题：本案中李某是否构成犯罪？如果构成，应认定为何罪？并说明理由。

2. 被告人吴某，男，46岁，某县农民。1996年8月，被害人齐某与吴某之女吴丽某经人介绍成为恋人，后订立婚约。然1997年12月11日，经人调解，双方解除婚约。于是被告人吴某对齐某极为不满。1998年1月8日，齐某路过吴某家门前，吴某对其横加阻拦，并指使其亲友数人对齐某殴打。之后，将齐某强行带入家中，捆绑后，关在厨房内。10多分钟后，得知消息的村委会派人将齐某救出。

问题：吴某的行为构成何罪？请说明理由。

参考答案

一 单项选择题

1. A 2. B 3. D 4. C 5. A 6. B 7. C 8. B 9. B 10. A 11. D 12. B

13. A 14. B 15. B 16. A

二 多项选择题

1. BC 2. BD 3. ABCD 4. BC 5. BC 6. BC 7. ABD 8. ABD 9. ABC
10. BCD 11. AD 12. BCD 13. ABCD 14. ABC

三 名词解释

1. 侵犯公民人身权利、民主权利罪：是指故意或过失地侵犯公民的人身权利、民主权利以及与人身有直接关系的其他权利的行为。

2. 非法拘禁罪：是指非法拘禁他人或者以其他方法非法剥夺他人人身自由的行为。

3. 拐卖妇女、儿童罪：是指以出卖为目的，拐骗、绑架、收买、贩卖、接送、中转妇女、儿童的行为。

4. 非法侵入住宅罪：是指未经允许非法进入他人住宅或经要求退出无故拒不退出的行为。

5. 诬告陷害罪：是指捏造犯罪事实，向国家机关或有关单位作虚假告发，意欲使他人受刑事追究，情节严重的行为。

6. 雇用童工从事危重劳动罪：是指用人单位违反劳动管理法规，雇用未满16周岁的未成年人从事超强度体力劳动的，或者从事高空、井下作业的，或者在爆炸性、易燃性、放射性、毒害性等危险环境下从事劳动，情节严重的行为。

7. 破坏选举罪：是指在选举各级人民代表大会代表和国家机关领导人员时，以暴力、威胁、欺骗、贿赂、伪造选举文件、虚报选举票数等手段破坏选举或者妨害选民和代表自由行使选举权和被选举权，情节严重的行为。

8. 非法剥夺公民宗教信仰自由罪：是指国家机关工作人员非法剥夺公民的宗教信仰自由，情节严重的行为。

四 简答题

1. 刑讯逼供罪与虐待被监管人罪的主要区别是：（1）犯罪客体不同。前者的犯罪客体是公民的人身权利和国家司法机关的正常活动；后者的犯罪客体是监管机关的正常活动和被监管人的人身权利。（2）犯罪对象不同。前者的犯罪对象是犯罪嫌疑人、被告人，后者的犯罪对象是被监管人，即已被判处拘役以上刑罚还在服刑的罪犯和正在刑事诉讼中的犯罪嫌疑人、被告人。（3）犯罪客观方面不同。前者在客观方面表现为对犯罪嫌疑人、被告人使用肉刑或者变相肉刑逼取口供的行为，后者表现为殴打或者体罚虐待被监管人的行为。（4）犯罪主体不同。前者的主体是司法工作人员，后者的犯罪主体是监管机构的监管人员。（5）犯罪主观方面不同。前者的目的是为了逼取口供，后者只要是直接故意即可。（6）构成犯罪的标准不同。前者不以情节严重为公众犯罪的要件，后者情节严重是构成犯罪的必要要件。

2. 二者的主要区别是：（1）犯罪客体不同。前者的客体是妇女的人身权利、人格尊严和社会秩序，后者的客体是他人的人格和名誉。（2）犯罪客观方面不同。前者在客观方面表现为行为人以暴力、胁迫或者其他方法强制猥亵、侮辱妇女的行为，后者表现为行为人以暴力或者其他方法当着被害人的面公然进行贬低其人格、毁坏其名誉的行为。（3）犯罪主体不同。前者的犯罪主体只能是男性，女性可以成为本罪的共犯，但不能单独成为本罪的实行犯；后者的主体是一般主体。（4）犯罪主观方面不同。前者犯罪故意的内容是满足变态性要求或者使妇女当场出丑难堪，后者犯罪故意的内容是贬低他人人格、破坏他人名誉。

3. 要正确区分故意伤害致人死亡与过失致人死亡的界限，必须把握好两点：

（1）两者的相同点：一是两罪在客观上都造成被害人死亡的结果，二是主观上行为人对被害人死亡的结果都是过失。

（2）两者的不同点在于：故意伤害致人死亡中行为人具有伤害的故意，过失造成死亡的结果是故意伤害罪的加重情节；而过失致人死亡罪中，行为人主观上既无杀人的故意也无伤害的故意。

五　论述题

绑架罪，是指利用被绑架人的近亲属或者其他人对被绑架人安全的忧虑，以勒索财物或满足其他不法要求为目的，使用暴力、胁迫或者麻醉的方法劫持或以实力控制他人的行为。绑架罪的主要特征有：

（1）主体是一般主体。即年满16周岁，具有刑事责任能力的自然人。

（2）犯罪客体主要是公民的人身权利。绑架行为使用了暴力、胁迫等强制手段，因而严重侵犯了被绑架人的人身权利。同时，行为人还向被绑架人的近亲属或其他人勒索财物，同时还侵犯了他人的财产权利及其他权利。

（3）客观方面表现为利用被绑架人的近亲属或其他人对该绑架人安危的忧虑，而使用暴力、胁迫或麻醉的方法劫持或以实力控制他人。

（4）主观上只能是直接故意。行为人一方面利用被绑架人的近亲属或者其他人对被绑架人安危的忧虑，另一方面以勒索财物或满足其他不法要求为目的。

非法拘禁罪是指故意非法拘禁他人或者以其他方法非法剥夺他人人身自由的行为。与绑架罪相比，两者的区别主要表现为以下几点：

（1）侵犯客体不同。前者主要侵犯了公民的人身自由，后者不但侵犯了公民的人身自由，还侵犯了其他人身权利，以及他人的财产权利及其他权利。

（2）客观方面不同。前者表现为一种约束人身的行为，后者表现为使用暴力、胁迫或者麻醉的方法劫持或以实力控制他人的行为。

（3）主观方面不同。前者主观目的在于限制他人自由，而后者在于利用被绑架人的近亲属或者其他人对被绑架人安危的忧虑，以勒索财物或满足其他不法要求为目的。

六　案例分析题

1. 根据刑法第 232 条的规定，被告人李某的行为构成故意杀人罪。故意杀人罪，是指故意非法剥夺他人生命的行为。该罪具有以下特征：（1）客体是他人的生命权利。犯罪对象为有生命的自然人。（2）客观方面表现为，非法剥夺他人生命的行为。首先，这种剥夺他人生命的行为是非法的，如果实行正当防卫或执行公务而将他人杀死，不构成犯罪。其次，要有剥夺他人生命的行为，具体可以表现为作为和不作为。（3）主体为一般主体。（4）主观方面为故意。

就本案而言，被告人李某基于义愤杀人仍构成故意杀人罪。应该看到，被害人李天某具有相当的过错，但是被告人李某也不能剥夺其生命权利，因而被告人李某的行为仍具有相当的危害性；被告人李某在其次子已经将被告人拽开而停止厮打后，拣起一钝器向李天某的头部猛击数下，其剥夺被害人生命的主观意图是明显的。因此，被告人李某的行为已经构成故意杀人罪。当然，由于被害人具有相当的过错，在量刑时应当对被告人从轻处罚。

2. 根据刑法第 238 条的规定，被告人吴某的行为构成非法拘禁罪。非法拘禁罪，是指非法拘禁他人或者以其他方法非法剥夺他人人身自由的行为。该罪具有以下特征：（1）客体为他人的人身自由权利，即他人根据自己的意愿自由支配自己身体活动的权利。（2）客观方面表现为，具有以拘禁或者其他强制方法，非法剥夺他人人身自由的行为。（3）主体为一般主体。（4）主观方面为故意，并且具有非法剥夺他人人身自由的目的。

本案中，被告人吴某出于报复心理而拘禁被害人，虽然时间仅有十几分钟，但是在拘禁行为中伴以殴打、捆绑的行为，因而其行为已构成非法拘禁罪。

第二十五章　侵犯财产罪

一　单项选择题

1. 甲在某证券交易大厅偷窥获得在该营业部开户的乙的资金账号及交易密码后，通过电话委托等方式在乙的资金账号上高吃低抛某一只股票，同时通过自己在证券交易部的资金账号低吃高抛同一只股票，造成乙损失 30 万元，甲从中获利 20 万元。对甲应当如何处理？（　　）（司考真题）

   A. 属于法无明文规定的情形，不以犯罪论处

   B. 以盗窃罪论处

   C. 以故意毁坏财物罪论处

   D. 以操纵证券价格罪论处

2. 甲某因为乙某与其妻通奸，就找到乙某索取 20 万元"赔偿费"。乙某不从，甲某就对其进行殴打。乙某被逼无奈，只好写出一份承认自己与甲妻通奸并承诺自愿赔偿 20 万元损失费的保证书。甲某的行为构成：（　　）。

   A. 敲诈勒索罪　　　　　　　　　B. 抢劫罪

   C. 诈骗罪　　　　　　　　　　　D. 盗窃罪

3. 李某故意用一张面值 100 元的假币到超市消费，收银员王某将假币退还李某并让李某给零钱，李某声称没有零钱，执意让王某找零钱，并用暴力相逼，说道："你不给我找零钱，我就炸了你们店！"王某只好收下 100 元假币，找给李某 90 元人民币。李某的行为构成何罪？（　　）

   A. 使用假币罪　　　　　　　　　B. 敲诈勒索罪

   C. 抢劫罪　　　　　　　　　　　D. 强迫交易罪

4. 某市民政局局长杜某将上级拨付的 500 万元救济款挪用于建本单位高级办公楼，被境外媒体报道后，在国际上造成恶劣影响。杜某的行为构成（　　）。

   A. 盗窃罪　　　　　　　　　　　B. 侵占罪

C. 挪用特定款物罪　　　　　　　D. 诈骗罪

5. 顾客张某将内装 1 万元现金的钱包随手放在银行柜台上，到另一张桌子上填写单子。甲到银行取款时见到钱包，见一旁无人，顺手拿起放到自己包里。甲的行为构成（　　　）。

A. 抢劫罪　　　B. 盗窃罪　　　C. 侵占罪　　　　D. 诈骗罪

6. 个体户甲开办的汽车修理厂系某保险公司指定的汽车修理厂家。甲在为他人修理汽车时，多次夸大汽车毁损程度，向保险公司多报汽车修理费用，从保险公司骗取 12 万余元。对甲的行为应如何论处？（　　　）

A. 以诈骗罪论处　　　　　　　　B. 以保险诈骗罪论处

C. 以合同诈骗罪论处　　　　　　D. 属于民事欺诈，不以犯罪论处

7. 李某在商场金店发现柜台内放有一条重 12 克，价值 5000 元的纯金项链，与自己所戴的镀金项链样式相同。李某以挑选金项链为名，乘售货员不注意，用自己的镀金项链调换了上述纯金项链。李某的行为：（　　　）。

A. 构成盗窃罪

B. 构成诈骗罪

C. 构成诈骗罪与盗窃罪的想象竞合犯

D. 构成诈骗罪与盗窃罪二罪

8. 甲到乙的办公室送文件，乙不在。甲看见乙办公桌下的地上有一活期存折（该存折未设密码），便将存折捡走。乙回办公室后找不着存折，但看见桌上的文件，便找到甲问是否看见其存折，甲说没看到。甲下班后去银行将该存折中的 5000 元取走。甲的行为构成（　　　）。

A. 侵占罪　　　　　　　　　　　B. 盗窃罪

C. 诈骗罪　　　　　　　　　　　D. 金融凭证诈骗罪

9. 甲、乙为劫取财物将在河边散步的丙杀死，当场取得丙随身携带的现金 2000 余元。甲、乙随后从丙携带的名片上得知丙是某公司总经理。两人经谋划后，按名片上的电话给丙的妻子丁打电话，声称丙已被绑架，丁必须于次日中午 12 点将 10 万元现金放在某处，否则杀害丙。丁立即报警，甲、乙被抓获。关于本案的处理，下列哪一种说法是正确的？（　　　）

A. 抢劫罪和绑架罪并罚

B. 以故意杀人罪、盗窃罪和绑架罪并罚

C. 以抢劫罪和敲诈勒索罪并罚

D. 以故意杀人罪、侵占罪和敲诈勒索罪并罚

10. 乙与丙因某事发生口角，甲知此事后，找到乙，谎称自己受丙所托带口信给乙，如果乙不拿出 2000 元给丙，丙将派人来打乙。乙害怕被打，就托甲将 2000 元带给丙。甲将钱占为已有。对甲的行为应当如何处理？（   ）

    A. 按诈骗罪处理
    B. 按敲诈勒索罪处理
    C. 按侵占罪处理
    D. 按抢劫罪处理

11. 甲使用暴力将乙扣押在某废弃的建筑物内，强行从乙身上搜出现金 3000 元和 1 张只有少量金额的信用卡，甲逼迫乙向该信用卡中打入人民币 10 万元。乙便给其妻子打电话，谎称自己开车撞伤他人，让其立即向自己的信用卡打入 10 万元救治伤员并赔偿。乙妻信以为真，便向乙的信用卡中打入 10 万元，被甲取走，甲在得款后将乙释放。对甲的行为应当按照下列哪一选项定罪？（   ）

    A. 非法拘禁罪
    B. 绑架罪
    C. 抢劫罪
    D. 抢劫罪和绑架罪

12. 下列哪种行为构成敲诈勒索罪？（   ）

    A. 甲到乙的餐馆吃饭，在食物中发现一只苍蝇，遂以向消费者协会投诉为由进行威胁，索要精神损失费 3000 元。乙迫于无奈付给甲 3000 元。

    B. 甲到乙的餐馆吃饭，偷偷在食物中投放一只事先准备好的苍蝇，然后以砸烂桌椅进行威胁，索要精神损失费 3000 元。乙迫于无奈付给甲 3000 元。

    C. 甲捡到乙的手机及身份证等财物后，给乙打电话，索要 3000 元，并称若不付钱就不还手机及身份证等物。乙迫于无奈付给甲 3000 元现金赎回手机及身份证等财物。

    D. 甲妻与乙通奸，甲获知后十分生气，将乙暴打一顿，乙主动写下一张赔偿精神损失费 2 万元的欠条。事后，甲持乙的欠条向其索要 2 万元，并称若乙不从，就向法院起诉乙。

13. 下列哪种说法是正确的？（   ）

    A. 甲潜入乙家，搬走乙家 1 台价值 2000 元的彩电，走到门口，被乙 5 岁的女儿丙看到，丙问甲为什么搬我家的彩电，乙谎称是其父亲让他来搬的。丙信以为真，让甲将彩电搬走。甲的行为属于诈骗。

    B. 甲在柜台假装购买金项链，让售货员乙拿出 3 条进行挑选，甲看后表示对 3 条金项链均不满意，让乙再拿 2 条。甲趁乙弯腰取金项链时，将柜台上的 1 条金项链装入口袋。乙拿出 2 条金项链让甲看，甲看后表示不满意，将金项链归还给乙。乙看少了 1 条，便隔着柜台一把抓住甲的手不让其走，甲猛地甩开乙的手逃走。甲的行为属于抢夺。

C. 甲在柜台购买 2 条中华香烟，在售货员乙拿给甲 2 条中华香烟后，甲又让乙再拿 1 瓶五粮液酒。趁乙转身时，甲用事先准备好的 2 条假中华香烟与柜台上的中华香烟对调。等乙拿出五粮液酒后，甲将烟酒又看了看，以烟酒有假为由没有买。甲的行为属于盗窃。

D. 甲与乙进行私下外汇交易。乙给甲 1 万美元，甲在清点时趁乙不注意，抽出 10 张 100 元面值的美元，以 10 张 10 元面值的美元顶替。清点完成后，甲将总面额 8.3 万元的假人民币交给乙，被乙识破。乙要回 1 万美元，经清点仍是 100 张，拿回家后才发现美元被调换。甲的行为属于诈骗。

14. 甲将汽车停在自家楼下，忘记拔车钥匙，匆匆上楼取文件，被恰好路过的乙发现。乙发动汽车刚要挂挡开动时，甲正好下楼，将乙抓获。关于乙的行为，下列哪一选项是正确的（　　　）

A. 构成侵占罪既遂　　　　　　　B. 构成侵占罪未遂

C. 构成盗窃罪既遂　　　　　　　D. 构成盗窃罪未遂

15. 张某出于报复动机将赵某打成重伤，发现赵某丧失知觉后，临时起意拿走了赵某的钱包，钱包里有 1 万元现金，张某将其占为己有。关于张某取财行为的定性，下列哪一选项是正确的？（　　　）

A. 构成抢劫罪　　　　　　　　　B. 构成抢夺罪

C. 构成盗窃罪　　　　　　　　　D. 构成侵占罪

16. 甲路过某自行车修理店，见有一辆名牌电动自行车（价值 1 万元）停在门口，欲据为己有。甲见店内货架上无自行车锁便谎称要购买，催促店主去 50 米之外的库房拿货。店主临走时对甲说："我去拿锁，你帮我看一下店。"店主离店后，甲骑走电动自行车。甲的行为构成何罪？（　　　）

A. 诈骗罪　　　　　　　　　　　B. 盗窃罪

C. 侵占罪　　　　　　　　　　　D. 职务侵占罪

17. 关于侵犯财产罪及相关犯罪，下列哪一选项是正确的？（　　　）

A. 甲用假币到电器商场购买手机，甲的行为构成诈骗罪。

B. 乙受王某之托将价值 5 万元的手表送给 10 公里外的朱某，乙在路上让许某捆绑自己，伪造了抢劫现场，将表据为己有。报案后，乙向警方说自己被抢。乙的行为构成侵占罪。

C. 丙假冒某部委名义，以组织某高层论坛为名发布广告、寄送材料，要求参会人员每人先邮寄会务费 1 万元。丙收款 50 万元后潜逃。丙的行为构成虚假广告罪。

D. 丁为孩子升学，买了一辆假冒某名牌的摩托车送给教育局局长何某。丁的行为构成诈骗罪。

18. 甲潜入乙的住宅盗窃，将乙的皮箱（内有现金 3 万元）扔到院墙外，准备一会儿翻墙出去再捡。偶尔经过此处的丙发现皮箱无人看管，遂将其拿走，据为己有。15 分钟后，甲来到院墙外，发现皮箱已无踪影。对于甲、丙行为的定性，下列哪一选项是正确的？（　　）

A. 甲成立盗窃罪（既遂），丙无罪

B. 甲成立盗窃罪（未遂），丙成立盗窃罪（既遂）

C. 甲成立盗窃罪（既遂），丙成立侵占罪

D. 甲成立盗窃罪（未遂），丙成立侵占罪

19. 甲在某银行的存折上有 4 万元存款。某日，甲将存款全部取出，但由于银行职员乙工作失误，未将存折底卡销毁。半年后，甲又去该银行办理存储业务，乙对甲说，你的 4 万元存款已到期。甲听后，灵机一动，对乙谎称存折丢失。乙为甲办理了挂失手续，甲取走 4 万元。甲的行为构成何罪？（　　）

A. 侵占罪　　　　　　　　　　B. 盗窃罪（间接正犯）

C. 诈骗罪　　　　　　　　　　D. 金融凭证诈骗罪

20. 某地突发百年未遇的冰雪灾害，乙离开自己的住宅躲避自然灾害。两天后，大雪压垮了乙的房屋，家中财物散落一地。灾后最先返回的邻居甲路过乙家时，将乙垮塌房屋中的 2 万元现金拿走。关于甲行为的定性，下列哪一选项是正确的？（　　）

A. 构成盗窃罪

B. 构成侵占罪

C. 构成抢夺罪

D. 仅成立民法上的不当得利，不构成犯罪

21. 甲、乙共谋行抢。甲在偏僻巷道的出口望风，乙将路人丙的书包（内有现金 1 万元）一把夺下转身奔逃，丙随后追赶，欲夺回书包。甲在丙跑过巷道口时突然伸腿将丙绊倒，丙倒地后摔成轻伤，甲、乙乘机逃脱。甲、乙的行为构成何罪？（　　）

A. 甲、乙均构成抢夺罪　　　　B. 甲、乙均构成抢劫罪

C. 甲构成抢劫罪，乙构成抢夺罪　　D. 甲构成故意伤害罪，乙构成抢夺罪

22. 甲系私营速递公司卸货员，主要任务是将公司收取的货物从汽车上卸下，再按送达地重新装车。某晚，乘公司监督人员上厕所之机，甲将客户托运的一台

价值 1 万元的摄像机夹带出公司大院，藏在门外沟渠里，并伪造被盗现场。关于甲的行为，下列哪一选项是正确的？（　　）

A. 诈骗罪
B. 职务侵占罪
C. 盗窃罪
D. 侵占罪

二　多项选择题

1. 下列哪些行为构成盗窃罪？（　　）

A. 将电信卡非法充值后使用，造成电信资费损失数额较大的

B. 以牟利为目的盗接他人通信线路而使用，数额较大的

C. 公司人员利用职务便利窃取本单位财物的

D. 聚众哄抢公共财物，数额较大的

2. 关于盗窃罪的认定，下列结论哪些是正确的？（　　）（司考真题）

A. 甲因饮酒过量醉卧街头。乙向围观群众声称甲系其好友，将甲扶于无人之处，掏走甲身上 1000 余元离去。乙的行为构成盗窃罪。

B. 甲与乙在火车上相识，下车后同到一饭馆就餐。乙殷勤劝酒，将甲灌醉，掏走甲身上 1000 余元离去。乙的行为构成盗窃罪。

C. 甲去一餐馆吃晚饭，时值该餐馆打烊，服务员已下班离去，只有老板乙在清账理财。在甲再三要求之下，乙无奈亲自下厨准备饭菜。甲趁机将厨房门反锁，致乙欲出不能，只能从递菜窗口眼看着甲打开柜台抽屉拿走 1000 余元离去。甲的行为构成盗窃罪。

D. 甲在街头出售报纸时发现乙与一摊主因买东西发生纠纷，其携带的箱子（内有贵重物品）放在身旁的地上，便提起该箱子悄悄溜走。乙发现后紧追不舍。为摆脱乙的追赶，甲将手中剩余的几张报纸卷成一团扔向乙，击中乙脸，乙受惊吓几乎滑倒。随之又追，终于抓住甲。甲的行为构成盗窃罪。

3. 根据犯罪构成理论，并结合《刑法》分则的规定，下列哪些说法是正确的？（　　）

A. 甲某晚潜入胡某家中盗窃贵重物品时，被主人发现。甲夺门而逃，胡某也没有再追赶。甲就躲在胡某家墙根处的草垛里睡了一晚，第二天早上村主任高某路过时，发现甲行踪诡秘，就对其盘问。甲以为高某发现了自己昨晚的盗窃行为，就对高某进行打击，致其重伤。甲构成盗窃罪、故意伤害罪，应数罪并罚。

B. 乙在大街上见赵某一边行走一边打手机，即起歹意，从背后用力将其手机

抢走。但因用力过猛，致使赵某绊倒摔成重伤。乙同时构成抢夺罪、过失致人重伤罪，但不应数罪并罚。

C. 丙深夜入室盗窃，被主人李某发现后追赶。当丙跨上李某家院墙，正准备往外跳时，李某抓住丙的脚，试图拉住他。但丙顺势踹了李某一脚，然后逃离现场。丙构成抢劫罪。

D. 丁骑摩托车在大街上见妇女田某提着一个精致皮包在行走，即起歹意，从背后用力拉皮包带，试图将皮包抢走。田某顿时警觉，拽住皮包带不放。丁见此情景，突然对摩托车加速，并用力猛拉皮包带，田某当即被摔成重伤。丁构成抢劫罪而不构成抢夺罪。

4. 某晚，崔某身穿警服，冒充交通民警，骗租到个体女司机何某的夏利出租车。当车行至市郊时，崔某持假枪抢走何某人民币 1000 元，并将何某一脚踹出车外，使何某身受重伤，崔某乘机将出租车开走。本案中属于抢劫罪法定加重情节的有哪些？（　　　）

A. 持枪抢劫　　　　　　　　B. 冒充军警人员抢劫

C. 抢劫致人重伤　　　　　　D. 在公共交通工具上抢劫

5. 结合犯罪构成理论以及《刑法》分则的相关规定分析，以下案件哪些不构成侵占罪？（　　　）（司考真题）

A. 某游戏厅早上 8 点刚开门，甲就进入游戏厅玩耍，发现 6 号游戏机上有一个手机，甲马上装进自己口袋，然后逃离。事后查明，该手机是游戏厅老板打扫房间时顺手放在游戏机上的。甲被抓获后称其始终以为该手机是其他顾客遗忘的财物。

B. 乙知道邻居肖某的 8 岁小孩被他人绑架，肖某可能会按照歹徒的要求交付赎金，即终日悄悄跟随在肖某身后。某日，见肖某将一塑料口袋塞入某桥洞下，即在肖某离开 10 分钟后，将口袋挖出，取得现金 20 万元。

C. 丙到某装饰城购买价值 2 万元的装修材料，委托三轮车夫田某代为运输。田某骑三轮车在前面走，丙骑自行车跟在后面。在经过一路口时，田某见丙被警察拦住检查自行车证，即将装修材料拉走倒卖，获款 4000 元。

D. 丁闲极无聊在一自动取款机按键上胡乱敲击。款机即吐出一张 100 元钞票，丁见此情景，就连续不断地进行操作，直至取出现金 1 万元，然后迅速离去。

6. 甲某日晚到洗浴中心洗浴。甲进入该中心后，根据服务员乙的指引，将衣服、手机、手提包等财物锁入 8 号柜中，然后进入沐浴区。半小时后，乙为交班而准备打开自己一直存放衣物的 7 号柜，忙乱中将钥匙插入 8 号柜的锁孔，但居然能将 8 号柜打开。乙发现柜中有手提包，便将其中的 3 万元拿走。为迅速逃离现场，乙没有来得及将 8 号柜门锁上。稍后另一客人丙见 8 号柜半开半掩，就将柜中的手机（价值 3000 元）以及信用卡拿走。由于信用卡的背后写有密码，第二天，丙持该信用卡到商场购买价值 2 万元的手表。关于本案，下列哪些说法是错误的？（　　）（司考真题）

A. 乙的行为构成侵占罪、丙的行为构成盗窃罪

B. 乙的行为构成盗窃罪、丙的行为构成侵占罪

C. 乙的行为构成盗窃罪、丙的行为构成盗窃罪与信用卡诈骗罪

D. 乙的行为构成职务侵占罪、丙的行为构成侵占罪与信用卡诈骗罪

7. 关于抢夺罪，下列哪些判断是错误的？（　　）

A. 甲驾驶汽车抢夺乙的提包，汽车能致人死亡属于凶器。甲的行为应认定为携带凶器抢夺罪。

B. 甲与乙女因琐事相互厮打时，乙的耳环（价值 8000 元）掉在地上。甲假装摔倒在地迅速将耳环握在手中，乙见甲摔倒便离开了现场。甲的行为成立抢夺罪。

C. 甲骑着摩托车抢夺乙的背包，乙使劲抓住背包带，甲见状便加速行驶，乙被拖行 10 多米后松手。甲的行为属于情节特别严重的抢夺罪。

D. 甲明知行人乙的提包中装有毒品而抢夺，毒品虽然是违禁品，但也是财物。甲的行为成立抢夺罪。

8. 下列哪些行为属于盗窃？（　　）

A. 甲穿过铁丝网从高尔夫球场内"拾得"大量高尔夫球

B. 甲在夜间翻入公园内，从公园水池中"捞得"旅客投掷的大量硬币

C. 甲在宾馆房间"拾得"前一顾客遗忘的笔记本电脑一台

D. 甲从一辆没有关好门的小轿车内"拿走"他人公文包

9. 甲到银行自动取款机提款后，忘了将借记卡退出便匆忙离开。该银行工作人员乙对自动取款机进行检查时，发现了甲未退出的借记卡，便从该卡中取出 5000 元，并将卡中剩余的 3 万元转入自己的借记卡。对乙的行为的定性，下列哪些选项是错误的？（　　）

A. 乙的行为构成盗窃罪　　　　B. 乙的行为构成侵占罪

C. 乙的行为构成职务侵占罪　　D. 乙的行为构成信用卡诈骗罪

10. 下列哪些说法是错误的？（　　）

A. 甲盗窃乙的存折后，假冒乙的名义从银行取出存折中的 5 万元存款。甲的行为构成盗窃罪与诈骗罪。

B. 甲盗窃了乙的 200 克海洛因，因本人不吸毒，就将海洛因转卖给丙。甲的行为构成盗窃罪和贩卖毒品罪。

C. 甲盗窃了博物馆的一件国家珍贵文物，以 20 万元的价格转卖给乙。甲的行为构成盗窃罪和倒卖文物罪。

D. 甲盗窃了乙的一块名表，以 2 万元的价格转卖给丙，甲的行为构成盗窃罪和销售赃物罪。

11. 下列哪些说法是错误的？（　　　）

A. 甲将乙价值 2 万元的戒指扔入海中，由于戒指本身没有被毁坏，甲的行为不构成故意毁坏财物罪。

B. 甲见乙迎面走来，担心自己的手提包被乙夺走，便紧抓手提包。乙见甲紧抓手提包，猜想包中有贵重物品，在与甲擦肩而过时，当面用力夺走甲的手提包。由于乙并非乘人不备而夺取财物，所以不构成抢夺罪。

C. 甲将一张作废的 IC 卡插入银行的自动取款机试探，碰巧自动取款机显示能够取出现金，于是甲取出 5000 元。甲将 IC 卡冒充借记卡的欺骗行为在本案中起到了主要作用，因而构成诈骗罪。

D. 甲系汽车检修厂职工，发现自己将要检修的一辆公交车为仇人乙驾驶，便在检修时破坏了刹车装置，然后交付使用。乙驾驶该车时，因刹车失灵，导致与其他车辆相撞，造成 3 人死亡，1 人重伤。由于甲不是对正在使用中的交通工具实施破坏手段，所以不构成破坏交通工具罪。

12. 梁某与好友强某深夜在酒吧喝酒。强某醉酒后，钱包从裤袋里掉到地上，梁某拾后见钱包里有 5000 元现金就将其隐匿。强某要梁某送其回家，梁某怕钱包之事被发现，托辞拒绝。强某在回家途中醉倒在地，被人发现时已冻死。关于本案，下列哪些选项是正确的？（　　　）

A. 梁某占有财物的行为构成盗窃罪

B. 梁某占有财物的行为构成侵占罪

C. 梁某对强某的死亡构成不作为的故意杀人罪

D. 梁某对强某的死亡不构成不作为的故意杀人罪

13. 关于诈骗罪，下列哪些选项是正确的？（　　　）

A. 收藏家甲受托为江某的藏品进行鉴定，甲明知该藏品价值 100 万元，但故意贬其价值后以 1 万元收买。甲的行为构成诈骗罪。

B. 文物贩子乙收购一些赝品，冒充文物低价卖给洪某。乙的行为构成诈骗罪。

C. 店主丙在柜台内陈列了两块标价 5 万元的玉石，韩某讲价后以 3 万元购买其中一块，周某讲价后以 3000 元购买了另一块。丙对韩某构成诈骗罪。

D. 画家丁临摹了著名画家范某的油画并署上范某的名章，通过画廊以 5 万元出售给田某，丁非法获利 3 万元。丁的行为构成诈骗罪。

14. 关于敲诈勒索罪的判断，下列哪些选项是正确的？（　　　　）

A. 甲将王某杀害后，又以王某被绑架为由，向其亲属索要钱财。甲除构成故意杀人罪外，还构成敲诈勒索罪与诈骗罪的想象竞合犯。

B. 饭店老板乙以可乐兑水冒充洋酒销售，向实际消费数十元的李某索要数千元。李某不从，乙召集店员对其进行殴打，致其被迫将钱交给乙。乙的行为构成抢劫罪而非敲诈勒索罪。

C. 职员丙被公司辞退，要求公司支付 10 万元补偿费，否则会将所掌握的公司商业秘密出卖给其他公司使用。丙的行为构成敲诈勒索罪。

D. 丁为谋取不正当利益送给国家工作人员刘某 10 万元。获取不正当利益后，丁以告发相要挟，要求刘某返还 10 万元。刘某担心被告发，便还给丁 10 万元。对丁的行为应以行贿罪与敲诈勒索罪实行并罚。

15. 某日，甲醉酒驾车将行人乙撞死，急忙将尸体运到 X 地掩埋。10 天后，甲得知某单位要在 X 地施工，因担心乙的尸体被人发现，便将乙的尸体从 X 地转移至 Y 地。在转移尸体时，甲无意中发现了乙的身份证和信用卡。此后，甲持乙的身份证和信用卡，从银行柜台将乙的信用卡中的 5 万元转入自己的信用卡，并以乙的身份证办理入网手续并使用移动电话，造成电信资费损失 8000 余元。甲的行为构成何罪？（　　　　）

A. 交通肇事罪 　　　　　　　　B. 侵占罪

C. 信用卡诈骗罪 　　　　　　　D. 诈骗罪

16. 关于盗窃行为的定性，下列哪些选项是正确的？（　　　　）

A. 盗窃伪造的货币的行为，不成立盗窃罪。

B. 盗窃伪造的国家机关印章的行为，不成立盗窃国家机关印章罪。

C. 盗窃伪造的信用卡并使用的行为，不适用《刑法》第 196 条关于"盗窃信用卡并使用"的规定。

D. 盗窃企业违规制造的枪支的行为，不成立盗窃枪支罪。

17.《刑法》第 269 条对转化型抢劫作出了规定，下列哪些选项不能适用该规定？（　　　）

A. 甲入室盗窃，被主人李某发现并追赶，甲进入李某厨房，拿出菜刀护在自己胸前，对李某说："你千万别过来，我胆子很小。"然后，翻窗逃跑。

B. 乙抢夺王某的财物，王某让狼狗追赶乙。乙为脱身，打死了狼狗。

C. 丙骗取他人财物后，刚准备离开现场，骗局就被识破。被害人追赶丙。走投无路的丙从身上摸出短刀，扎在自己手臂上，并对被害人说："你们再追，我就死在你们面前。"被害人见丙鲜血直流，一下愣住了。丙迅速逃离现场。

D. 丁在一网吧里盗窃财物并往外逃跑时，被管理人员顾某发现。丁为阻止顾某的追赶，提起网吧门边的开水壶，将开水泼在顾某身上，然后逃离现场。

18. 下列哪些情形可以成立抢劫致人死亡？（　　　）

A. 甲冬日深夜抢劫王某财物，为压制王某的反抗将其刺成重伤并取财后离去。3个小时后，王某被冻死。

B. 乙抢劫妇女高某财物，路人曾某上前制止，乙用自制火药枪将曾某打死。

C. 丙和贺某共同抢劫严某财物，严某边呼救边激烈反抗。丙拔刀刺向严某，严某躲闪，丙将同伙贺某刺死。

D. 丁盗窃邱某家财物准备驾车离开时被邱某发现，邱某站在车前阻止丁离开，丁开车将邱某撞死后逃跑。

19. 欣欣在高某的金店选购了一条项链，高某趁欣欣接电话之际，将为其进行礼品包装的项链调换成款式相同的劣等品（两条项链差价约3000元）。欣欣回家后很快发现项链被"调包"，即返回该店要求退还，高某以发票与实物不符为由拒不退换。关于高某的行为，下列哪些说法是错误的？（　　　）

A. 构成盗窃罪　　　　　　　　B. 构成诈骗罪

C. 构成侵占罪　　　　　　　　D. 不构成犯罪，属民事纠纷

三　名词解释

1. 侵犯财产罪　2. 抢夺罪　3. 破坏生产经营罪　4. 挪用特定款物罪　5. 敲诈勒索罪

四　简答题

1. 简述职务侵占罪的构成特征。

2. 简述挪用资金罪与挪用特定款物罪的主要区别。

3. 简述敲诈勒索罪和诈骗罪的界限。

五　论述题

论述适用抢劫罪的三种情况并作法理分析。

六　案例分析题

被告人胡某，男，32 岁。2003 年 4 月，被告人胡某外出到附近一旅游胜地游玩。后在游玩过程中，发现被害人石某所带的数码照相机十分高级，遂生歹念，尾随其后。行至一无人处，胡某拿出随身携带的水果刀向石某肋部猛刺一刀。石某奋力反抗并呼救，在搏斗过程中，被害人多处被刺伤。后胡某见石某反抗激烈，一时难以得逞，又担心有人路过，遂踢开石某逃离现场。后经法医鉴定石某为重伤。

问题：本案中胡某的行为应如何认定？并请说明理由。

参考答案

一　单项选择题

1. B　2. A　3. C　4. C　5. B　6. A　7. A　8. B　9. C　10. A　11. C　12. B
13. C　14. D　15. C　16. B　17. B　18. C　19. C　20. A　21. C　22. C

二　多项选择题

1. AB　2. AD　3. ABD　4. BC　5. ABCD　6. ABCD　7. ABC　8. ABCD
9. BCD　10. AD　11. ABCD　12. AD　13. AB　14. ABCD　15. ACD　16. BC
17. ABC　18. ABCD　19. BCD

三　名词解释

1. 侵犯财产罪：是指故意非法占有、挪用、损毁公私财物的行为。

2. 抢夺罪：以非法占有为目的，不使用暴力、胁迫等强制手段，公然夺取公私财物，数额较大的行为。

3. 敲诈勒索罪：是指以非法占有为目的，对被害人使用威胁或要挟的方法，强行索要数额较大公私财物的行为。

4. 挪用特定款物罪：是指违反特定款物专用的财经管理制度，挪用国家用于救灾、抢险、防汛、优抚、扶贫、移民、救济款物，情节严重，致使国家和人民群众利益遭受重大损害的行为。

5. 破坏生产经营罪：以泄愤或者其他个人目的，破坏机器设备，残害耕畜或者以其他方法破坏生产经营的行为。

四 简答题

1. 职务侵占罪是指公司、企业或者其他单位的人员，利用职务上的便利，将本单位的财物非法占为己有，数额较大的行为。该罪具有以下特征：

（1）该罪的客体是公司、企业或者其他单位的财物所有权。犯罪对象为单位所有的各种财物。

（2）该罪的客观方面表现为利用职务上的便利，将自己在职务上主管、经手或者管理的单位的财物，非法占为己有，数额较大的行为。

（3）该罪的主体为特殊主体，即限于公司、企业或者其他单位的人员。

（4）该罪的主观方面表现为直接故意，即明知是本单位所有的财物，而希望利用职务之便非法占为己有。

2. 挪用资金罪与挪用特定款物罪的主要区别是：（1）客体与对象不同。前者的客体是资金管理制度和使用权，对象必须是单位的资金；后者的客体是公共财物使用权和特定款项的专款专用制度，对象是用于救灾、抢险、防汛、优抚、扶贫、移民和救济款物。（2）用途不同。前者挪用资金限于归个人使用或者借贷给他人；后者所挪用的款物只限于公用。（3）对危害结果的要求不同。前者对过程犯罪结果的危害程度没有明确界定；后者限定为情节严重，致使国家和人民群众利益遭受重大损害的，才构成犯罪。（4）主体不同。前者的主体是公司、企业或者其他单位中不具有国家工作人员身份的人；后者的主体则为掌管、经手救灾、抢险、防汛、优抚、扶贫、移民、救济款物的直接责任人员。

3. 敲诈勒索罪与诈骗罪的界限。敲诈勒索罪与诈骗罪犯罪主体都是一般主体，犯罪主观方面都是直接故意，且以非法占有为目的。二罪根本区别在于犯罪客体和犯罪客观方面的不同：在犯罪客体上，敲诈勒索罪侵犯的是复杂客体，即公私财产所有权和公民人身权利；诈骗罪侵犯的是单一客体，即公私财产所有权。在犯罪客观方面，敲诈勒索罪表现为以威胁或要挟的方法，迫使被害人因恐惧而被迫交付财物；诈骗罪表现为以虚构事实或隐瞒真相的方法，使被害人受蒙蔽而"自愿地"交付财物。在敲诈勒索案件中，有的可能包含欺诈因素，但并非构成敲诈勒索罪的要件。例如，甲给乙的父亲写信，谎称乙打了自己，必须在 3 日内赔偿他 2 万元，如不答应，日后一定要杀死乙。甲虚构了乙打他的事实，具有欺骗性，但是，他并不是靠欺骗方法蒙蔽乙的家长，使其自愿交付 2 万元，而是以靠杀乙相威胁，企图迫使乙的家长，使其自愿交付 2 万元，应定敲诈勒索罪。

五　论述题

根据我国刑法的规定，适用抢劫罪的情况有三种：

（1）关于抢劫罪的规定，即以非法占有为目的，以暴力、胁迫或者其他方法，强行劫取财物的行为。其特征包括：犯罪客体是复杂客体，包括公私财产所有权和被害人的人身权利。客观方面表现为实施了对公私财物的所有者、保管者或守护者当场使用暴力、胁迫或者其他对人身实施强制的方法，当场抢走财物或者迫使被害人当场交出财物的行为。主观方面是故意，且具有非法占有他人财物的目的。主体是一般主体，根据刑法规定，满 14 周岁的人实施抢劫罪的，应该负刑事责任。

（2）犯盗窃、诈骗、抢夺罪，为窝藏赃物、抗拒逮捕或者毁灭罪证而当场使用暴力或者以暴力相威胁的，依照抢劫罪的规定定罪处罚。这种情况以抢劫罪论处必须具备以下三个条件：①前提是行为人首先犯盗窃、诈骗、抢夺罪，即实施了盗窃、诈骗、抢夺罪犯罪行为之一。如果行为人实施盗窃、诈骗、抢夺财物未达到数额较大，但当场使用暴力或者以暴力相威胁的，情节严重的，可以按照抢劫罪定罪处罚；如果使用暴力或以暴力相威胁，情节不严重，危害不大的，不认为是犯罪。如果为了逃离现场而暴力伤人的，可以伤害罪论处。②目的是为窝藏赃物、抗拒逮捕或者毁灭罪证，即行为人当场实施暴力或以暴力相威胁是为了防护已到手的赃物不被追回；抗拒公安机关或任何公民的抓捕、扭送；毁灭作案现场上遗留的痕迹、物品等免得成为被取证的罪证。③条件是当场使用暴力或者以暴力相威胁，即必须是在实施犯罪的现场或者刚离开现场就被发现随即追捕的过程中，对抓捕者实施足以危及身体健康或生命安全的行为，或者以将要实施这种行为相威胁，这是使原犯罪性质发生变化而成立转化抢劫罪的关键。

（3）携带凶器抢夺的，以抢劫罪定罪处罚。所谓携带凶器，是指在抢劫财物过程中携带枪支、爆炸物、管制刀具等的行为。

上述三种适用抢劫罪的情况，其共同点在于使用暴力或胁迫等使人不敢或不能反抗的方式非法当场占有他人的财物。第二种情况以抢劫罪定罪处罚的主要原因在于：首先，行为人的主观方面已经发生了变化。行为人对他人当场实施暴力或者以暴力相威胁，这说明行为人的主观方面已经发生了变化，已经符合抢劫罪的主观方面的特征。其次，行为的客观方面已经发生了变化。行为人已经向他人发出暴力威胁或者已经实施暴力，客观方面的表现也符合抢劫罪的特征。从主客观两方面看，这种情况已经具备抢劫罪的罪质，应该按抢劫罪处理。第三种情况适用抢劫罪的原因是，在这种情况下，行为人所携带的凶器强化着行为人的作案心理，同时也使被害人的心理产生一种威胁作用，从而比一般的抢夺行为具有更大的社会危害性，因此，应以抢劫罪定罪处罚。

六 案例分析题

在本案中，被告人胡某为窃取被害人的财物，实施了严重的暴力行为，致被害人重伤，符合抢劫罪的加重犯的情形，即第 263 条第 5 项规定的"抢劫致人重伤、死亡的"情形。尽管被告人胡某因担心罪行败露而放弃继续窃取财物，但其行为已构成抢劫罪的加重犯，应当以既遂论处。

第二十六章　妨害社会管理秩序罪

一　单项选择题

1. 甲某醉酒后，强行闯入一演艺吧，吵吵嚷嚷，遭到众人指责后，稍稍安静下来，后觉得无聊，将几张报纸点燃，并狂呼大叫："起火了！"顿时演艺吧秩序大乱，观众纷纷外逃。有 10 余人挤伤，演艺吧设施也遭受一定的损坏。甲某的行为构成（　　）。

A. 聚众扰乱公共场所秩序罪　　　　B. 寻衅滋事罪

C. 放火罪　　　　　　　　　　　　D. 聚众扰乱社会秩序罪

2. 下列犯罪中，可以处以死刑的是（　　）。

A. 伪造货币罪　　　　　　　　　　B. 暴力干涉婚姻自由罪

C. 倒卖文物罪　　　　　　　　　　D. 走私淫秽物品罪

3. 甲晚上潜入一古寺，将寺内古墓室中有珍贵文物编号的金佛的头用钢锯锯下，销赃后获赃款 10 万元。对甲应以什么罪追究刑事责任？（　　）

A. 故意损毁文物罪　　　　　　　　B. 倒卖文物罪

C. 盗窃罪　　　　　　　　　　　　D. 盗掘古文化遗址、古墓葬罪

4. 甲、乙、丙三人合伙开办一家副食商品店，某日工商行政管理人员来商店检查，甲、乙、丙无理吵闹、纠缠，致使检查无法进行，造成恶劣影响。甲、乙、丙三人的行为定性为（　　）。

A. 聚众扰乱公共场所秩序罪　　　　B. 一般违法行为

C. 聚众扰乱社会秩序罪　　　　　　D. 妨害公务罪

5. 1998 年 11 月 4 日，甲到娱乐场所游玩时，将卖淫女乙（1984 年 12 月 2 日生）带到住所嫖宿。一星期后甲请乙吃饭时，乙告知了自己年龄，并让甲到时为自己过生日。饭后，甲又带乙到住处嫖宿。甲的行为属于（　　）。

A. 奸淫幼女罪　　　　　　　　　　B. 强奸罪

C. 嫖宿幼女罪　　　　　　　　　　D. 应受治安处罚的嫖娼行为

6. 甲 15 周岁，系我国某边镇中学生。甲和乙一起上学，在路上捡到一手提包。打开后，发现内有 1000 元钱和 4 小袋白粉末。甲说："这袋上有中文'海洛因'和英文'heroin'及'50g'的字样。我在电视上看过，这东西就是白粉，我们把它卖了，还能发一笔财。"二人遂将 4 袋白粉均分。甲先将一袋白粉卖与他人，后在学校组织去邻国旅游时，携带另一袋白粉并在境外出售。甲的行为（　　）。

A. 构成走私毒品罪　　　　　　　　B. 构成非法持有毒品罪

C. 构成贩卖毒品罪　　　　　　　　D. 构成走私、贩卖毒品罪

7. 甲系某医院外科医师，应邀在朋友乙的私人诊所兼职期间，擅自为多人进行了节育复通手术。对甲的行为应当如何定性？（　　）（司考真题）

A. 构成非法行医罪　　　　　　　　B. 构成非法进行节育手术罪

C. 构成医疗事故罪　　　　　　　　D. 不构成犯罪

8. 甲任邮政中心信函分拣组长期间，先后三次将各地退回信函数万封（约 500 公斤），以每公斤 0.4 元的价格卖给废品收购站，所得款项占为己有。关于本案，下列哪一选项是正确的？（　　）（司考真题）

A. 退回的信函不属于信件，甲的行为不成立侵犯通信自由罪。

B. 退回的信函虽属于信件，但甲没有实施隐匿、毁弃与开拆行为，故不成立侵犯通信自由罪。

C. 退回的信函处于邮政中心的管理过程中，属于公共财物，甲的行为成立贪污罪。

D. 退回的信函被当做废品出卖也属于毁弃邮件，甲的行为成立私自毁弃邮件罪。

9. 甲承租乙的房屋后，伪造身份证与房产证交与中介公司，中介公司不知有假，为其售房给不知情的丙，甲获款 300 万元。关于本案，下列哪一选项是错误的？（　　）（司考真题）

A. 甲的行为触犯了伪造居民身份证罪与伪造国家机关证件罪，同时是诈骗罪的教唆犯。

B. 甲是诈骗罪、伪造居民身份证罪与伪造国家机关证件罪的正犯。

C. 伪造居民身份证罪、伪造国家机关证件罪与诈骗罪之间具有牵连关系。

D. 由于存在牵连关系，对甲的行为应以诈骗罪从重处罚。

二 多项选择题

1. 下列犯罪中，属于扰乱公共秩序罪的是哪些？（   ）

A. 传播淫秽物品罪   B. 传授犯罪方法罪

C. 非法获取国家秘密罪   D. 招摇撞骗罪

2. 下列行为中，构成包庇罪的有哪些？（   ）

A. 虚构事实，隐瞒犯罪人的身份

B. 明知是走私犯罪的违法所得，为掩饰、隐瞒其来源和性质而提供资金账户

C. 旅馆业、饮食服务业人员，在公安机关查处卖淫、嫖娼活动时，为违法犯罪分子通风报信，情节严重的

D. 谎报犯罪人逃匿的路线

3. 下列说法不正确的是（   ）。

A. 刑法第 266 条规定的诈骗罪的法定最高刑为无期徒刑，而第 198 条规定的保险诈骗罪的法定最高刑为 15 年有期徒刑。为了保持刑法的协调和实现罪刑相适应原则，对保险诈骗数额特别巨大的，应以诈骗罪论处。

B. 根据刑法第 358 条的规定，"强奸后迫使卖淫的"成立强迫卖淫罪，不实行数罪并罚。已满 14 周岁不满 16 周岁的人，伙同他人强奸妇女后迫使其卖淫的，不负刑事责任；因为刑法第 17 条没有规定已满 14 周岁不满 16 周岁的人应对强迫卖淫罪承担刑事责任。

C. 刑法第 382 条明文规定一般公民与国家工作人员勾结，伙同贪污的，以共犯论处，所以，一般公民可以与国家工作人员构成贪污罪的共犯；刑法第 385 条对受贿罪没有类似规定，所以，一般公民不可能与国家工作人员构成受贿罪的共犯。

D. 刑法第 399 条第 4 款规定，"司法工作人员收受贿赂"有徇私枉法等行为的，依照处罚较重的规定定罪处罚。但是，司法工作人员索取贿赂并有徇私枉法等行为的，则应实行数罪并罚。

4. 雷某为购买正式书号用于出版淫秽录像带，找某音像出版社负责人任某帮忙。雷向任谎称自己想制作商业宣传片，需要一个书号，并提出付给出版社 1 万元"书号费"。任某同意，但要求雷给自己 2 万元好处费，雷某声称赢利后会考虑。任某随后指示有关部门立即办理。雷某拿到该书号出版了淫秽录像带，发行数量极大、影响极坏。雷牟利后给任某 2 万元好处费，任某收下。关于本案，下列哪些说法是错误的？（   ）

A. 雷某与任某的行为构成为他人提供书号出版淫秽书刊罪的共犯。

B. 雷某的行为构成传播淫秽物品罪，任某的行为构成为他人提供书号出版淫秽书刊罪。

C. 雷某的行为构成出版淫秽物品牟利罪，任某的行为构成出版淫秽物品牟利罪的共犯。

D. 雷某与任某的行为构成非法经营罪的共犯。

5. 黄某、王某二人从境外走私入境假币 150 余万元。运载假币的渔船刚一到岸，即被海关缉私人员发现。黄某、王某手持铁棍、匕首将缉私人员打成重伤后携带假币逃走。对黄某、王某的行为应以哪些犯罪论处？（　　　）

A. 走私假币罪　　　　　　　　　　B. 运输假币罪

C. 故意伤害罪　　　　　　　　　　D. 妨害公务罪

6. 下列哪些情形应以破坏计算机信息系统罪论处？（　　　）

A. 甲采用密码破解手段，非法进入国家尖端科学技术领域的计算机信息系统，窃取国家机密。

B. 乙因与单位领导存在矛盾，即擅自对单位在计算机中存储的数据和应用程序进行修改操作，给单位的生产经营管理造成严重的混乱。

C. 丙通过破解密码的手段，进入某银行计算机信息系统，为其朋友的银行卡增加存款额 10 万元。

D. 丁为了显示自己在计算机技术方面的本事，设计出一种计算机病毒，并通过互联网进行传播，影响计算机系统正常运行，造成严重后果。

7. 关于毒品犯罪，下列哪些选项是正确的？（　　　）

A. 明知他人实施毒品犯罪而为其居间介绍，代购代卖的，即使没有牟利目的，也成立贩卖毒品罪。

B. 为便于隐蔽运输，对毒品掺杂使假的行为，或者为了销售，去除毒品中的非毒品物质的行为，不成立制造毒品罪。

C. 甲认为自己管理毒品不安全，将数量较大的毒品委托给乙保管时，甲、乙均成立非法持有毒品罪。

D. 行为人对同一宗毒品既走私又贩卖的，量刑时不应重复计算毒品数量。

8. 对下列哪些行为不应当认定为脱逃罪？（　　　）

A. 犯罪嫌疑人在从甲地押解到乙地的途中，乘押解人员不备，偷偷溜走

B. 被判处管制的犯罪分子未经执行机关批准到外地经商，直至管制期满未归

C. 被判处有期徒刑的犯罪分子组织多人有计划地从羁押场所秘密逃跑

D. 被判处无期徒刑的 8 名犯罪分子采取暴动方法逃离羁押场所

9. 甲、乙通过丙向丁购买毒品，甲购买的目的是为自己吸食，乙购买的目的是为贩卖，丙则通过介绍毒品买卖，从丁处获得一定的好处费。对于本案，下列哪些选项是正确的？（　　）

A. 甲的行为构成贩卖毒品罪　　　B. 乙的行为构成贩卖毒品罪

C. 丙的行为构成贩卖毒品罪　　　D. 丁的行为构成贩卖毒品罪

10. 丁某盗窃了农民程某的一个手提包，发现包里有大量现金和一把手枪。丁某将真情告诉崔某，并将手枪交给崔某保管，崔某将手枪藏在家里。关于本案，下列哪些选项是正确的？（　　）

A. 丁某构成盗窃罪　　　　　　　B. 丁某构成盗窃枪支罪

C. 崔某构成窝藏罪　　　　　　　D. 崔某构成非法持有枪支罪

11. 王某担任辩护人时，编造了一份隐匿罪证的虚假证言，交给被告人陈小二的父亲陈某，让其劝说证人李某背熟后向法庭陈述，并给李某 5000 元好处费。陈某照此办理。李某收受 5000 元后，向法庭作了伪证，致使陈小二被无罪释放。后陈某给陈小二 10 万美元，让其逃往国外。关于本案，下列哪些选项是错误的？（　　）

A. 王某的行为构成辩护人妨害作证罪

B. 陈某劝说李某作伪证的行为构成妨害作证罪的教唆犯

C. 李某构成辩护人妨害作证罪的帮助犯

D. 陈某让陈小二逃往国外的行为构成脱逃罪的共犯

12. 甲、乙均为吸毒人员，且关系密切。乙因买不到毒品，多次让甲将自己吸食的毒品转让几克给乙，甲每次均以购买价转让毒品给乙，未从中牟利。关于本案，下列哪些选项是错误的？（　　）

A. 贩卖毒品罪必须以营利为目的，故甲的行为不成立贩卖毒品罪

B. 贩卖毒品罪以获利为要件，故甲的行为不成立贩卖毒品罪

C. 甲属于无偿转让毒品，不属于贩卖毒品，故不成立贩卖毒品罪

D. 甲只是帮助乙吸食毒品，《刑法》没有将吸食毒品规定为犯罪，故甲不成立犯罪

13. 甲盗掘国家重点保护的古墓葬，窃取大量珍贵文物，并将部分文物偷偷运往境外出售牟利。司法机关发现后，甲为毁灭罪证将剩余珍贵文物损毁。关于本案，下列哪些选项是错误的？（　　）

A. 运往境外出售与损毁文物，属于不可罚的事后行为，对甲应以盗掘古墓葬

罪、盗窃罪论处。

B. 损毁文物是为自己毁灭证据的行为，不成立犯罪，对甲应以盗掘古墓葬罪、盗窃罪、走私文物罪论处。

C. 盗窃文物是盗掘古墓葬罪的法定刑升格条件，对甲应以盗掘古墓葬罪、走私文物罪、故意损毁文物罪论处。

D. 盗掘古墓葬罪的成立不以盗窃文物为前提，对甲应以盗掘古墓葬罪、盗窃罪、走私文物罪、故意损毁文物罪论处。

14. 关于利用互联网传播淫秽物品牟利的犯罪，可以由哪些主体构成？（　　　）

A. 网站建设者　　　　　　　　B. 网站直接管理者

C. 电信业务经营者　　　　　　D. 互联网信息服务提供者

三　名词解释

1. 妨害公务罪　2. 招摇撞骗罪　3. 破坏计算机信息系统罪　4. 非法采矿罪
5. 组织、领导、参加黑社会性质组织罪　6. 重大环境污染事故罪　7. 窝藏、包庇罪　8. 强迫卖淫罪　9. 非法狩猎罪

四　简答题

1. 简述医疗事故罪的概念和认定。
2. 简述倒卖文物罪与走私文物罪的区别。
3. 简述招摇撞骗罪与诈骗罪的主要区别。

五　论述题

1. 论述组织、领导、参加黑社会性质组织罪与犯罪集团的区别。
2. 论述妨害公务罪的概念、构成和认定。

六　案例分析题

被告人赵某，男，29岁，农民。赵某与林某系同乡好友，曾一起出外打工。

之后，赵某返回家乡，而林某继续在外地务工。1999 年 4 月 4 日，林某返回家乡，敲开赵某家门，赵某看见林某神色慌张，问林某怎么了。林某把自己在外地抢劫一妇女，结果造成该人重伤的事情一五一十地告诉了赵某，并要在赵某处躲几天，然后继续外出逃匿。赵某念及此前的情分答应了林某。数日后，林某离开了赵某家，走之前赵某又资助林某路费 500 元，要其小心谨慎。半个月之后，林某在 S 县落网。

问题：本案中赵某的行为是否构成犯罪？如果是，构成何罪？并请说明理由。

参考答案

一　单项选择题

1. B　2. A　3. C　4. B　5. C　6. C　7. D　8. D　9. A

二　多项选择题

1. BCD　2. ACD　3. ABCD　4. ABCD　5. AC　6. BD　7. ABCD　8. BCD　9. BCD　10. AD　11. BCD　12. ABCD　13. ABD　14. ABCD

三　名词解释

1. 妨害公务罪：是指以暴力、威胁方法，阻碍国家机关工作人员、人大代表、红十字会工作人员依法执行职务或履行职责的行为，以及故意阻碍国家安全机关、公安机关依法执行国家安全工作任务，未使用暴力、威胁方法，造成严重后果的行为。

2. 招摇撞骗罪：是指为了谋取非法利益，假冒国家机关工作人员或者人民警察进行招摇撞骗的行为。

3. 破坏计算机信息系统罪：是指违法国家规定，对计算机信息系统功能进行删除、修改、增加、干扰，造成计算机信息系统不能正常运行，以及对计算机信息系统中存储、处理或者传输的数据和应用程序进行删除、修改、增加的操作，或者故意制作、传播计算机病毒等破坏性程序，影响计算机系统正常运行，后果严重的行为。

4. 非法采矿罪：是指违反矿产资源法的规定，未取得采矿许可证擅自采矿的，擅自进入国家规划矿区、对国民经济具有重要价值的矿区和他人矿区范围采矿的，擅自开采国家规定实行保护性开采的特定矿种，经责令停止开采后拒不停止开采，造成矿产资源破坏的行为。

5. 组织、领导、参加黑社会性质组织罪：是指组织、领导或者参加以暴力、威胁或者其他手段，有组织地进行违法犯罪活动，称霸一方，为非作恶，欺压、残害群众，严重破坏经济、社会生活秩序的黑社会性质组织的行为。

6. 重大环境污染事故罪：是指违反国家规定，向土地、水体、大气排放、倾倒或者处置有放射性的废物、含传染病病原体的废物、有毒物质或其他危险废物，造成重大环境污染事故，致使公私财产遭受重大损失或者人身伤亡的严重后果的行为。

7. 窝藏、包庇罪：是指明知是犯罪的人而为其提供隐蔽处所、财物，帮助其逃匿或者作假证明包庇的行为。

8. 强迫卖淫罪：是指以暴力、胁迫或者其他强制手段，迫使他人卖淫的行为。

9. 非法狩猎罪：是指违反狩猎法规，在禁猎区、禁猎期或者使用禁用的工具、方法进行狩猎，破坏野生动物资源，情节严重的行为。

四　简答题

1. 医疗事故罪，是指医务人员由于严重不负责任，造成就诊人死亡或者严重损害就诊人身体健康的行为。认定本罪时应注意区分如下界限：

（1）本罪与一般医疗过错的界限。二者的相同之处在于：行为人在医务工作中都有违规和不负责任的表现，都给被害人造成了损害，都是过失行为。但区分二者的关键在于，是否造成了就诊人死亡或者严重损害了就诊人身体健康。如果没有造成就诊人死亡或者身体健康严重损害，即使给被害人造成了一般轻微伤害，也只能作为一般医疗事故处理，可以对行为人给予行政或纪律处分，不能作为犯罪处理。

（2）本罪与医疗技术事故的界限。所谓医疗技术事故，是指医务人员在医务工作中，由于业务水平低下，或者经验不足，或者单位医疗技术设备太差等客观原因，在医疗过程中，对就诊人已尽力抢救，但由于前述客观原因而造成就诊人病情恶化或者死亡的，一般不应按犯罪论处。行为人有民事过错的，可按民事违法行为处理。

（3）本罪与医疗风险事故的界限。由于一些高难度的医疗手术（如开刀等）常常伴有巨大风险，如果把那些医疗风险事故也作为犯罪来处理，那恐怕无人愿意从事医务工作了。因此，正常的医疗风险事故不能作为犯罪处理。所谓医疗风险事故，是指由于现代医疗水平的有限性，在诊疗过程中发生了事与愿违的不良后果。例如，在给心脏病人做开刀手术时病人突然休克死亡便是适例。本罪与医疗风险事故的区别就在于：本罪中"造成就诊人死亡或者严重损害就诊人身体健康"是医务人员严重不负责任的过失行为所致；而医疗风险事故造成的就诊人伤亡，则属于无法避免的正常现象。

（4）本罪与重大责任事故罪的界限。重大责任事故罪是《刑法》第134条规定的犯罪。它与本罪的相同之处在于二者都属于责任事故，都是过失行为，都有伤亡发生。但二者的显著不同在于：①侵犯客体不同。本罪侵犯的客体是国家医务工作管理秩序与就诊人的生命和健康权利；而重大责任事故罪侵犯的是公共安全。②客观表现不同。本罪的客观表现是行为人在医务工作中严重不负责任，造成了就诊人的伤亡结果；而重大责任事故罪的表现形式为工厂、矿山、林场、建筑企业或者其他企业、事业单位的职工由于不服管理、违反规章制度，或者强令工人违章冒险作业，因而发生重大伤亡事故或者造成其他严重后果的行为。③主体不同。本罪主体限于医务人员；而重大责任事故罪的主体则是工厂、矿山、林场、建筑企业或者其他企业、事业单位的职工或领导。

最后，值得注意的是，如果行为人借医疗之便，故意伤害或者杀害就诊人，则应以伤害罪或者杀人罪论处。

2. 倒卖文物罪与走私文物罪的主要区别是：（1）犯罪客观方面不同。倒卖文物罪客观上表现为违反文物保护法规，以出卖为目的非法收购、销售、运输、转手买卖国家禁止经营的文物，而走私文物罪的客观方面表现为违反海关法规，逃避海关监管，非法运输、携带、邮寄国家禁止出口的文物进出境的行为。

（2）反对对象不同。倒卖文物罪的对象是国家禁止经营的文物，范围包括珍贵文物和一般文物，而走私文物罪的对象则是国家禁止出口的文物，包括国家一级、二级、三级文物及其他国家禁止出口的文物。

（3）犯罪的目的不同。倒卖文物罪主观上必须具有牟利的目的，而走私文物罪的构成则不受是否以牟利为目的的限制。

3. 招摇撞骗罪与诈骗罪的主要区别是：（1）侵犯的客体不同。前者侵犯的客体是国家机关的威信及其正常活动，后者侵犯的客体是公私财产权利。（2）行为手段不同。前者仅限于冒充国家机关工作人员的身份或者职称进行诈骗，后者的手段无此限制。（3）犯罪主观目的有所不同。前者的目的是追求各种物质的或者非物质的非法利益，后者的目的仅限于非法占有公私财物。（4）构成犯罪有无数额限制的不同。前者不以占有公私财物数额较大为要件，后者以骗取数额较大的公私财物为要件。

五　论述题

1. 黑社会性质组织是一种犯罪集团，但又不是一般的犯罪集团。组织、领导、参加黑社会性质组织罪与犯罪集团的区别是：（1）犯罪集团是总则概念，对具体犯罪有指导作用；组织、领导、参加黑社会性质组织罪是刑法分则规定的具体罪名。（2）目的不完全相同。黑社会性质组织多以获取非法的经济、社会利益为目的，其犯罪意图具有宏观性和广泛性的特点；普通刑事犯罪集团除了追求非法的经济利益以外，还往往具有通过犯罪寻求寄托、满足精神刺激方面的目的，其犯罪意图带有具体性和个别性的特点。（3）组织程度不同。黑社会性质组织比普通刑事犯罪集团具有更严密的组织结构和更严格的组织戒律。这种组织有明确的宗旨和目标，有统一的犯罪规划和步骤。虽然其成员人数较多，规模较大，但由于其内部自成系统，等级森严，结构严密，因此，对成员的控制能力强。（4）黑社会性质组织比普通刑事犯罪集团具有更强的反刑事追诉能力。黑社会性质组织结构严密，且多披着某种合法的外衣，因此反侦破能力较强；黑社会性质组织往往通过暴力、威胁、物质利诱、金钱收买、美色勾引等手段渗透到党、政、司法部门等各行各业，建立其强大的保护网，这一点是普通刑事犯罪集团所无法比拟的。

2. 妨害公务罪，是指以暴力、威胁的方法，阻碍国家机关工作人员、人大代表、红十字会工作人员依法执行职务或履行职责的行为，以及故意阻碍国家安全机关、公安机关依法执行国家安全工作任务，虽未使用暴力、威胁方法，但造成严重后果的行为。

本罪的构成要件是：

（1）本罪侵犯的客体是国家机关、人民代表大会、红十字会、国家安全机关以及公安机关的公务活动。这里的"公务"，是指国家机关工作人员与人大代表依法执行职务的活动，红十字会工作人员依法履行职责的活动，以及国家安全机关和公安机关工作人员依法执行国家安全工作任务的活动。本罪侵犯的对象是正在依法执行职务、履行职责的上述四类人员。

（2）本罪客观方面，表现为行为人以暴力、威胁的方法阻碍国家机关工作人员、人大代表依法执行职务，或者在自然灾害或者突发事件中以暴力、威胁方法阻碍红十字会工作人员依法履行职责，或者虽未使用暴力、威胁的方法，但故意阻碍国家安全机关与公安机关工作人员依法履行维护国家安全的职务，且造成了严重后果。所谓暴力，是指对正在依法执行职务的国家机关工作人员、人大代表和正在依法履行职责的红十字会工作人员实施殴打、捆绑或者其他人身强制行为，致使其不能正常履行职务或者职责。所谓威胁，是指行为人对前述工作人员进行精神强制，如以杀害、伤害相威胁，或者以毁坏财产、破坏名誉等相恐吓，迫使国家机关工作人员、人大代表、红十字会工作人员放弃职守或者使其无法履行职责。

（3）本罪的主观方面是故意，即行为人明知前述四种人员正在依法执行职务或履行职责而有意对其实施暴力、威胁，使之不能或不敢正常执行职务或者履行职责，或者明知对方正在依法执行国家安全工作任务，而有意进行阻碍。所谓"明知"，包含两层意思：①行为人必须明知自己阻碍的是国家机关工作人员、人大代表、红十字会工作人员以及国家安全机关和公安机关的工作人员；②行为人必须明知前述人员是在依法履行职务或职责。否则，不能以本罪论处。

（4）本罪主体为一般主体。妨害公务罪的认定：①罪与非罪的界限。其一，要分清妨害公务罪与人民群众同国家机关工作人员的违法乱纪行为作斗争的界限。这主要反映在二者主观意图和客观表现有所不同。前者的行为人是怀着明确的反社会意图而实施阻碍公务的行为，后者的行为人则是基于社会公正的立场与违法乱纪的行为进行斗争。人民群众同国家机关工作人员的违法乱纪行为作斗争的行为不仅不能作为犯罪处理，而且还要予以保护和鼓励。其二，要分清妨害公务罪与人民群众一般的不服管理行为的界限。如果某些群众因为政治觉悟低或者认识水平有限而对正在执行公务或履行职责的前述人员实施了谩骂、顶撞等不服管理的行为，一般不应作为犯罪处理。②本罪与近似犯罪的界限。由于本罪通常表现为行为人以暴力或威胁的方法来实施犯罪，因此，本罪就有可能与侮辱罪、故意伤害罪、故意毁坏财物罪相近似。但本罪与前述三个犯罪的显著不同在于：本罪行为人的暴力、威胁行为必须发生于前述人员依法执行职务或履行职责期间，而前述三个犯罪则无时间性限制。如果行为人以暴力妨害公务的行为造成了国家工作人员或人大代表或红十字会工作人员的人身伤害，是定本罪，还是定故意伤害罪，抑或按数罪并罚原则处理呢？我们认为，此种情况属于牵连犯，故对此应按处理牵连犯的原则处理，即从一重罪处断。

六　案例分析题

被告人赵某的行为已经构成犯罪，应以窝藏罪定罪处罚。

所谓窝藏罪，是指明知是犯罪嫌疑人的人，而为其提供隐藏处所、财物，帮助其逃匿的行为。具体到本案，赵某明知林某犯罪，仍然为其提供隐藏的处所，且资助其路费以帮助其逃往 S 县继续藏匿。该行为完全符合窝藏罪之构成特征。

第二十七章　危害国防利益罪

一　单项选择题

1. 母亲甲某因担心自己的儿子乙某在部队受苦受累，多次写信，鼓动乙某逃离部队回家。甲某的行为构成：（　　）。

    A. 煽动军人逃离部队罪   B. 阻碍军事行动罪

    C. 危害国防利益罪   D. 不构成犯罪

2. 李某系某街道办事处的工作人员。征兵期间接受亲戚托请，在政审过程中，隐瞒了某青年范某曾因打架而受到治安拘留的情况，致使范某应征入伍。入伍后，范某因盗窃枪支而被追究刑事责任。李某的行为构成：（　　）。

    A. 阻碍军事行动罪   B. 妨害公务罪

    C. 接送不合格兵员罪   D. 不构成犯罪

3. 甲在公路上设置路障，阻拦军事行动车辆通过，致使军事任务无法成功完成。甲的行为构成：（　　）。

    A. 破坏交通设施罪   B. 妨害公务罪

    C. 阻碍军事行动罪   D. 阻碍军人执行职务罪

二　多项选择题

1. 冒充军人招摇撞骗罪与招摇撞骗罪的区别在于（　　）。

    A. 犯罪的主观方面不同   B. 犯罪主体不同

    C. 冒充的对象不同   D. 犯罪手段的方式不同

2. 下列选项中，不是规定战时从重处罚的犯罪有（　　）。

    A. 阻碍军人执行职务罪

    B. 破坏武器装备、军事设施、军事通信罪

C. 故意提供不合格武器装备、军事设施罪

D. 冒充军人招摇撞骗罪

3. 聚众冲击军事管理区秩序罪的特征有哪些？（　　　）

A. 犯罪主体是军人　　　　　　B. 犯罪主体为一般主体

C. 本罪为结果犯　　　　　　　D. 本罪为行为犯

三　名词解释

1. 危害国防利益罪　2. 聚众冲击军事禁区罪　3. 战时

四　简答题

1. 简述阻碍军人执行职务罪的特征及其与阻碍执行军事职务罪的主要区别。

2. 简述冒充军人招摇撞骗罪与诈骗罪的异同。

3. 简述雇用逃离部队军人罪。

五　论述题

破坏武器设备、军事设施、军事通信罪的概念、法律特征及其法定的量刑情节。

参考答案

一　单项选择题

1. D　2. C　3. C

二　多项选择题

1. BC　2. ACD　3. BC

三　名词解释

1. 危害国防利益罪：是指违反国防法律、法规，故意或者过失危害国防利益的行为。

2. 聚众冲击军事禁区罪：是指犯罪行为人聚众冲击军事禁区，严重扰乱军事禁区秩序的情节严重的行为。主体为一般主体，处罚对象仅限于首要分子和其他积极参加人；主观方面为故意；客观方面表现为使多人集结在一起，驾驶交通工具或者徒步强行进入军事禁区，使军事禁区指挥活动受到极大的干扰，秩序受到破坏。

3. 战时：是指国家依法宣布进入战争状态、部队受领作战任务后者突然遭到敌人袭击的时候。部队执行戒严任务或者处置突发性事件之时，以战时论。战时在刑法规定中有不同的意义。在有些犯罪中，战时作为犯罪的构成要素出现，军职人员作出的不是发生在战时的行为不构成犯罪；在有些犯罪中，战时是军职人员犯罪从重处罚的法定情节，是一般的量刑情节。

四　简答题

1. 二者的主要区别在于：首先，犯罪主体不同。前者为非军人，后者是具有现役军人身份的军职人员。其次，犯罪对象不同。前者主要侵害的是正在依法执行职务的现役军人，包括指挥人员和普通士兵；后者侵害的则是正在执行职务的军事指挥人员或者正在值班、值勤的军人。最后，客观方面不同。前者必须以暴力、威胁方法进行阻碍；后者则无此方法、手段的限制。

2. 冒充军人招摇撞骗罪与诈骗罪的相同之处：（1）犯罪主体都是一般主体。（2）在主观方面都表现为故意。都有犯罪目的，因而都是目的犯。

冒充军人招摇撞骗罪与诈骗罪的不同之处：（1）冒充对象不同。冒充军人招摇撞骗罪中犯罪行为人冒充军人，诈骗罪中犯罪行为人隐瞒事实真相或捏造虚假事实，但不冒充军人或警察。（2）犯罪客体不同。冒充军人招摇撞骗罪中犯罪客体是军人与部队的良好形象和声誉及其正常活动，诈骗罪的犯罪客体则是公民的财产权利。

3. 雇用逃离部队军人罪，是指明知是逃离部队的军人而雇用，情节严重的行为。本罪有如下构成特征：（1）本罪的犯罪客体是我国的兵役制度和部队的正常管理秩序。（2）客观方面表现为行为人以付出一定劳务报酬给逃离部队的军人，从而获得对军人的役使，令其为自己提供某些劳务。情节严重是指雇用多名的，多次雇用的，雇用从事非法活动的，对逃兵委以重用的，等等。（3）本罪的主体是一般主体，多为企事业单位的负责人。（4）犯罪主观方面是故意，即明知军人逃离部队而仍然雇用的。至于犯罪动机有多种多样，并不影响定罪。

五　论述题

破坏武器装备、军事设施、军事通信罪，是指出于泄愤报复或者其他个人目的，对武器装备、军事设施以及军事通信进行破坏的行为。其法律特征是：

（1）侵犯的客体是军队战斗力的物质保障；

（2）客观方面表现为破坏武器装备、军事设施以及军事通信的行为；

（3）犯罪主体是一般主体，即一切达到刑事责任年龄，具有刑事责任能力的自然人；

（4）主观方面是故意，并且具有泄愤报复或者其他个人目的。根据刑法规定，犯本罪的，处3年以下有期徒刑、拘役或者管制；破坏重要武器装备、军事设施、军事通信的，处3年以上10年以下有期徒刑；情节严重的，处10年以上有期徒刑、无期徒刑或者死刑。战时从重处罚。

第二十八章　贪污贿赂罪

一　单项选择题

1. 村民委员会委员曾某利用协助人民政府从事代征、代缴税款工作的职务上的便利，侵吞代征、代缴税款 5 万元。曾某的行为属于（　　）。

A. 贪污罪
B. 职务侵占罪
C. 挪用公款罪
D. 徇私枉法罪

2. 黄某系湖南省某县防洪办的工作人员，1998 年夏，该县发生特大洪涝灾害时，他利用职务之便，挪用救灾款 2 万元交给亲戚做生意。黄某的行为构成（　　）。

A. 贪污罪
B. 挪用公款罪
C. 挪用特定款物罪
D. 滥用职权罪

3. 下列行为中，不属于贪污罪的是（　　）。

A. 国家工作人员在国内公务活动或在对外交往中收受礼物，应交公而不交公，占为己有的。

B. 张某是某公司仓管员，利用职务之便侵吞公司财物。

C. 甲某为某税务机关公务员，接受私营企业主乙某的请托，减免乙公司应纳税款 50 万元，并约定甲某退休后乙某付给甲某提成共 15 万元。

D. 邮递员李某利用职务之便，私开信件，盗窃财物价值 1000 元。

4. 交通局局长甲某与香港人林某合资开办汽车维修公司。请托人乙某因购房需要求甲某帮忙，甲某遂与汽修公司负责人商量，借款 20 万元给乙某使用，乙某事后送甲 1 万元。此案中，甲某的行为构成（　　）。

A. 受贿罪
B. 贪污罪
C. 挪用公款罪
D. 滥用职权罪

5. 甲为非国家工作人员，是某国有公司控股的股份有限公司主管财务的副总经理；乙为国家工作人员，是该公司财务部主管。甲与乙勾结，分别利用各自的职务便利，共同侵吞了本单位的财物 100 万元。对甲、乙两人应当如何定性？（　　）

　　A. 甲定职务侵占罪，乙定贪污罪，两人不是共同犯罪

　　B. 甲定职务侵占罪，乙定贪污罪，但两人是共同犯罪

　　C. 甲定职务侵占罪，乙是共犯，也定职务侵占罪

　　D. 乙定贪污罪，甲是共犯，也定贪污罪

6. 下列哪一情形不属于"挪用公款归个人使用"？（　　）

　　A. 国家工作人员甲，将公款借给其弟炒股。

　　B. 国家机关工作人员甲，以个人名义将公款借给原工作过的国有企业使用。

　　C. 某县工商局局长甲，以单位名义将公款借给某公司使用。

　　D. 某国有公司总经理甲，擅自决定以本公司名义将公款借给某国有事业单位使用，以安排其子在该单位就业。

7. 国家工作人员甲利用职务上的便利为某单位谋取利益。随后，该单位的经理送给甲一张价值 2 万元的购物卡，使用期限为一个月。甲收下购物卡后忘记使用，导致购物卡过期作废，卡内的 2 万元被退回到原单位。关于甲的行为，下列哪一选项是正确的？（　　）

　　A. 甲的行为不构成受贿罪　　　　　　B. 甲的行为构成受贿（既遂）罪

　　C. 甲的行为构成受贿（未遂）罪　　　D. 甲的行为构成受贿（预备）罪

8. 某国有公司出纳甲意图非法占有本人保管的公共财物，但不使用自己手中的钥匙和所知道的密码，而是使用铁棍将自己保管的保险柜打开并取走现金 3 万元。之后，甲伪造作案现场，声称失窃。关于本案，下列哪一选项是正确的？（　　）

　　A. 甲虽然是国家工作人员，但没有利用职务上的便利，故应认定为盗窃罪。

　　B. 甲虽然没有利用职务上的便利，但也不属于将他人占有的财物转移为自己占有，故应认定为侵占罪。

　　C. 甲将自己基于职务保管的财物据为己有，应成立贪污罪。

　　D. 甲实际上是通过欺骗手段获得财物的，应认定为诈骗罪。

9. 何经理为了销售本公司经营的医疗器械，安排公司监事刘某在与某市立医院联系销售业务过程中，按销售金额 25% 的比例给医院院长张某和其他 3 位副院长回扣共计 25 万余元。本案中，该公司提供回扣的行为构成何罪？（　　）

　　A. 行贿罪　　　　　　　　　　　　　B. 对非国家工作人员行贿罪

C. 单位行贿罪　　　　　　　　　　D. 对单位行贿罪

二　多项选择题

1. 下列行为中，可以构成受贿罪的是（　　　　）。

A. 国家工作人员甲某利用自己的职务便利，为请托人谋取不正当的利益。

B. 村民委员会等村基层组织人员利用自己所处地位形成的便利条件，通过其他国家工作人员职务上的行为，为请托人谋取不正当的利益。

C. 国有保险公司工作人员利用职务上的便利，骗取保险金归自己所有的。

D. 国有金融机构工作人员在金融活动中，索取他人财物，为他人谋取利益的。

2. 下列哪种情形不应当实行数罪并罚？（　　　　）

A. 司法工作人员收受贿赂，徇私枉法，既构成受贿罪又构成徇私枉法罪。

B. 国家工作人员因挪用公款索取、收受贿赂构成犯罪的。

C. 国家工作人员挪用公款进行非法活动构成其他犯罪的。

D. 国家机关工作人员徇私舞弊、滥用职权，致使国家和人民利益遭受重大损失的。

3. 挪用特定款物罪的对象是指（　　　　）。

A. 救灾物资　　　B. 抢险物资　　　C. 救济款物　　　D. 扶贫款物

4. 甲的女儿 2003 年参加高考，没有达到某大学录取线。甲委托该高校所在市的教委副主任乙向该大学主管招生的副校长丙打招呼，甲还交付给乙 2 万元现金，其中 1 万元用于酬谢乙，另 1 万元请乙转交给丙。乙向丙打了招呼，并将 1 万元转交给丙。丙收下 1 万元，并答应尽量帮忙，但仍然没有录取甲的女儿。一个月后，丙的妻子丁知道此事后，对丙说："你没有帮人家办事，不能收这 1 万元，还是退给人家吧。"丙同意后，丁将 1 万元退给甲。关于本案，下列哪些说法是错误的？（　　　　）

A. 乙的行为成立不当得利与介绍贿赂罪

B. 丙没有利用职务上的便利为他人谋取利益，所以不成立受贿罪

C. 丙在未能为他人谋取利益之后退还了财物，所以不成立受贿罪

D. 丁将 1 万元贿赂退给甲而不移交司法机关，构成帮助毁灭证据罪

5. 下列行为人所谋取的利益，哪些是行贿罪中的"不正当利益"？（　　　　）

A. 甲向某国有公司负责人米某送 2 万元，希望能承包该公司正在发包的一项建筑工程。

B. 乙向某高校招生人员刘某送 2 万元，希望刘某在招生时对其已经进入该高

校投档线的女儿优先录取。

C. 丙向某法院国家赔偿委员会委员高某送 2 万元，希望高某按照国家赔偿法的规定处理自己的赔偿申请。

D. 丁向某医院药剂科科长程某送 2 万元，希望程某在质量、价格相同的条件下优先采购丁所在单位生产的药品。

6. 关于贿赂犯罪，下列哪些选项是错误的？（　　　）

A. 国家工作人员利用职务便利，为请托人谋取利益并收受其财物而构成受贿罪的，请托人当然构成行贿罪。

B. 因被勒索给予国家工作人员以财物的，当然不构成行贿罪。

C. 行贿人在被追诉前主动交代行贿行为的，可以从轻或者减轻处罚。

D. 某国家机关利用其职权或地位形成的便利条件，通过其他国家机关的职务行为，为请托人谋取利益，索取请托人财物的，构成单位受贿罪。

7. 关于受贿罪的判断，下列哪些选项是错误的？（　　　）

A. 公安局副局长甲收受犯罪嫌疑人家属 10 万元现金，允诺释放犯罪嫌疑人，因为局长不同意未成。由于甲并没有为他人谋取利益，所以不构成受贿罪。

B. 国家机关工作人员乙在退休前利用职务便利为钱某谋取了不正当利益，退休后收受了钱某 10 万元。尽管乙与钱某事前并无约定，仍应以受贿罪论处。

C. 基层法院法官丙受被告人孙某家属之托，请中级法院承办法官李某对孙某减轻处罚，并无减轻情节的孙某因此被减轻处罚。事后，丙收受孙某家属 10 万元现金。丙不具有制约李某的职权与地位，不成立受贿罪。

D. 海关工作人员丁收受 10 万元贿赂后徇私舞弊，放纵走私，触犯受贿罪和放纵走私罪。由于具有牵连关系，应从一重罪论处。

8. 下列哪些行为应以职务侵占罪论处？（　　　）

A. 甲系某村民小组的组长，利用职务上的便利，将村民小组集体财产非法据为己有，数额达到 5 万元。

B. 乙为村委会主任，利用协助乡政府管理和发放救灾款物之机，将 5 万元救灾款非法据为己有。

C. 丙是某国有控股公司部门经理，利用职务上的便利，将本单位的 5 万元公款非法据为己有。

D. 丁与某私营企业的部门经理李某内外勾结，利用李某职务上的便利，共同将该单位的 5 万元资金非法据为己有。

9. 根据《刑法》有关规定，下列哪些说法是正确的？（　　　）

A．甲系某国企总经理之妻，甲让其夫借故辞退企业财务主管，而以好友陈某取而代之，陈某赠甲一辆价值 12 万元的轿车。甲构成犯罪。

B．乙系已离职的国家工作人员，请接任处长为缺少资质条件的李某办理了公司登记，收取李某 10 万元。乙构成犯罪。

C．丙系某国家机关官员之子，利用其父管理之便，请其父下属将不合条件的某企业列入政府采购范围，收受该企业 5 万元。丙构成犯罪。

D．丁系国家工作人员，在主管土地拍卖工作时向一家房地产公司通报了重要情况，使其如愿获得黄金地块。丁退休后，该公司为表示感谢，自作主张送与丁价值 5 万元的按摩床。丁构成犯罪。

三　名词解释

1．贪污贿赂罪　2．受贿罪　3．行贿罪　4．私分罚没财物罪

四　简答题

1．简述挪用公款罪的概念、构成特征。
2．简述职务侵占罪和贪污罪的区别。
3．简述以索贿方式构成的受贿罪与敲诈勒索罪的主要区别。
4．简述挪用公款罪与贪污罪的区别。

五　论述题

1．论述我国刑法规定的贪污罪的构成特征。
2．论述受贿罪的概念、构成特征及其与公司、企业人员受贿罪的区别。

六　案例分析题

被告人叶某，男，37 岁，系某国有公司经理；被告人卢某，女，29 岁，系同一公司财务主管。2000 年 3 月，叶某与卢某合意，挪用本公司公款 5 万元，共同炒股，4 月两人又再次合意挪用公款 5 万元，投资到一私营公司，参与该公司制贩假药的活动。6 月案发，叶某和卢某被依法逮捕。被挪用之公款被检察机关全部追回并返还原单位。

问题：本案中，叶某和卢某的行为构成何罪？并说明理由。

参考答案

一 单项选择题

1. B 2. B 3. D 4. A 5. C 6. C 7. B 8. C 9. C

二 多项选择题

1. ABD 2. AD 3. ABCD 4. ABCD 5. ABD 6. ABCD 7. ABCD 8. ACD
9. ABC

三 名词解释

1. 贪污贿赂罪：是指国家工作人员或国有单位实施的贪污、受贿等侵犯国家廉政建设制度，以及其他人员或单位实施的与受贿具有对向性或撮合性的情节严重的行为。

2. 受贿罪：是指国家工作人员利用职务上的便利，索取他人财物的，或者非法收受他人财物，为他人谋取利益的行为。

3. 行贿罪：为谋取不正当利益，给予国家工作人员以财物的行为。

4. 私分罚没财物罪：是指司法机关、行政执法机关违反国家规定，将应当上缴国家的罚没财物，以单位名义集体私分给个人的行为。

四 简答题

1. 所谓挪用公款罪是指国家工作人员利用职务上的便利，挪用公款归个人使用，进行非法活动，或者挪用公款数额较大进行营利性活动，或者挪用公款数额较大，超过3个月未还的行为。

本罪具有以下特征：（1）本罪的客体是复杂客体，既侵犯了国家工作人员的职务廉洁性，也侵犯了公共财产的占有使用收益权。本罪的对象是公款，即公共财产中呈货币或有价证券形态的那部分。另根据《刑法》规定，挪用用于救灾、抢险、防汛、优抚、扶贫、移民、救济的款物归个人使用的从重处罚。依此规定，挪用公款罪的对象不仅限于公款，还包括特定物。（2）本罪的主体是特殊主体，只能由国家工作人员构成。（3）本罪的主观方面是直接故意，即明知是公款而有意违反有关规定予以挪用，其目的是非法取得公款的使用权。（4）本罪的客观方面表现为行为人利用职务上的便利，挪用公款归个人使用，进行非法活动，或者挪用公款数额较大进行营利性活动，或者挪用公款数额较大超过3个月未还的行为。所谓利用职务上的便利，是指行为人利用主管、经手、管理公款的便利条件，挪用公款归个人使用，包括挪用公款归本人使用或者给他人使用。挪用公款行为的具体表现形式包括：第一，挪用公款进行非法活动。非法活动指国家法律、法规所禁止的活动，包括犯罪活动和一般违法活动。这种挪用公款行为构成犯罪，既不要求达到数额较大的标准，也不要求挪用时间超过3个月。第二，挪用公款归个人使用进行营利性活动，且数额较大。营利性活动是指国家法律所允许的牟利活动。这种挪用行为构成犯罪，要求挪用数额较大，但不受挪用时间和是否归还的限制。挪用公款进行营利性活动数额较大的标准，根据最高人民法院的有关司法解释，为挪用公款1万~3万元。第三，挪用公款归个人使用，数额较大且超过3个月未还的。这种挪用公款行为是指挪用公款用于非法活动、营利性活动以外的事情。超过3个月未还是指案发前（被司法机关、主管部门或有关单位发现前）未予归还。根据最高人民法院的司法解释，这种挪用行为的起刑点为1万~3万元。

2. 职务侵占罪，是指公司、企业或者其他单位的人员利用职务上的便利，将本单位的财物占为己有，数额较大的行为；贪污罪是指国家工作人员利用职务上的便利，侵吞、窃取、骗取或者以其他手段非法占有公共财物的行为。

二者的主要区别在于：（1）主体不同。职务侵占罪的主体是特殊主体，即公司、企业或者其他单位的人员，但不包括国有公司、企业或者其他国有单位中从事公务的人员和国有公司、企业或者其他国有单位委派到非国有公司、企业以及其他单位从事公务的人员；贪污罪的主体也是特殊主体，即国家工作人员。（2）客体不同。职务侵占罪的客体是职务行为廉洁性和本单位财产；贪污罪的客体是职务行为的廉洁性和公共财产。

3. 二者的主要区别在于：（1）犯罪主体不同。前者只能是国家工作人员，而后者是一般主体。（2）客观方面不同。前者客观上表现为利用职务上的便利，在他人有求于己时主动向他人索要财物，或者以不给财物就不给其办事为要挟，迫使他人交付财物。后者在客观上则不是利用职务上的便利，而是以实施暴力伤害，揭发隐私，毁坏财产等手段威胁，要挟他人，迫使他人支付财物。（3）犯罪客体不同。前者主要是侵犯公务行为的廉洁性，同时也侵犯他人的财产权利；后者侵犯的则是他人的财产权利。

4. 挪用公款罪与贪污罪的区别在于：（1）犯罪的危害程度不同。挪用公款的数额并不等于对所有者造成的实际损失额，公款的本息要全部归还或追缴；而贪污数额就是对所有者的财产造成的实际损失数额。（2）犯罪的行为方式不同。前者是使用公款，后者是占有财物。（3）在特定情况下的法律后果不同。如挪用公款未超过 1 万元归个人进行非营利性的合法使用时，超过 3 个月后在案发前全部归还本息的，可不认为是犯罪；而贪污行为一经实施，即使在案发前全部退赃，也不影响其犯罪的构成。（4）构成犯罪的时限要求不同。前者挪用公款数额较大归个人进行非营利性的合法使用的，必须非法控制公款超过 3 个月未还才构成犯罪；而贪污罪只要非法占有了公物即构成犯罪。

五 论述题

1. 贪污罪，是指国家工作人员和受国家机关、国有公司、企业、事业单位、人民团体委托管理、经营国有财产的人员，利用职务上的便利，侵吞、窃取、骗取或者以其他手段非法占有公共财物的行为。贪污罪具有如下构成特征：

（1）本罪的客体是复杂客体，即本罪既侵犯国家工作人员的职务廉洁性，也侵犯公共财产的所有权。其中，国家工作人员的职务廉洁性是本罪的主要客体。本罪的犯罪对象是公共财物。

（2）本罪的客观方面表现为行为人利用职务上的便利，侵吞、窃取、骗取或者以其他手段非法占有公共财物的行为。在这里，利用职务上的便利和非法占有公共财物二者缺一不可。

（3）本罪的主体是特殊主体。具体包括两类人员：一类是国家工作人员。另一类是受国家机关、国有公司、企业、事业单位、人民团体委托管理、经营国有财产的人员。这类人员不属于国家工作人员，而是受国家机关、国有公司、企业、事业单位、人民团体委托，以承包、租赁等方式管理、经营国有财产的人员。

（4）本罪的主观方面是直接故意，并且以非法占有为目的。即行为人明知自己的行为侵犯了职务行为的廉洁性，会发生侵害公共财产的结果，并且希望这种结果发生的心理态度。

2. 受贿罪，是指国家工作人员利用职务上的便利，索取他人财物的，或者非法收受他人财物，为他人谋取利益的行为。本罪具有如下构成特征：

（1）本罪的客体是国家工作人员的职务廉洁性。对此，我国刑法学界争论不休，归纳起来有简单客体说、复杂客体说、基本客体与选择客体结合说等三种观点。我们认为，受贿罪是腐败的一种主要表现形式，禁止受贿是我国廉政建设的基本内容。受贿行为严重腐蚀国家肌体，妨碍国家职能的正常履行。因而，将受贿罪的直接客体界定为国家工作人员的职务廉洁性更有利于把握受贿罪的本质特征。本罪的犯罪对象是贿赂。从字面意义理解，贿赂即行为人索取或收受的他人财物。然而就贿赂的外延，刑法理论界存在分歧，主要有财物说、财产性利益说、利益说三种不同观点。我们认为，关于贿赂的范围问题，应严格执行刑法的规定，以财产性利益说较妥，即贿赂除包括金钱和可以用金钱计算的财物外，还应当包括其他物质性利益。

（2）本罪的客观方面表现为利用职务上的便利，索取他人财物或者非法收受他人财物，为他人谋取利益的行为。具体包括以下几个方面的内容：①利用职务上的便利。利用职务上的便利，是指利用行为人现有职务范围内的权利或者与职务相关的便利条件。至于职务上的便利是否限于现在，是否还包括过去和将来的职务上的便利，理论界存在不同看法。我们认为，在《刑法》尚未规定的情况下，利用过去和将来的职务上的便利的情形不宜认定为受贿罪。②索取或者非法收受他人财物。这就是说受贿罪的行为方式有两种：一是索取贿赂。即行为人主动向他人索要、勒索并收受财物。基本特征是索要行为的主动性和交付财物行为的被动性。二是收受贿赂，即行为人对他人给付的财物予以接受。基本特征是给付财物行为的主动性、自愿性和收受财物行为的被动性。③为他人谋取利益。收受贿赂者构成犯罪，必须同时具备收受他人财物和为他人谋取利益两方面的内容。只收受他人财物而没有为他人谋取利益的，不能构成犯罪。索贿行为并不要求为他人谋取利益。我们认为，不能将"为他人谋取利益"简单地理解为已经为他人谋取到了利益。一般而言，为他人谋取利益包括四种情况：其一，已经许诺为他人谋取利益，但尚未实际进行；其二，已经着手为他人谋取利益，但尚未谋取到任何利益；其三，已经着手为他人谋取利益，但仅仅是局部利益，行为人意图达到的利益尚未完全实现；其四，为他人谋取利益，已经完全实现。许诺包括明示与默许。

（3）本罪的主体是特殊主体，即只能由国家工作人员构成。已经离退休的国家工作人员，利用本人原有职权或者地位所形成的便利条件，通过在职的国家工作人员职务上的行为，为请托人谋取利益，而本人从中间向请托人收取财物的，不能构成本罪。

（4）本罪的主观方面是直接故意，即行为人明知利用职务上的便利索取他人财物或者非法收受他人财物并为他人谋取利益的行为会损害国家工作人员的职务廉洁性，仍然决意而为。

本罪与公司、企业人员受贿罪存在诸多相同之处：主观方面的罪过形式都是故意，客观方面都是利用职务上的便利索取或者非法收受他人财物。二者的区别主要表现在：其一，客体不同。本罪的客体是国家工作人员的职务廉洁性，而公司、企业人员受贿罪的客体是公司、企业的管理秩序。其二，客观方面有所不同。本罪客观方面的索贿不以为他人谋取利益为要件，只有收受贿赂以为他人谋取利益为要件；而公司、企业人员受贿罪无论索取贿赂还是收受贿赂，都以为他人谋取利益为要件。其三，犯罪主体不同。本罪的主体是国家工作人员，而公司、企业人员受贿罪的主体是非国有公司、企业中不具有国家工作人员身份的人员。

六　案例分析题

被告人叶某、卢某的行为构成挪用公款罪。本案中被告人叶某和卢某先后两次挪用公款各5万元，虽然挪用时间均未超过3个月，但已构成挪用公款罪。该罪具有以下特征：（1）主体是特殊主体，即只能是国家工作人员。（2）客体为国家工作人员的职务廉洁性和公共财产占有使用的收益权。（3）主观方面是直接故意。（4）客观方面表现为利用职务上的便利挪用公款归个人使用，进行非法活动，或者挪用公款数额较大，进行营利活动，或者挪用公款数额较大超过3个月的行为。被告人叶某和卢某挪用公款归个人使用，进行营利活动和非法活动，符合挪用公款罪的犯罪构成，故应以挪用公款罪追究其刑事责任。

第二十九章 渎职罪

一 单项选择题

1. 在监狱服刑的罪犯甲某曾是监管人员乙某的偶像，甲某对乙某说自己家里财产上亿元，如能将其放走，愿意与乙某平分财产并嫁给他。乙某在甲某的引诱下，设计出逃方案，将甲某带出监狱。下列哪种说法是正确的？（　　）

A. 甲某构成逃脱罪　　　　　　　B. 乙某构成逃脱罪的共犯

C. 乙某构成私放在押人员罪　　　D. 乙某构成徇私枉法罪

2. 许某系国家机关工作人员，为获取钱财，他把自己掌握的国家绝密经济情报出卖给某公司，给国家造成重大经济损失。案发后，查明该公司系中国境外的某公司，而该公司在向甲某收买经济情报时谎称其为中国公司。许某的行为构成（　　）。

A. 滥用职权罪　　　　　　　　　B. 故意泄露国家秘密罪

C. 徇私枉法罪　　　　　　　　　D. 玩忽职守罪

3. 税务稽查员甲发现 A 公司欠税 80 万元，便私下与 A 公司有关人员联系，要求对方汇 10 万元到自己存折上以了结此事。A 公司将 10 万元汇到甲的存折上以后，甲利用职务上的便利为 A 公司免缴 80 万元税款办理了手续。对甲的行为应如何处理？（　　）（司考真题）

A. 认定为徇私舞弊不征、少征税款罪，从重处罚

B. 认定为受贿罪，从重处罚

C. 认定为徇私舞弊不征、少征税款罪与受贿罪的竞合，从一重罪处罚

D. 认定为徇私舞弊不征、少征税款罪与受贿罪，实行并罚

4. 某中级法院的主审法官甲收受故意杀人案被告人乙的家属现金 1 万元后，伪造乙防卫过当、自首的证据，欺骗该院审判委员会，导致原本可能被判死刑的乙最终仅被判处 3 年有期徒刑。对甲应当以何罪论处？（　　）

A. 徇私枉法罪 　　　　　　　　 B. 滥用职权罪

C. 受贿罪 　　　　　　　　 D. 伪证罪

5. 下列哪种行为可以构成玩忽职守罪？（　　　）

A. 在安全事故发生后，负有报告职责的人员不报或者谎报情况，贻误事故抢救，情节严重的。

B. 国有公司工作人员严重不负责任，造成国有公司破产，致使国家利益遭受重大损失的。

C. 负有环境保护监督管理职责的国家机关工作人员严重不负责任，导致发生重大环境污染事故，造成人身伤亡的严重后果的。

D. 负有管理职责的国家机关工作人员发现他人非法从事天然气开采、加工等违法活动而不予查封、取缔，致使国家和人民利益遭受重大损失的。

二　多项选择题

1. 徇私枉法罪的主体可以是（　　　）。

A. 侦查人员 　　　　　　　　 B. 审判人员

C. 负有监管职责的工作人员 　　 D. 海关缉私人员

3. 下列行为中，不构成包庇罪的有哪些？（　　　）

A. 明知是走私犯罪的违法所得，为掩饰、隐瞒其来源和性质而提供资金账户。

B. 明知是犯罪的人而做假证明包庇。

C. 包庇贩卖毒品的犯罪分子。

D. 旅馆业、饮食服务业人员，在公安机关查处卖淫、嫖娼活动时，为违法犯罪分子通风报信，情节严重的。

3. 派出所所长陈某在"追逃"专项斗争中，为得到表彰，在网上通缉了7名仅违反治安管理处罚条例并且已受过治安处罚的人员。虽然陈某通知本派出所人员不要"抓获"这7名人员，但仍有5名人员被外地公安机关"抓获"后关押；关于陈某行为的性质，下列哪些说法是错误的？（　　　）（司考真题）

A. 陈某的行为构成滥用职权罪　 B. 陈某的行为构成玩忽职守罪

C. 陈某的行为构成非法拘禁罪　 D. 陈某的行为不构成犯罪

4. 下列哪些人可以成为脱逃罪的主体？（　　　）

A. 被判处管制的犯罪分子

B. 依法被关押的罪犯

C. 依法被关押的被告人

D. 依法被关押但尚无充分证据证明有罪的犯罪嫌疑人

5. 关于徇私枉法罪，下列哪些选项是正确的？（　　　）

A. 甲（警察）与犯罪嫌疑人陈某曾是好友，在对陈某采取监视居住期间，故意对其放任不管，导致陈某逃匿，司法机关无法对其追诉。甲成立徇私枉法罪。

B. 乙（法官）为报复被告人赵某对自己的出言不逊，故意在刑事附带民事判决中加大赵某对被害人的赔偿数额，致使赵某多付 10 万元。乙不成立徇私枉法罪。

C. 丙（鉴定人）在收取犯罪嫌疑人盛某的钱财后，将被害人的伤情由重伤改为轻伤，导致盛某轻判。丙不成立徇私枉法罪。

D. 丁（法官）为打击被告人程某，将对程某不起诉的理由从"证据不足，指控犯罪不能成立"擅自改为"可以免除刑罚"。丁成立徇私枉法罪。

三　名词解释

1. 渎职罪　2. 玩忽职守罪　3. 徇私枉法罪　4. 故意泄露国家秘密罪

四　简答题

1. 简述玩忽职守罪的构成要件。
2. 简述徇私枉法罪与包庇罪的主要区别。
3. 简述渎职罪的概念和法律特征。

五　论述题

1. 论述滥用职权罪的构成要件。
2. 试述故意泄露国家秘密罪的构成和认定。

六　案例分析题

被告人许某，男，33 岁，系某市检察院批捕科检察员；被告人黄某，男，28 岁，系同一检察院批捕科助理检察员；被告人郭某，女，27 岁，系同一检察院批捕科助理检察员。2000 年 4 月，李某受该市某无业人员卓某委托，与被告人黄某、郭某联系，称卓某之朋友因诈骗案被公安机关抓获，要求给予帮助，从轻处理，二人当即表示等案件移送到检察院再说。6月3日，该市公安局向市检察院批捕科移送了陈某和刘某的诈骗案，提请批准逮捕上述二人，该案由许某主办。次日，李某和卓某宴请许某、黄某和郭某，要求其对陈某和刘某不作批捕，并表示愿意拿出4万元作为酬谢，三人当即同意。许某在收钱之后，将2万元据为己有，分给黄某和郭某各1万元，之后三人都在逮捕审批表上签了不批准逮捕的意见。

问题：被告人许某、黄某和郭某构成何罪？并说明理由。

参考答案

一 单项选择题

1. C 2. B 3. D 4. A 5. D

二 多项选择题

1. ABCD 2. AC 3. BCD 4. BCD 5. ACD

三 名词解释

1. 渎职罪：是指国家机关工作人员在履行职责或者行使职权过程中，滥用职权、玩忽职守、徇私舞弊，妨害国家机关的正常活动，致使公共财产、国家和人民利益遭受重大损失的行为。

2. 玩忽职守罪：是指国家机关工作人员严重不负责任，不履行或者不认真履行职责，致使公共财产、国家和人民利益遭受重大损失的行为。

3. 徇私枉法罪：是指司法工作人员徇私枉法、徇情枉法，对明知是无罪的人而使他受追诉、对明知是有罪的人而故意包庇不使他受追诉，或者在刑事审判活动中故意违背事实和法律作枉法裁判的行为。

4. 故意泄露国家秘密罪：是指国家机关工作人员或者非国家机关工作人员违反保守国家秘密法，故意泄露国家秘密，情节严重的行为。

四 简答题

1. 玩忽职守罪，是指国家机关工作人员严重不负责任，不履行或者不认真履行职责，致使公共财产、国家和人民利益遭受重大损失的行为。本罪的构成要件是：

（1）本罪的客体是国家机关的正常管理活动，或者说本罪所侵犯的客体是国家机关对社会的管理职能。

（2）本罪的客观方面表现为行为人实施了玩忽职守的行为，并使公共财产、国家和人民利益遭受了重大损失。所谓玩忽职守，是指行为人严重不负责任，工作中草率马虎，不履行或者不正确履行公职。

（3）本罪主体为特殊主体，即只有那些具有国家机关工作人员身份的人才能成为本罪主体。一般国家工作人员不能成为本罪的主体。

（4）本罪主观方面只能是过失。即行为人作为国家机关工作人员理应恪尽职守，尽心尽力，在履行公职中时刻保持必要注意，但行为人却持一种疏忽大意或过于自信的心态，对自己玩忽职守的行为可能导致的公共财产、国家和人民利益的重大损失应当预见而没有预见，或者已经预见而轻信能够避免。

2. 二者的主要区别是：（1）犯罪主体不同。前者只能是司法工作人员，后者则是一般主体。（2）犯罪主观方面不同。前者主观故意的内容既包括使无罪、罪轻的人受到不应有的追究，也包括使有罪、罪重的人逃避应受的惩罚，后者主观故意的内容只限于使有罪、罪重的人逃避应受的惩罚。（3）犯罪客观方面不同。前者客观上表现为行为人利用自己直接经办或主管案件的职权之便作枉法追诉或枉法裁判；后者则是为犯罪的人提供隐藏处所、财物，帮助其逃匿或者作假证明包庇。（4）犯罪客体不同。前者侵犯的客体主要是司法工作人员公务行为的廉洁性、客观性、公正性和合法性，后者侵犯的客体则是国家司法机关的正常活动。

3. 渎职罪是指国家机关工作人员滥用职权，玩忽职守或者徇私舞弊，妨害国家机关的正常管理活动，致使国家和人民的利益遭受严重损失的行为。其法律特征是：（1）侵犯的客体是国家机关的正常管理活动；（2）客观方面表现为国家机关工作人员滥用职权，玩忽职守或者徇私舞弊，不履行或者不正确履行应当履行的职责，严重妨害国家机关的正常管理活动，损害公民对国家机关管理活动的合法性、公正性和有效性的信赖，致使国家和人民利益遭受重大损失的行为；（3）犯罪主体是国家机关工作人员；（4）主观方面既可以是故意，也可以是过失。

五　论述题

1. 滥用职权罪，是指国家机关工作人员违反法律规定的权限和程序，非法行使本人职务范围内的权力，或者超越其职权实施有关行为，致使公共财产、国家和人民利益遭受重大损失的行为。本罪的构成要件包括：

（1）本罪的客体为国家机关的正常活动，即各级国家机关对社会生活各个领域的管理活动，如各级政府机关、各级政府机关的职能部门对社会的管理活动等。

（2）本罪的客观方面表现为行为人实施了滥用职权的行为，并导致了公共财产、国家和人民利益遭受重大损失。具体来说，可以从两个方面理解滥用职权罪的客观表现：其一，行为人非法行使本人职权范围内的行为。这又分为两种情况，一是行为人不依法律规定的权限和程序，非法行使本人职务范围内的权力；二是行为人超越其职权实施某种危害社会的行为。其二，行为人滥用职权的行为造成了公共财产、国家和人民利益的重大损失。这就是说，只有那些给公共财产、国家和人民利益造成重大损失的滥用职权的行为才构成犯罪，而对于一般的滥用职权的行为不以犯罪论处。

（3）本罪的主体为特殊主体，即只有具有国家机关工作人员身份的人，才能成为本罪的主体。

（4）本罪的主观方面为故意，即行为人明知自己滥用职权的行为会导致公共财产、国家和人民利益遭受重大损失的结果，并且希望或者放任这种结果发生。这就是说本罪可以是直接故意，也可以是间接故意。至于滥用职权的目的何在，并不影响本罪的构成。

2. 故意泄露国家秘密罪，是指国家机关工作人员或者非国家机关工作人员违反保守国家秘密法，故意泄露国家秘密，情节严重的行为。本罪的构成要件是：

（1）本罪的客体是国家的保密制度。这里所说的保密制度，就是指我国现行有效的保守国家秘密的法律、法规所形成的法律制度。

（2）本罪的客观方面表现为行为人实施了违反保守国家秘密法的禁止性命令的行为，即实施了故意泄露国家秘密的行为。国家秘密是指国家法律、法规所规定的禁止泄露的有关国家安全、政治、经济、军事等各种利益的信息，这些信息在一定时间内严格限定于一定空间，即只允许特定范围的人员知悉。应当指出，故意泄露国家秘密罪中的"国家秘密"，既包括绝密、机密，又包括秘密，也就是说，"国家秘密"是对绝密、机密和秘密的总称。所谓泄露，是指知悉国家秘密的有关人员不顾法律禁止性规定，把国家秘密传递给无权知悉者，或者违反保密法规，使国家秘密让不被允许接触的人员接触而不能证明未被不应知悉者获知。至于泄露的具体方法，则多种多样，既可以用言词，也可以用文字，还可以通过录音录像、复制等技术手段泄露。

（3）本罪的主体主要是国家机关工作人员，但非国家机关工作人员也可以成为本罪的主体。这里，非国家机关工作人员应作广义理解，是指一切知悉或了解国家秘密的非国家机关工作人员。

（4）本罪的主观方面为故意，即行为人明知是国家秘密而故意加以泄露。

认定故意泄露国家秘密罪，应注意以下界限：

（1）注意罪与非罪的区别。根据《刑法》第398条之规定，并不是一切泄露国家秘密的行为都构成犯罪，而是只有"情节严重的"才构成犯罪。所以，对于一般并非"情节严重的"泄密行为，不能按犯罪来处理。那么，何谓"情节严重"呢？根据最高人民检察院《关于人民检察院直接受理立案侦查案件立案标准的规定（试行）》，"情节严重"系指：①泄露绝密级或机密级国家秘密的；②泄露秘密级国家秘密三项以上的；③向公众散布、传播国家秘密的；④泄露国家秘密已造成严重危害后果的；⑤利用职权指使或者强迫他人违反保守国家秘密法的规定泄露秘密的；⑥以牟取私利为目的泄露国家秘密的；⑦其他情节严重的情形。凡符合以上情形之一的，应当立案查处。

（2）注意分清此罪与彼罪的界限。第一，应注意故意泄露国家秘密罪与为境外窃取、刺探、收买、非法提供国家秘密、情报罪的区别。二者的主要区别如下：①侵犯的客体不同。前者侵犯的是国家的保密制度，后者侵犯的是国家安全。②客观构成要件有诸多差异。其一，前者不要求泄露国家秘密给特定的对象，后者则必须是为境外的机构、组织、人员（特定对象）窃取、刺探、收买、非法提供国家秘密；其二，前者必须是"情节严重"才成立犯罪，后者则并无有关情节的具体要求，原则而言，只要故意实施为境外窃取、刺探、收买、非法提供国家秘密、情报的行为，即构成犯罪；其三，前者侵害的对象限于国家秘密，后者则既包括国家秘密，还包括不属于秘密的国家情报。③主体要求不同。前者主体主要是国家机关工作人员，后者对主体则并无具体要求，任何有刑事责任能力之人都可以成为后者主体。第二，应分清故意泄露国家秘密罪与《刑法》第219条规定的侵犯商业秘密罪。二者的主要区别为：①侵犯的客体不同。前者侵犯的客体是国家的保密制度，后者侵犯的客体为知识产权。②主体不同。前者主体主要是国家机关工作人员，后者主体可以是任何具有刑事责任能力的人。③侵犯的对象不同。前者侵犯的对象是保守国家秘密法所规定的国家秘密，其内涵远远大于后者，后者侵犯的对象仅限于商业秘密。假如国家机关工作人员将自己知悉的属于国家秘密范畴的商业秘密泄露出去，则是一行为触犯数罪名即属于想象竞合的情况，应按从一重罪处断的原则处理。第三，应分清故意泄露国家秘密罪与《刑法》第282条规定的非法获取国家秘密罪以及非法持有国家绝密、机密文件、资料、物品罪。二者的主要区别是：①主体不同。前者主体主要是国家机关工作人员，后者主体可以是任何具有责任能力的人。②客观表现不同。前者客观表现为"泄露"国家秘密，即将自己知道的（一般是通过合法途径知道的）国家秘密传递出去；后者则表现为"窃取、刺探、收买"国家秘密或"非法持有属于国家绝密、机密的文件、资料或者其他物品，拒不说明来源与用途"。假如行为人将"窃取、刺探、收买"的国家秘密又泄露出去的，这属于吸收犯的情况，应从一重罪处断。

六 案例分析题

被告人许某、黄某和郭某收受贿赂，对应当批捕的犯罪嫌疑人作出不予批捕的决定，构成了徇私枉法罪和受贿罪两罪，理论上属牵连犯。但根据《刑法修正案（四）》对第399条第4款的规定，正是牵连犯的一般处断原则"从一重罪处断"原则。受贿4万元，按受贿罪应在"1年以上10年以下有期徒刑"幅度内处刑，而按徇私枉法罪属于"情节严重"，应在"5年以上10年以下有期徒刑"幅度内处刑，两罪法定最高刑同为10年有期徒刑，但后者的法定最低刑较前者重，根据《刑法修正案（四）》对第399条第4款的规定，应按处罚较重的徇私枉法罪定罪处罚。

第三十章　军人违反职责罪

一　单项选择题

1. 下列犯罪可以是过失犯罪的是（　　）。

A. 战时违抗命令罪

B. 谎报军情罪

C. 擅离军事职守罪

D. 违令作战消极罪

2. 下列关于军人违反职责罪中犯罪主体的说法中，正确的是（　　）。

A. 违令作战消极罪的主体是参加作战应接受作战命令的部属军人

B. 战时违抗命令罪的主体是指挥人员

C. 战时造谣惑众罪的主体必须是参加作战的军职人员

D. 战时拒不救治伤病军人罪的主体只能是在战时处于救护治疗职位上的军职人员，其他军人不能构成

3. 可能构成战时自伤罪的情况是（　　）。

A. 预备役人员张某在战时为逃避征召，自伤身体。

B. 战士李某为尽早脱离战场，在敌人火力猛烈向我方阵地射击时，故意将手臂伸于掩体之外，被敌人子弹击中，无法继续作战。

C. 战士王某战时奉命守卫仓库，站岗时因困倦睡着，导致仓库失窃，为了掩盖过错，他用匕首自伤身体，谎称遭到抢劫。

D. 战士陈某为了立功当英雄，战时自伤身体，谎称在与偷袭的敌人交火时受伤。

4. 某军官携带一批重要军事机密，在火车上因管理不善，被小偷当做财物偷走，使国家军事利益受到严重损失。该军官的行为构成（　　）。

A. 故意泄露军事秘密罪

B. 过失泄露军事秘密罪

C. 过失泄露国家秘密罪

D. 玩忽职守罪

二　多项选择题

1. 我国刑法所规定的"战时"是指（　　）。

A. 国家宣布进入战争状态　　　　B. 部队受领作战任务

C. 部队执行戒严任务　　　　　　D. 遭敌突然袭击时

2. 下列说法不正确的是（　　）。

A. 人民警察可以构成军人违反职责罪

B. 战时是所有军人违反职责罪从重处罚的法定情节

C. 军人违反职责罪侵犯的客体是国家安全

D. 具有军籍的学员以及执行军事任务的预备役人员和其他人员不能构成军人违反职责罪

三　名词解释

1. 军人违反职责罪　　2. 军人叛逃罪　　3. 武器装备肇事罪

四　简答题

1. 简述战时临阵脱逃罪的认定。

2. 简述战时违抗命令罪的概念和构成。

五　论述题

试述军人违反职责罪的概念和法律特征。

六　案例分析题

李某，男，20岁，系某部队现役军人。1997年11月4日深夜，李某身带钢锯条等作案工具潜入某部队的军械库，用锯条锯断门销，窃取五四式军用手枪一支、子弹50发、六四式指北针一个、军用望远镜一具。案发后，李某被抓获。

问题：对李某的行为应如何定罪处罚？为什么？

参考答案

一　单项选择题

1. C　2. D　3. B　4. B

二　多项选择题

1. ABCD　2. ABCD

三　名词解释

1. 军人违反职责罪：是指军人违反职责，危害国家军事利益，依照法律应当受刑罚处罚的行为。其构成要件是：（1）客体是国家的军事利益。所谓国家的军事利益，是指国家在国防建设、作战行动、军队物资保障、军事科学研究等方面的利益。（2）客观方面表现为行为人实施了违反军人职责，危害国家军事利益的行为。犯罪的时间和地点，对于军人违反职责罪的定罪量刑，具有极其重要的意义。（3）主体是特殊主体，统称军职人员。具体分为两类，一是现役军人，二是执行军事任务的预备役人员和其他人员。（4）主观方面大多是故意，只有少数犯罪的主观心态是过失。

2. 军人叛逃罪：是指军人在履行公务期间，擅离岗位，叛逃境外或者在境外叛逃，危害国家军事利益的行为。

3. 武器装备肇事罪：是指军人违反武器装备使用规定，情节严重，因而发生责任事故，致人重伤、死亡或者造成其他严重后果的行为。

四　简答题

1. 战时临阵脱逃罪指的是军职人员在战场上或在战斗状态下贪生怕死、畏惧战斗而脱离战斗岗位，逃避战斗的行为。

本罪的构成特征是：①本罪的犯罪客体是军人的作战义务。②本罪的犯罪客观方面是战时临阵脱逃的行为，即在战场上或在战斗状态下行为人实施了擅自逃离战斗岗位的行为。③本罪的犯罪主体是参战的军职人员。参战的军职人员不仅限于参加战斗、战役或者接受作战指示命令的直接战斗人员，非直接战斗人员也可以构成本罪。④本罪的主观方面表现为故意。

在司法实践中应正确区分以下界限：

（1）区分战时临阵脱逃罪与非罪的界限。并非所有的临阵脱逃的行为都构成犯罪。实践中对于情节显著轻微、危害不大的临阵脱逃的行为，如行为人尚未逃离阵地、战场即被阻挡、追回而不具有其他严重情节的，初次参加作战的新兵于接受作战任务后尚未进入实际作战之时逃跑，不具有其他严重情节的，等等，可以不以犯罪论处。

（2）区分战时临阵脱逃罪与投敌叛变罪的界限。二者的主要区别在于：①主体有所不同。前者的主体只能是战时参战的军职人员，后者的主体则可以是军内外人员。②主观目的有所不同。前者主观目的为逃避履行战斗义务，后者则是具有危害国家安全的目的。③行为表现不同。前者行为人是在战场或战斗状态下脱离岗位，并非是向敌人投奔；而后者则是投奔敌方或在被捕、被俘后投降敌人，并进行危害国家安全的活动。

2. 战时违抗命令罪，是指军人在战时对上级的命令、指示故意违抗、拒不执行，对作战造成危害的行为。本罪只能发生在"战时"。所谓战时，根据《刑法》第451条的规定，是指国家宣布进入战争状态、部队受领作战任务或者遭敌突然袭击时；部队执行戒严任务或者处置突发性暴力事件时，以战时论。

本罪的构成要件是：

（1）本罪的客体为作战指挥秩序。

（2）本罪在客观方面表现为战时违抗命令，对作战造成危害的行为。所谓战时违抗命令，是指在战时拒不执行上级命令，拖延执行命令，或故意实施与命令内容相反的行为等。本罪的成立，必须是违抗命令的行为对作战造成危害。换言之，如果行为人虽然违抗了命令，但尚没有对作战造成危害，不能以本罪论处，而应以军纪处之。所谓对作战造成危害，是指由于行为人违抗命令而扰乱了战斗部署，贻误了战机，影响了作战任务的完成。

（3）本罪的主体是应接受命令或指示的部属人员。本罪的主体不应理解为仅指参加战斗的人员，也包括为战斗服务的救护人员、勤务人员等。

（4）本罪的主观方面是故意，即明知是上级的命令而予以违抗，拒不执行。

五 论述题

军人违反职责罪，是指军人违反职责，危害国家军事利益，依照法律应当受刑罚处罚的行为。其法律特征是：（1）侵犯的客体是国家的军事利益。（2）犯罪客观方面表现为行为人违反军人职责，危害国家军事利益的行为，其行为战时大多数是作为，少数是不作为。（3）犯罪主体是特殊主体，具体包括：中国人民解放军的现役军官、文职干部、士兵及具有军籍的学员和中国人民武装警察部队的现役警官、文职干部、士兵及具有军籍的学员以及执行军事任务的预备役人员和其他人员。（4）犯罪主观方面多数是故意，少数是过失。

六 案例分析题

李某的行为已经构成盗窃武器装备、军用物资罪，根据《刑法》规定，应以盗窃枪支弹药、爆炸物罪的法定刑处罚。其理由是：李某身为现役军人，符合盗窃武器装备、军用物资罪的主体特征，且客观上实施了盗窃武器装备的行为，主观上出于故意，且具有非法占有的目的，符合盗窃武器装备、军用物资罪的法定特征。同时，李某盗窃的武器装备中主要是枪支和子弹，根据《刑法》规定，应以盗窃枪支弹药、爆炸物罪的法定刑处罚，并不以盗窃武器装备、军用物资罪的法定刑处罚。在分析时应注意，不能以盗窃枪支弹药、爆炸物罪论处。二者的主要区别在于犯罪主体是否是军人。

图书在版编目（CIP）数据

刑法学考研辅导与习题精解／李军，孙照海主编 . —北京：
社会科学文献出版社，2012.7
（高等学校法学专业考研辅导与习题精解）
ISBN 978 – 7 – 5097 – 3454 – 4

Ⅰ. ①刑… Ⅱ. ①李… ②孙… Ⅲ. ①刑法–法的理论–
中国–研究生–入学考试–自学参考资料 Ⅳ. ①D924.01

中国版本图书馆 CIP 数据核字（2012）第 108250 号

·高等学校法学专业考研辅导与习题精解·
刑法学考研辅导与习题精解

主　　编／李　军　孙照海
副 主 编／吴文杰

出 版 人／谢寿光
出 版 者／社会科学文献出版社
地　　址／北京市西城区北三环中路甲 29 号院 3 号楼华龙大厦
邮政编码／100029

责任部门／人文分社　（010）59367215　　　　责任编辑／张晓莉　韩莹莹
电子信箱／renwen@ssap.cn　　　　　　　　　责任校对／李淑慧
项目统筹／宋月华　张晓莉　　　　　　　　　责任印制／岳　阳
总 经 销／社会科学文献出版社发行部　（010）59367081　59367089
读者服务／读者服务中心　（010）59367028

印　　装／北京艺辉印刷有限公司
开　　本／787mm×1092mm　1/16　　　　　印　　张／22.5
版　　次／2012 年 7 月第 1 版　　　　　　　字　　数／406 千字
印　　次／2012 年 7 月第 1 次印刷
书　　号／ISBN 978 – 7 – 5097 – 3454 – 4
定　　价／39.00 元